软实力与硬实力

前滩望潮

何万篷 主编

iDSS 前滩综研
同济大学出版社 TONGJI UNIVERSITY PRESS
·上海·

内 容 提 要

"预测先于决策，共识牵引共同行动"。本书是上海前滩新兴产业研究院近年来部分研究成果集萃。既有冷静洞见，也有前瞻远见；既有中国特色，也有国际视野。在精准循证、开放创新、智能智慧地提供决策支持方面，展现了深刻思考和生动实践。

本书聚焦"百年变局和世纪疫情交织叠加"背景，以"软实力与硬实力"为视角，对照国家战略要求，对标国际最高标准，响应企业的具体化和多样化需求，分析全国的"新时代、高质量、路线图"，解读长三角一体化背后的商业逻辑和政策逻辑，透视上海加快建设具有世界影响力的社会主义现代化国际大都市进程中的新生产、新生活、新交易和新治理。

本书可供政府部门、企业集团、各类开发区、科研机构的决策管理者和理论研究者参考。

图书在版编目(CIP)数据

前滩望潮. 软实力与硬实力 / 何万篷主编. —上海：同济大学出版社，2022.12

ISBN 978-7-5765-0426-2

Ⅰ. ①前… Ⅱ. ①何… Ⅲ. ①经济学—文集 Ⅳ. ①F0-53

中国版本图书馆 CIP 数据核字(2022)第 202020 号

前滩望潮　软实力与硬实力

何万篷　**主编**

责任编辑 吕　炜　宋　立　　**责任校对** 徐逢乔　　**封面设计** 完　颖

出版发行　同济大学出版社　　www.tongjipress.com.cn

(地址：上海市四平路 1239 号　邮编：200092　电话：021-65985622)

经　　销　全国各地新华书店

排　　版　南京文脉图文设计制作有限公司

印　　刷　上海丽佳制版印刷有限公司

开　　本　787mm×1092mm　1/16

印　　张　18.25

字　　数　456 000

版　　次　2022 年 12 月第 1 版

印　　次　2022 年 12 月第 1 次印刷

书　　号　ISBN 978-7-5765-0426-2

定　　价　88.00 元

何万篷
He Wanpeng

主编简介

上海前滩新兴产业研究院（前滩综研）院长、首席研究员，管理学博士，正高级经济师，大学兼职教授，中国统计学会理事，上海市宏观经济学会理事，上海市青联委员，上海市静安区政协常委，上市公司独立董事，同济大学校友会监事，张江集团战略委员，上海市、浙江省科技专家库成员，管理学专业期刊审稿人等。

主要研究方向为国际关系、世界经济、新兴产业、公共安全等，以复杂系统理论（CAS）和数据挖掘方法，实证研究自由贸易试验区、全球科技创新中心和“一带一路”倡议等，致力于“新型智库”建设，为科学决策提供支撑和保障。

曾参加全国经济形势分析与预测座谈会、上海市委城市软实力专家座谈会、亚太地区期刊会议等。多次以特邀专家身份，参与上海广播电视台《夜线约见》《头脑风暴》《财经夜行线》《道·理》《走出去》等节目。曾任“未来银行业重整”“中国工业发展战略高层论坛”“宏观经济政策前瞻会议”等学术活动的大会主席。

SOFT POWER & HARD POWER

独木不成林，一花不成春。不能让大树底下不长草，也不能只想着大树底下好乘凉，而应该是大树底下种好碧螺春，形成郁郁葱葱的植被体系。在这里，各种植物自由地按自己的方式，充分生长。

前滩综研的生态群落里，日照充足，雨水丰沛，土壤肥沃，物种丰富，迭代演替。既有强大创新力，又有高度稳定性。对外是开放的，内心是坚守的。它是新想法的摇篮、新探索的沃土，是昂扬的新“学林”。常年热火朝天，相互欣赏，彼此成就，高频交互，也发生杂交突变。

前言

对“现代化”的现代化理解

文 / 何万篷

美西方对中国的现代化高度关注、深入研究。有观点比较极端的，比如牛津大学欧洲问题研究教授蒂莫西·加顿艾什（Timothy Garton Ash）认为，《跨太平洋伙伴关系协定》（*Trans-Pacific Partnership Agreement*，TPP）+《跨大西洋贸易与投资伙伴关系协定》（*Transatlantic Trade and Investment Partnership*，TTIP）= EBC（Everyone But China）。这种观点代表一种建立新全球体系，将中国排除在外的声音。也有公正友好的观点，比如西班牙的中国政策观察网站前不久引用了“百年未有之大变局”的论断，认为国际局势瞬息万变，可能给予中国黄金时代，让中国登上国际舞台的顶峰。

美西方的媒体、智库、政界、商界，对“百年未有之大变局”有点感觉，但是他们在一开始就戴着有色眼镜，心情复杂，所以是无法真正透彻理解的。这个权力转移，大变局之“大”，实际上在于中国人第一次实实在在、完完全全把现代化的主动权（主体性）抓在了自己的手里。现代化从B模式（英国引领的“大工业”）、A模式（美国引领的“大资本”），进化到了C模式（中国引领的“人的全面发展”，既要“见物”，更要“见人”）。

现代化，表征着一个国家在面向未来、面向全球的发展过程中，相对地、动态地掌握了多少影响力、控制力、话语权和定价权（简称“两力两权”）。现代化和引领性，几乎可以画等号。没有引领性，就不是现代化。14 亿中国人，战略科学、战术精当，扎实行进在中国特色、系统性、以人为本、“利益相关者友好型”的现代化新征程上。通过卓越竞争、复杂斗争（我们经常说艰苦奋斗，它有两个侧面——竞争和斗争），让现代化的“时和势”聚到了中国这一边。是中国自己，自主开启了“时间之窗”。更为重要的是，在这个过程中，要在规则、规制、标准和管理等“软实力”层面，有更多的“率先构建”。这个“率先构建”，就是在前文提及的“两力两权”基础上升华出来的，是基于“自信”和“他信”的定义权。

尤其是“自信”，非常重要，没有“自信”，何来“他信”。“自信”是对美好生活的向往，对未来远景的坚定，是行进路径的清晰，是社会共识的凝聚。共识牵引共同行动。这就是中国特色的现代化。结构决定功能，功能关联特色。中国特色就是由治理结构决定的，和执政功能强关联。

若不强调、不坚持中国特色，只是简单复制、移植，就很容易被卷入虚无主义的漩涡中。任何经济体的现代化过程，都是因地制宜、因时演化、因势利导的，都是本地化、本土化开发的过程。更何况，在这样历史悠久的文明底座上、广袤的国土上、非均衡的社会状态下、超大规模的市场条件下、竞争力尚未全面架构的起点上，推进现代化，需要稳定的“中国特色”之锚。越是咬合国情，就越是具有稳定的、可持续的、不可逆、不折腾的操作性。对我们来讲，一怕预期不稳，二怕“翻烧饼”。其实两者是一回事情。与其说信心比黄金还宝贵，不如说预期比黄金还宝贵。“到 2035 年，基本实现社会主义现代化，到 21 世纪中叶，把我国建成富强民主文明和谐美丽的社会主义现代化强国”，这给了国人、世人一个明亮的预期。市场主体和社会主体，在这个预期的指引下，可以预设各自的轨道。大白天举火炬，让人看到，跟着走，这是中国；大晚上，前方的萤火虫似有若无，让人顾虑重重，不敢前行，这是美国。美国的政治底层逻辑和市场治理架构，有一定的进步性，但其排他性文化、“霸凌”基因现在吞噬了它在其他方面的进步性，使其坠落到横盘向下、“内部式衰落”的螺旋里。

强调中国特色，丝毫不削弱全球主义，不阻滞真正的多边主义向纵深发展。中国人比谁都更有共同体意识。我们的现代化，是“分享—拥有—分享”，是“利己—利他—利大家”的共同发展，是开放的现代化，对内开放、对外开放、对未来开放、持续性开放、自主性开放。这迥异于传统的掠夺式、转移式、零和式现代化。我们丝毫不讳言自身利益，但是我们实现自身利益的努力，将释放本质友好的、可及可达可接的正外部性。

中国式现代化，将经由市场经济高级化之路，优化调整生产力布局，走出自己的特色，彰显东方的精彩。市场在资源要素的配置中发挥决定性作用，它好像是终极性的“牧羊犬”和“指挥棒”。市场逻辑，不是“大资本逻辑”的简单加总，也不等同于资本主义完全私有制的逻辑。现代化进程中，中国特色的市场逻辑，涵盖了所有的利益相关者，所以需要要素集聚、系统集成、改革联动，要克服“合成谬误”，填补“制度缝隙”。它为了人（全面发展），治于人（以治理体系和治理能力现代化为基础，追求全过程人民民主）。而不像美西方那样为了资本（任性扩张），治于资本（资本的代理人活跃在前台）。我国的市场经济高级化，高级在更少的管制、更多的服务，这就是更优的治理，最后作用到新的生产方式、生活方式、交易方式上，充分地激发五大动能——开放经济、消费社会、科技创新、先进制造、多元文化。

现代化，无论作为动词、名词还是形容词来理解，都是鲜活的、与时俱进的，不是一成不变的。中国式现代化，需要有自己的内涵和指标体系，而且是动态权变的。比如说，21 世纪初，我们更强调外向型生产的进步，相当一部分现代化的红利被“出口”了。现在我们更强调进出口平衡、内外贸一体化，现代化的红利更多体现在国民的美好生活上，同时还能带动其他经济体的发展。

我们必须看到，坚持正确的现代化观，必须“软硬兼施”，“软实力”和“硬实力”的相互赋能、相互触发、相互转换就格外重要。在约瑟夫·奈（Joseph Nye）教授之前，美国乔治敦大学的 R·S. 克莱因（Ray S. Cline）教授提出了国力方程式，国家实力是两个括号相乘，第一个括号是“硬实力”，包括人口、领土、经济实力、军事实力等，第二个括号是“软实力”，包括战略意图和国家意志。

我认为这个战略意图和国家意志，事关执政基础，事关总体效率，其意义不言而喻。

目录

第一章

百年变局视野下的软硬实力

智敏把握形势之变*

文 / 何万篷

导读：区域经济板块化，重构了世界经济版图。世界经济重心渐趋东移，而中国正处在社会转型、经济转轨、企业转制的阶段，需要确定以规则建设和政府改革为中心的新国策。

一、世界："新三个世界"与"老三个市场"的竞争格局

随着经济全球化和世界经济的重新洗牌，各经济体的本质特征越来越明显，而这些本质特征决定了该经济体的命运，根据不同特征，我们将这些经济体分为"新三个世界"，即资本国家的第一世界、产业国家的第二世界和资源型国家的第三世界。在资本市场、商品市场和劳动市场的"老三个市场"上，这些经济体分别根据自身禀赋参与国际交往，三个层面的竞争同时展开，手段和方法各不相同，表现为错综复杂的竞争态势，但都面临世界范围的开放要求。原有的以政治和军事为特征的世界均势分布已经被打破，换之以经济作为多方游戏规则的主导，这也预示了未来时期和平与稳定仍是世界的主基调。

从世界各国的政治发展态势来看，美国盛极而衰，在伊拉克问题上一意孤行，失去了盟友，政治单边政策越来越不得人心，反恐也越反越恐。

欧盟"以国家间的有计划替代国家内部的无计划"，循序渐进地进行东扩，话语权逐渐增强。欧盟扩张与亚洲崛起已经成为新一轮重构世界发展格局的主要力量，世界由单极格局向多极化转变是多

* 本文系作者在"十五"期末对未来五年国内外环境的预判。此文发表至今已经过去了 17 年。经过时间的检验，文中对环境的研判分析和许多观点放在今天仍有一定参考价值和指导意义，部分建议已成为现实，更显珍贵。

方力量对比变化的结果，而越来越紧密的经济依存关系将使美国的发展不得不更多地依赖国际间政治、经济合作。

但是，欧盟内部纷杂的发展问题和微妙的美欧关系约束了欧盟前进的步伐，这使得人们把世界经济的希望历史性地放在了亚洲。而此时，原来作为亚洲“雁行模式”发展龙头的日本，正在为20世纪经济高速增长所积累的市场经济固有矛盾付出代价，社会经济发展指数衰减，已无法与中国竞争推动亚洲经济发展的领导地位。

随着区域经济板块化的出现，世界经济的版图也被重构。国家的竞争、区域的竞争互相作用、相互借力，中国在东亚经济中的龙头地位越来越稳固。21世纪世界经济发展看亚洲，亚洲发展看东亚，东亚发展看中国，这一预见性提法正在成为现实。

从经济角度而言，中国的崛起是劳动力要素释放和禀赋在世界竞争格局中优势兑现的结果。在日益加深的相互依存中，世界经济重心渐趋东移，伴随经济全球化、产业梯度转移、投资和贸易便利化，亚太地区成为竞争主战场，投资、消费、进出口均如此。中国是世界经济发展重心东移的重要一环，必将成为全球经济发展中的一颗奔腾的“心”。这种态势总体而言将为中国提供相对有利的发展空间，有助于中国充分利用比较优势乘势而上，发展壮大。

二、中国：经济起飞期和战略机遇期

国家发展有三种类型：机遇型、比较型和阶段型。机遇型可遇不可求，比如美国在两次世界大战中攫取了充分好处，又比如当前美国全力反恐，为中国创造了相对有利的外部环境缓冲。比较型多属于禀赋型，如中国的劳动力优势在加入世界贸易组织（WTO）后得到淋漓尽致的体现（极而言之，一个美国人的工资可以雇佣50个中国人，而一个日本人的工资可雇30个中国人）。阶段型则指重新挖掘优势、进行变革的发展类型。中国正处在社会转型、经济转轨、企业转制的阶段，各种力量都比较活跃。中国不仅继承了工业化产业链的延展段，而且赶上了信息化的浪潮，充分享受到文明切换的好处，具备了经济起飞的时代基础，正处于百年一遇的起飞期。

对于战略机遇期的判断，来自对国际国内环境的新特点及变化趋势的科学分析。在经济全球化和新科技革命的背景下，综合比较人力资源成本、国内市场潜力、产业配套能力和投资软硬环境等多种因素，中国是最有条件大规模承接新一轮国家间产业转移的发展中国家。

中国经济基本上已经处于古往今来极其难得的良性循环状态，形成了正反馈、自适应的强大动力，潜在的增长率达到8%～10%。但是，由于国内GDP持续高位增长沿用的是高投入低回报、高积累低消费的模式，以牺牲环境为代价的负面作用日益凸显。更为重要的是，外部经济周期对中国经济系统的干扰度骤增，不仅表现在中国的外贸依存度高达70%，而且还表现在国际市场价格上涨对中国经济产生的通胀压力，尤其是自2000年以来世界经济进入缓慢增长期，带动各种商品价格全面回升，几乎抽掉了以低成本为核心竞争力的中国企业生存的前提，世界经济的大周期破坏了中国经济系统的平衡。

三、国策：中度调整和平滑过渡

中国的市场经济发展到现阶段，新的权力调整已不可避免地进入跨越传统政治沿革的领域。在简政放权改革中，“诸侯”在经济发展中唱主角。为攀比政绩，各地“诸侯”纷纷争夺优惠政策、抢大项目、保护地方利益，出现了周期性的投资过热、重复建设、不规范征地等态势，导致资源浪费、环境恶化和地区经济同构，使得中央和地方之间需要通过周期性的“收与放”来进行调控。未来改革的根本问题是解决市场经济跨地区、跨领域的覆盖，应打破地区封锁，建立统一大市场。

另一方面，中国经济无论是整体还是局部，当量都越来越大，一旦决策失误就会使整个中国经济“伤筋动骨”。依托可以证伪的科学，拿出可以实施的方案，形成严密的法定程序，是经济发展到一定阶段的客观要求。因此，国策重心也由经济建设和企业改革切换到规则建设和政府改革。

从世界各国的经验来看，在市场经济条件下，中央的区域政策主要是解决公平或者空间均衡问题，从多方面帮助落后地区以及失业率较高的地区发展经济。在经历了七八年的政府改革和机构改革后，部委的话语权正在提升，尤其在市场经济走向法制化、规则化的过程中，部委在宏观经济上的影响力与权重达到了前所未有的高度。

同时，中国的区域政策也进行了相应调整。2003 年中国政府换届后，先后开打“三大战役”（东北振兴、西部大开发、中部崛起），政策重心由西部大开发转移至东北振兴，区域发展重点愈加倾向于经济不发达地区。市场对资源的配置是初次分配，讲究的是效率原则，而政府对资源的配置是再次分配，主要追求公平目标。“三大战役”意味着在经过区域经济增长极战略之后，实施多层、多极的空间战略成为国家区域政策的主导，总体社会经济统筹力度加大，向和谐发展过渡。

中国经济发展由半市场经济转向全面市场经济，由半开放转向全面开放，由以经济建设、企业改革为中心，转向以规则建设、政府改革为中心。在优惠政策渐行渐远，政策倾斜逐渐消逝的情况下，一个更加开放的社会、经济系统也在随之建立。

四、长三角：周期衰退不可避免，增长替代大有可为

长三角作为世界第六大城市群，已成为中国最大的经济增长极。但是，现在经济发展遇到了阶段性难题——经济增长方式难以为继。因为自 2004 年年中以来，全球贸易减速一半以上，科技泡沫破灭后经济复苏带来的本轮贸易热潮逐渐褪去，全球贸易周期出现拐点。而长三角面临的外贸打压不是孤立的事件，而是全球大势所致。与此同时，国内投资高峰已过，在内需不旺的情况下，经济增长后继乏力。如果不改变现有发展模式，持续增长将是很大的问题。

压力也是动力。转型的机会和方向就蕴含在现有的经济业态和增长方式中，关键是找到新的增长点。一方面，长三角的制造业仍处于“微笑曲线”的下缘，和先进制造业尚有很大的距离，而制造

中心向研发中心的升级正在孕育下一波经济增长的动力。在多重压力下，城市功能面临两个版本升级：一是生产功能自身的升级，从制造实体产品向制定标准、专利发明和品牌塑造等方面延伸；二是由生产性向消费性升级。传统的商业模式、经营业态和产业布局日益受到挑战。从国际经验看，工业化基本完成后，广义服务业对GDP的贡献率将上升至60%～70%，在全球生产消费精神化、虚拟化的大趋势下，发展的大好时机不可错过。

尽管长三角经济由外需拉动转向内需拉动不可避免，但是对外服务贸易是一个崭新的领域，增长势头良好，作为未来的重心产业符合经典规律。必须认识到，庞大的外资正成为实际上的主导性力量，应推动内资替代外资，以防止经济的长久后续力量不足，避免被外资边缘化的危险。

目前要突破现有的框框限制，开拓出更新、更好的生存空间，即以时间换空间。对长三角而言，只要应对有效，暂时的增长趋缓放在长期来看实际并非坏事，只是发展过程中遭遇的“阵痛”而已，可以在原有的功能定位上强化自身优势，运用上海的辐射能力注入新经济元素，为后续发展奠定基础。但是，不容忽视的是，由于新一轮区域竞争聚焦于资本和人才，争夺的实质就是各区域的投资环境、人文积淀等软环境，本轮竞争会更加激烈。

五、上海：中国经济的战略平衡点

“上海”一向不是一个单纯的城市概念。计划经济时期，上海是国家政策先行先试的前沿城市；市场经济时期，又承担了政治经济战略平衡的功能。上海，作为我国沿海和沿江两条经济带的“交汇点”，拥有坚实的区域基础和战略腹地。2004年度统计数据表明，长三角地区土地面积占全国土地的1%，人口占全国的5.8%，创造了18.7%的国内生产总值，全国22%的财政收入和18.4%的外贸出口。这种巨大的区位优势赋予上海高速发展的动力，使得上海可以站在全国的高度，完成产业升级、要素配置等城市功能的版本升级。作为长三角中经济实力最强的龙头城市、经济扩散中心和产业布局重心，上海必须实行“双辐射”战略，服务长三角、服务长江流域、服务全国。“上海是全国人民的上海”，决定了上海在中国经济格局中的地位和城市功能。

不可否认，自浦东开发开放以来，上海已成为中国经济活动最壮观、经济变化最深刻、经济创新最前沿、经济增长最凌厉的城市。但在各种因素的影响下，目前上海开始进入敏感、微妙、困难、紧张、关键的平台发展期。“十一五”期间，在制造业转移、现代服务业尚未崛起的过渡时期，上海可能会面临一段周期波动，这一时间段不会持续太长。以传统空间和思维判断，制造业尤其是外资生产基地的大规模外迁表面上给人一种彼长我消、逐渐被边缘化的感觉。但是，制造业的边缘化也正是其他替代产业发展，真正服务全国、引领全国，走非经典、非主流经济增长路径不可避免的阶段。展望未来，上海必将成为世界的上海。

大危机中的大发展*

文 / 何万篷

> 导读：于变局中开新局，于危机中育新机。大危机中也蕴藏着实现大发展的机遇。关键是能否基于对宏观形势的了解，认识到大国崛起与企业崛起的趋势，把握企业变革的生命线，实现长足发展。

一、有近忧，更有远虑

随着制造、研发、消费、服务等活动的梯度转移，世界经济权力逐渐流转到东方国家，中国崛起是大势所趋。崛起最直观的表现，就是由“挨打”“挨饿”阶段，升级进入到“挨骂”阶段。这是只有大国、强国才能享受的“待遇”。以前美国让人又爱又恨，现在轮到中国了。虽然很别扭，但是我们要适应世界舆论的变化，而这种变化最鲜明的表现就反映在两个“挡不住”上。

一是中国经济当量挡不住。1978 年“补课”（市场经济），2002 年“赶考”（全球经济）。前几年就有人提出借 2010 年上海世博会的东风，把国际展览局总部从巴黎搬到上海。最近，又有人提出，把联合国、世界银行等国际组织迁到中国，首选上海。

我们应 360°认识世博会。信息文明、互联网时代，已不再需要到现场看“西洋景”。国际展览局希望中国挑大梁，参展国家、组织和企业则“醉翁之意不在酒”，并不是看中世博会，而是看中 13 亿人口（2008 年数据）处于快速升级状态的购买力。

二是中国企业的成长速度挡不住。世界 500 强企业名单，每年都“城头变换大王旗”，几家欢喜几家愁。唯独中国企业，入围数量

---

* 本文系作者 2008 年一次演讲的录音整理。虽然已经过去了 14 年，但作者当时的所思所想、所言所论，对理解当下的折转和未来的演化，可能仍有一定的参考价值。

与时俱进，2008 年增加到 35 家。

反观美、日两国，入围企业数一路递减。2002 年美国企业达到 198 家的历史最高点，2008 年只剩下 153 家。2002 年日本企业达到 108 家的历史最高点，2008 年只剩下 64 家。此消彼长，一目了然。

大家可能会说，入围企业中除了“中字头”，只有 1 家非垄断的民营企业——联想集团。其实对这种“中国特色”，我们要有一种建设性的包容态度。连美国人都极而言之，我们美国也只有 4 家企业入围，而且都是“新国企”。“新国企”新在哪里？不强调资本属性，而是强调其对区域经济、产业发展、国家战略的落实和配合。这 4 家企业分别是通用汽车、微软、花旗和高盛，分别代表美国的先进制造、信息技术、传统金融和创新金融（投行）。

二、最大的确定性：大国崛起与企业崛起

大国崛起正是企业变革的最宏大的历史方位。2008 年是改革开放 30 周年，北京奥运会后将掀起纪念高潮，其中一项重要任务是“寻找历史方位”。中华人民共和国成立后第一个 30 年将结束的时候，也就是十一届三中全会前夕，中国的经济社会走到了崩溃的边缘。第二个 30 年结束的时候，中国走到了哪里？专家学者、领导民众都有自己的解读，我的理解是中国正处于“四个时期”：战略机遇期、经济起飞期、国策调整期和金融井喷期。

20 世纪 80 年代，未来学大师阿尔文 · 托夫勒（Alvin Toffler）就放言：“中国的未来来得太快。”我们的 GDP 增长速度将长期比美国快。虽然，2001 年诺贝尔经济学奖得主迈克尔 · 斯宾塞（A. Michael Spence）说过，“中国 GDP 增长 10%所带来的经济效益仅相当于美国 GDP 增长 2%所带来的经济效益”，但是中美力量比拼此消彼长也是不争的事实。世界上越来越合并同类项，越来越多的人认为，中国经济骑在牛背上，还将继续高歌猛进。

关于美国趋向衰落和中国异军突起的理由。我认为有以下几点：

第一，美国方式中贪婪、纵欲、浪费、自私的部分，背离了马

克斯·韦伯（Max Weber）所倡导的新教伦理与资本主义精神。

第二，美国文化的“杂性”消退，排异、保守成为主流，而原有开放、包容的基因急剧萎缩。

第三，国策严重错误。中国摒弃了计划经济，美国捡起了“计划政治”。美国国务院公布的《2007—2012 年战略计划》（*Strategic Plan For Fiscal Years 2007—2012*）将美国对外战略定位为干涉主义、单边主义，企图以美国模式格式化全世界。其本质是严格的“计划政治”。

第四，基本规律绕不过。万事万物都有发生、发展、高潮、衰败的循环过程，物质不灭、能量守恒、物极必反，这样基本的客观规律，美国也一样要遵守。

中国一天天好起来的理由，用我们的语言，叫“5＋1”，“5”就是五大位差（体制差、市场差、成本差、时间差、空间差），可以充分发挥非均衡发展的好处。“1”就是一个节奏控制，或者说是宏观调控。自由化和全球化帮助中国获得了增长，取得了成功。历史规律告诉我们，每次经济危机总伴随着新强国的出现。危机有多深，新强国就有多强。

我再强调两条。

第一，中国的“杂性”前所未有。中国之“杂”，和美国相比，有过之而无不及。可谓一个国家、两种制度、三种文明（农耕文明、工业文明、信息文明）。中国已经成为当今世界上最开放、最复杂的系统。不但内部复杂，我们还主动和外部“强交互”，吸引外资最多。美国对我们是坚壁清野、防范有加，但我们对外资、外企、外国人则是打扫房间，请客吃饭。不管是中国制造还是在中国制造，局面就是你中有我，我中有你，犬牙交错，相互依存，荣辱与共。我对这个“杂”是相当看好的，中国香港、深圳、上海为什么在城市竞争中走在前列？首要原因就是这三大城市都是移民城市、“强交互”城市，具有外向、开放、包容的创新创业文化。

第二，中国的系统超稳定。对于中国的复杂，复杂的中国，我们还有一个说法——“混序结构”，混沌的混，秩序的序。在错综复杂、混乱不堪的局面中，有清晰的秩序，有主基调、主旋律、主脉络、主线索、主战略、主心骨。我们有横向到边、纵向到底的组织动员能力，能经常性地举全国之力、举全市之力，我们能众志成城、守望相助。另外，改革开放30年，成功经验不胜枚举，不能不提宏观调控。如果说统一战线是政治领域的“传家宝”，那么宏观调控就是经济领域的“传家宝”。宏观调控的真谛和要义就是“走小步，别停步，少走弯路”，要把握节奏，控制风险。我们的企业必须理解国情、融入国情，融入才能深入，深入才能投入，投入才能产出，产出才能杰出。

刚才说大国崛起是企业变革最宏大的历史方位，那么企业变革的小坐标又是什么呢？我们把中国企业的成长分为六个阶段：靠胆子赚钱的个体户阶段，靠信息赚钱的生意人阶段，靠经验赚钱的商人阶段，靠智慧赚钱的小企业阶段，靠思想赚钱的中企业阶段，靠理论赚钱的大企业阶段。企业规模做到几千万，它基本告别数钱阶段；做到几个亿，它基本形成自己的核心能力（技术、业务、资产、团队、品牌）；做到几十亿，它就要“见异思迁”，选择新的总部所在地；做到几百亿，它就要走出国门，在全世界布局。

三、企业变革的生命线

尽管外部形势即将回暖，我们的企业还是不能放松，内部管理依然要从紧。要实现企业的持续发展、科学发展问题，必须想清楚两件事情：政治路线——把权托给谁？经济路线——把钱托给谁？这是企业变革的根本。

把权托给谁？50%的民企都面临权力交接。第一代领导苦于找不到接班人，子女不愿承父业，志趣不投。如果把权力交给职业经理人，企业家又不放心。于是，又想把基业托付给现代企业制度，却发现西方经典的公司制早已支离破碎，也同样存在“机会主义倾向”和“道德风险”。现代企业的前提不再是资本主义，而是“资本一要素”混合主义。企业家们发现，企业权力混合化（比如大量增加外部董事的数量）、企业功能模块化、企业管理扁平化（很多国内企业家学美国通用电气公司的韦尔奇抓大不放小）、企业决策外部化，都可能是“托权”的理性选择。

把钱托给谁？现在最值钱、最不值钱的，都是钱。而且，这个钱，还分为休克、沉淀的钱，和活跃的、能以钱赚钱的钱；分快钱和慢钱；分辛辛苦苦一辈子得到的钱和轻轻松松一下子得到的钱。企业的初衷就是赚钱，而企业有了钱后怎么办？把好不容易的货币积累托付给谁？是托付给老行当，还是新兴的私募股权投资（Private Equity，PE）、风险投资（Venture Capital，VC）？企业运动有三个方向：纵向（原行业内的升级，比如万科搞住宅产业化）、横向（转移战场，比如海尔进军房地产）、斜向（相关多元高级化，房产开发企业搞产业投资基金）。

根据调研，民营企业目前普遍处于一种焦灼的临界状态：是继续辛苦做实业，或是转战其他领域，或是通过股权投资坐享其成？最近，上海实行的鼓励设立股权投资企业和股权投资管理企业的政策实际上指出了“托钱”的方向。随着国家金融大发展战略的逐渐到位，我们的市场经济开始转段——从商品经济阶段转向资本经济阶段。

2007 年 8 月 28 日，中央政治局第 43 次集体学习提出要研究金融领域的新趋势、新问题。我的理解是，其中一个新趋势就是金融的大发展，而且是爆炸式、井喷式、开放化、自由化的大发展。企业和企业家也得同步转段，以前是实干家、实业家，今后要做资本家、银行家。

上海企业的门类今后会进一步收窄，郊区是先进制造业，发展有绝活、独门工艺、自主知识产权的高精尖产业，或者是别墅型的研发基地、后台服务基地。市区有什么？大量的头脑公司和创意工场。它们的主营业务是什么？应该是高知识含量、高附加值的投资、管理与服务类业务。

四、市场经济的“不归路”与企业新政（经济民主）

（一）市场经济的“不归路”

有关领导兵分几路，在全国，主要是几个GDP“大户”（前4名的广东、山东、江苏、浙江，再加上第七名的上海）、标志性的城市（如民资风向标温州和港资风向标东莞），以及敏感性行业（如纺织、服装、玩具等），调查研究企业界的紧日子、苦日子，求真务实，为十七届三中全会的工作部署寻找决策依据。我们受地方政府和企业委托，在东北的大庆—长春、西南的重庆—昆明、苏北的连云港、浙东的绍兴、浙南的义乌、粤西的云浮搞调研，掌握了一些鲜活、生动的一手信息。

调研中发现，企业普遍性地面临“七紧”“七急”：地根紧、银根紧、用人紧、环保紧、出口紧、社会责任紧、质量紧；企业比职能部门急、地方比中央急、地方企业比中央企业急、民营企业比国有企业急、中小企业比大企业急、东部比中西部急、南方比北方急。

市场氛围不再宽松，政策红利越来越小，企业家叫苦不已。唐僧给孙悟空套一个紧箍咒，而我们企业被套了七个“紧箍咒”。法人在叹息，“宏观经济大红花、产业经济小红花、企业经济苦菜花”。法人代表更是迷茫，企业还要继续做下去吗？把权托给谁？把钱托给谁？苦闷彷徨的情绪，弥漫在企业家们的心头。

如何认识企业面临的紧日子、苦日子？我谈四点个人的看法。

第一，以简单政策处理复杂问题。中国企业的基本面，是全世界最复杂的。中国的企业分布在第一世界的上海、北京；第二世界的珠三角、长三角、渤海湾；第三世界的广大中西部。经营范围千差万别，涵盖农业文明、工业文明、信息文明、生物文明、金融文明……单以制造业产品类别为例，我们数数零件，从10^2级的缝纫机（100个零件），到10^4～10^5级的汽车（1万到10万个零件），再到10^7级的航空航天（几百万个零件），我们全都生产。而我们的财经政策却搞简单、僵化的一刀切，不分青红皂白，不听解释，不给申辩机会，一句生硬的“货币从紧”，在关门的同时，关掉了许多企业的财路、活路。这里有早就该关的三高企业（高能耗、高排放、高污染），但也有应该扶持鼓励的三好企业（环境效益好、社会效益好、经济效益好）。

第二，大量企业没有经受真正的市场洗礼，尤其是国际市场的冲击。市场经济是什么？是以交换为目的的社会化大生产。市场经济“不归路”的真面目是过剩，产能过剩、商品过剩、资本过剩、人口过剩、知识过剩，短缺的是创意和智慧。市场成熟了，行业就会清盘，企业失败和倒闭就是家常便饭。市场竞争就像一把绞刀，绞杀价格、绞杀利润，最后绞杀企业。冠、亚、季军赢家通吃，其他人都成为垫背。长期以来，我们的企业和行业主管部门习惯了骑在中国经济的牛背上，享受阳光普照的恩惠，疏于对竞争风险的预测、预警和防范，对当前的零利润危机缺少心理准备。根据我们的预测，中国将迎来一次规模最大、涉及面最广、程度最深的企业倒闭潮，万马狂奔的企业将进入严峻的清理期。

第三，企业倒闭风潮由广东开始，北上蔓延到浙南、浙东，下一步很可能影响到苏南，从制鞋、成衣、玩具，到电子、机械、医药，区域路线、产业路线都比较清晰。但是，我认为各地区、各行业均有自身特殊、非典型的特点。比如，广东的企业倒闭和当地提出的工资倍增计划大有联系；而在山东，韩资突然大量撤退是导火索。

第四，大企业越来越多，存活的时间越来越长，小企业开开关关，速生速死，这是客观规律。中国经济还不够规范、不够成熟，但是中国市场上企业竞争的惨烈程度丝毫不亚于老牌的西方市场，且远远超越其他新兴市场。

（二）保增长、促发展、求稳定，将成为政策导向的关键词

开展前所未有的密集式调研，说明高层领导对中国经济现状心存隐忧。宏观调控已经到了一个紧要的岔路口。在中国，发展和改革历来是跷跷板关系。发展快，往往改革就慢；发展受阻，企业基本面吃紧，改革的力度就会加大。一言以蔽之，下一步，企业政策将回暖，保增长、促发展、求稳定，将成为政策导向的关键词。

五、中国市场化改革的首要问题

最大的改革、最大的开放，均发生在企业领域。

现实和理想之间有一条鸿沟。到底如何认识企业领域的改革和发展？30 年来最根本的经济变化是什么？我认为是从“讲话经济”走到“政策经济”，并慢慢朝“法治经济”发展。这 30 年最集中的，就是用量大面广的政策，初步搭建了市场经济的框架体系。日常听到比较多的是财政政策和货币政策，在“积极—稳健、从紧—从松”之间不断地排列组合。此外还有税收政策、产业政策、区域政策、科技政策、贸易政策、人口政策，等等。而 30 年如一日、咬定青山不放松的，就是积极的企业政策和积极的就业政策，就是开闸放水，鼓励兴办企业，鼓励老百姓到企业去，明里暗里把政策的恩惠，倾斜、追加到企业和企业家身上。如果没有这一外部环境和政策导向，中国的企业根本达不到今天的境界。其中，1993 年的《中华人民共和国公司法》就是标志性的里程碑。以 1993 年为界，之前的公司都或多或少带有“原罪”，此后在公司法的保驾护航下，企业从“原罪”的沼泽地走出来，轻装上阵。我们说改革开放，实际上最大的改革、最大的开放，均发生在企业领域。

民企为主还是为辅，是中国市场化改革的首要问题（不可逆），也曾经是企业改革的首要问题。我的观点旗帜鲜明：“民有、民营、民资、民企”将是中国经济的主流，并作为最大的经济成分，创造最多的价值，贡献最广的就业。

短时间内，外资外企仍很重要，但是随着现阶段的“外资利用”转型到今后的“利用外资”，外资外企将成为民资民企的一个分支、一种形式。

国企也将进一步与民企融合。包括部分中央企业在内的大量国企将转化成混合经济企业，做大做强到具备战略意义的民企，成为“新国企”。

国企、民企、外企，目前是三分天下，谁也吃不了谁。但是“九九归一”之势不可阻挡，而这个过程，不是一蹴而就的，而是相当漫长的。认清了这个形势，外企就犯不着悲伤沮丧，不要奢望

"超国民待遇"的失而复得，要放下身段，继续在广袤的中国市场上耕耘。民企也不要总把自己放在"弱势群体"的位置上垂头丧气。

美国市场目前（2008年）有26万种商品，中国市场才10万种，补课、创新、发展的空间太大了。我一直在跟踪民企政策，可以很清晰地感觉到，各地各级管理部门对民企越来越大方。

上海的国企量大面广，国资是经济社会的底盘，意义重大。截至2007年末，上海地方国资总量9 600亿元，直逼万亿元大关，稳居各省市首位，为上海的改革发展、安定团结，作出了不可替代的贡献。在高层的强势推动下，上海国企改革再度激活，重新进入快车道，将为周边地区的企业家创造含金量高、基于三公原则（公平、公正、公开）的大量战略性合作机会。

现在上海的企业很着急，一急就动作变形，牢骚、怪话满天飞。有的企业家说："我们就是'爱多VCD，一直在努力'（爱多VCD广告语）"，始终处于反思与反复、求新与求变的不稳定状态。有的国企领导说："我们就是'许三多'，使命多重（指令完成型和市场发展型兼有之）、目标多元（经营性和公益性难切割）、任务多变（因人、因时、因地、因项目、因政策而变）"。事情做了不少，领导不一定看到，群众评价也不高。

上海国企以往搞了许多"拉郎配"，用集装箱装散货，结果只有物理反应，没有发生化学反应。有个"土豆堆理论"，说一堆土豆加另外一堆土豆，只不过是更大的一堆土豆。但如果原来有一堆土豆是烂的，那么新的、更大的土豆堆里的土豆马上也会烂掉。这样的教训，在上海的国企重组中一而再、再而三地出现。有机集成才能有竞争力，有竞争力才能有生命力。现实生活中，野蛮的、扎大堆式的、运动式的、命令式的所谓"整合"，效果、效能、效率都很不好。

另外，大量调研发现，上海国企管理团队的"将相不和"现象不在少数，"强势的一把手，委屈的二把手，疲惫的执行层"。一把手绝对真理，二把手相对真理，三把手没有真理。

有些企业家的"三唯"思想根深蒂固，"唯领导马首是瞻""唯当前利益是图""唯员工打分评价是听"。经济学家约瑟夫·阿洛伊斯·熊彼特（Joseph Alois Schumpeter）说要创造性破坏，哲学家卡尔·波普尔（Karl Popper）说要建设性对立，这些共同构成了企业家精神。上海的国企领导，政治家的气质大于企业家的气质，稳健有余、创新不足。

追问 2022*

文 / 何万篷

导读：2021 年是精彩纷呈且充满挑战的一年。面对 2022 年，我们充满好奇、满怀期待。新的一年我们该如何自处？对自己又提出了哪些要求？我们的政策又有哪些需要关注的焦点？年度关键词有哪些？如何理解？还有太多的问题亟待我们去面对，去回答。让我们在复盘 2021 年的同时，共同追问 2022。

2022 年，将是国际经贸领域决定性的一年，是该领域诸多问题从模糊到明朗的一年。诸多事情的发展态势，将由原来的朦胧反复、模棱两可、进退两难，发展到公认的“不可逆”、水落石出、必须接受。

从模糊到明朗，不是“天上掉下的馅饼”，而是竞争得来的，是斗争得来的，需要我们冷静地评估实现度、提高准备度，沉着应对、趋利避害。

有的事情，要好上加好，积极扩大战果。有的事情，要当仁不让，反客为主，猛追、猛攻。有的事情，有进有退，以退为进，退中有进，退中求进。有的事情，则要暂时让它继续“沉沦”，因为还没到“收网”的时机。

一、我们准备好了吗？

要研究的事项太多了，我们的政策工具箱还不够充盈，还没有练就十八般武艺。“智库”们的库容量跟不上形势发展。2022 年工作量高企，放眼看去，都是严峻的挑战和急迫的任务。

我不敢对同行说啥，而是刀刃向内，对自己和同事提了很多要

* 本文系作者 2021 年 12 月 6 日至 27 日发表于《全球智库动态》研究报告第 233 期至第 248 期的文章。

求——坚决克服四股“jiao”气，坚决实行“过河”计划，将“先研究、深研究、细研究、实研究、自研究”进行到底。其中，四股“jiao”气分别是：

——“骄”气。合作伙伴的宽容、包容不是骄傲得意、心理膨胀的理由。大家都得知道自己几斤几两，人手少、智慧缺、板凳浅、人机协同差，仍是基本面。骄傲，可以说是一切错误之始、失败之源。

——“娇”气。娇滴滴，吃不了苦、出不了差、受不了批评，特殊情况下拉不出来，打不了“遭遇战”，都等着别人来服务，不愿意做基础性、基本性的工作，被动依靠别人，而不是让自己强大起来、让自己更有韧性、让别人可放心依靠。研究员都是蓝领，不是小先生、大小姐。

——“矫”气。矫揉造作，扭扭捏捏，不好好说话，吞吞吐吐，欲言又止。说的时候转弯抹角，甚至夹枪带棒，让人去琢磨画外音。这种不够敞亮、坦诚的交流方式，极大地增加了人际交互成本，还会引发各种曲解和误读。真性情无价，矫情则误人误己。研究机构不欢迎两类人，一类是“高情商”的人，一类是矫情的人。

——“焦”气。本领恐慌，信息不对称，过于在乎别人的评价，拼命去猜委托方、领导的意图，肯定焦虑！其实大可不必。关键是自己要有定力，把政治规矩、经济规律、市场规则、技术规范守牢。另外，研究员要源源不断地往肚子里补充干货，扩内存。“墨水”越少的人越是看不到新东西，越是无法导入增量、优化流量。总是焦虑，而没有行动，人会越来越笨。

这四股“jiao”气，是成长中的阶段性问题。但是解决问题的时间极其有限。这该如何是好？

两个字。一是“学”。向所有人学，诚挚谦虚地学，不要半心半意、假模假样地学。二是“行”。到现场去，把自己代入（绝不可当“超人”——超然于外、超越约束、超脱现实之人），要把研究报告写在大地上，而不是书斋里、会议室里、圆台面边。形势发展需要“智库”行动。“智库”行动则需要更多的人跨前一步、走深一脚、久久为功。

二、政策系统聚焦于何处？

我想先分享几个心酸的小故事。

我原来以为，城隍庙豫园一带的商铺卖的是低价值的生活类易耗品，需求是刚性的，情况可能会好一点，却也关了很多……

外滩那里所谓的高大上的餐厅，现在人均消费 1 000 元左右，却还是做不到保本，因为物业、租金和人工费用太高了……

一位朋友做生鲜进口业务，在新冠肺炎疫情和国际关系紧张的双重影响下，生意做不成了，于是改行干园区综合服务，帮着招商。结果客商没招到几个，倒是见识了更多沉重的故事——企业家变成小老板，小老板变成个体户，个体户躺不平……

某专家闲不住，“逆行”去短途旅游。所到之处，服务员比客人多，都眼巴巴地盼望你消费多一些、再多一些。但是人流量趴在地板上，再怎么都无济于事……

很多人在议论“减薪办”。一开始我是坚决不信的。后来，由不得不信了……

行业头部企业、某上市公司领导吐槽说，县官不如现管，企业的重大事项卡在一个审批环节的经办人手里。此类事对经办人来讲轻如鸿毛，对企业来讲却重如泰山。办成一件事，办好一批事，育成一个产业，带活一个区域，抽象意义大家都懂，具象操作则时有荒腔走板。说好的营商环境，都去哪儿了呢？

也有朋友很兴奋，说有关部门给自己企业的各种优惠是前所未有的好。他说今年尝到甜头，明年继续努力，争取拿更多的补贴，过了这个村就没这个店了。这是营商环境吗？

以上种种，让人陷入长考。形势到底好不好？应该怎么办？

经济形势不理想！看不到这点，恐怕就是不负责任的鸵鸟。当下经济形势有很多影响因素，简单的（比如新冠肺炎疫情），复杂的（比如中美关系）；即期的（比如季节性因素），深远的（比如结构性原因）。大家都在努力，事有巨细，千头万绪。

想起 1976 年诺贝尔经济学奖得主米尔顿·弗里德曼（Milton Friedman）“老鼠尾巴”的故事。他 20 世纪 80 年代末期来华时被问到“中国的问题非常复杂，就好像一只老鼠有很多条尾巴，乱麻一样地纠缠在一起，应该怎么解开？”

弗里德曼的回答显然是不及格的。他说：“这事容易，你拿剪刀，把老鼠尾巴一下子剪掉就可以了。”他的意思是长痛不如短痛，要用非常坚决的方式推动价格改革。今天的问题如果再让弗里德曼回答，估计他的回答还是不及格，因为他太不了解中国国情。

我们也想试着回答一下。财经政策是个系统，层层叠加，环环相扣，相互渗透嵌套。若是要找出“牛鼻子”，那肯定就是实施“积极的民企政策（尤其针对中小型民企）”，以此为总牵引、首位指向。

民企即民生，民企即活力。国资国企锚固“国之重器”，民资民企锚固“国之大者”，两者相辅相成，相互赋能，相得益彰。让“国引民进、混序发展”来得更猛烈些吧！

分析事物讲究两分法，既要为规范发展的社会资本和民营企业保驾护航；也要对不良商业模式坚决打击取缔，智敏反应，动手要早，不能姑息养奸。好民企得不到持续的阳光雨露，坏民企（早就肉眼可察，现在更是水落石出、原形毕露）就会招摇过市。好与坏的判断，其实并不难。管理部门中性一点、客观一点，要善待真创造价值的人，善待创造真价值的人。

三、新的关键词都传递了哪些消息

—— 分拣机。边境是分拣机，算法是分拣机，生物识别技术是分拣机，美国搞的所谓的“民主峰会”是分拣机。要不要搞中国产的高级分拣机？

—— 边际效应。比如，美国各项政策全球影响的边际效应在持续下降，这和美国的“可信度不足”，或者说“可信度缺口”越来越大密切相关。

—— 可信度。不管怎么说，东方大国的可信度在快速攀升。可信度是合法性之基石。如果把美国看作一只股票，其K线走势有点不好看。即使是美国最忠实的拥趸，也对美式民主产生了质疑。人们很难接受，“反拜登的人比反特朗普的人多”，但是更难接受“拜登之后又是特朗普”。美国皮尤研究中心（Pew Research Center）的调研发现，受访国家中，只有17%的人认为美式民主值得效仿。总部设在瑞典斯德哥尔摩的国际民主与选举援助协会（International Institute for Democracy and Electoral Assistance，IDEA），将美国列入“民主退步国家”。但是改变美国很难，那好比用咖啡杯清空太平洋。

—— WOKE[①]。这是美国左派发明的概念，表示对不公正、特别是与肤色或性别有关的不公正的觉醒。

—— 美国病。这个吓人一跳的关键词是法国蒙田研究所（Institute Montaigne）的发明。意指美国社会内部深刻的、难以克服、难以容忍的阶层分裂。目前的美国，在病态超级保守主义（共和党）和左翼超级激进（民主党）的联合挤压下，“留给理性和进步力量的道路越来越窄了”。

—— 建设性再接触。美方有识之士认为，这是“极限对抗（中国）”战略的替代方案。中美双方需搭建桥梁，而非摧毁桥梁。此方案下，美国要以微妙方式开展影响中国的积极行为，这样至少能使两国关系停止“螺旋式下降”。

—— 老本。整个西方世界仍有老本可吃，其经济社会结构仍有相当的韧性。老本上，还可以长出新东西。东方的进步，绝不意味着西方相应能力自动消失。这提醒东方仍需谦虚谨慎地向西方学习。

—— 宏观集群“三极世界”。这个关键词最早由全球最大的风险咨询公司欧亚集团的主席伊恩·布雷默（Ian Bremmer）提出。他说，世界将围绕若干吸引力中心形成宏观集群。吸引力中心的数量可能超过三个，因为可能有四五个“装配点”。美国前任总统唐纳德·特朗普（Donald Trump）显然接受了这个观点，曾多次提出“三极世界”的构想。此理论在美国本届政府中也有市场。美国的理想是形成等腰三角形[②]。悬念是其他“装配点”在什么条件下成为新的吸引力中心。

—— 山巅之城。这不是新词汇，但是人们终于对它有了新认识，那就是把势能转化为动能，压倒性覆盖、排他性格式化。

—— 四海之内皆兄弟。这更不是新说法。中国古代先贤的智慧表达被海外用来解释“一带一路”倡议和“人类命运共同体”，认为这是中国展示的“大思想”。

——“很法国”。风向急转，很多人庆幸不是生活在美国，也庆幸还有“美国人”以外的身份。连法国影星凯瑟琳·德纳芙（Catherine Deneuve）都说，我“很法国”“很欧洲”，“在欧洲，人们还算更文明一些”。

—— 哲学引导。这个关键词指美国前国务卿亨利·基辛格（Henry Alfred Kissinger）在将近百岁高龄之际的关注点，即人工智能等技术缺乏哲学引导，人类对此缺乏深谋远虑和妥善管理。他认为，人工智能带来的“划时代转型”可能让人类陷入恶性循环——希望它自动，又希望它不要过于自动。和基辛格合作写书的谷歌公司前 CEO 埃里克·施密特（Eric Emerson Schmidt）担心，我们没时间看书、没时间思考、没时间讨论，原因是别的东西应运而生占据了我们的时间。

四、主要矛盾和矛盾的主要方面是什么？

《矛盾论》对这些问题进行了探讨。

首先，《矛盾论》对“形而上学”与唯物辩证法进行了比较。《矛盾论》对认为事物恒定不变、仅仅是场所变更或是数量增减的“形而上学”进行了批判。这也许会让科技工作者感到困惑——在科研过程中常常遇见的，或是经常能够感受到的一种精神，就是要找出一切事物变化背后的恒定规律，找到不可分割、不会变化的基本粒子，用于描述一切事物的变化规律。难道说，近代乃至当代的这些科学，都是所谓的“形而上学”吗？

实际上，在物理学的发展过程中，将一切事物归结为恒定的基本粒子和外力互相作用的努力却一再失败，而新理论也一再从原本认为不可分割的物体之中找出了新的基本部分——通过不断分割试图把内因表示为外力，结果又发现了新的内因，这简直是外力要依靠内因去产生作用的最好证明。

物理学试图追求超验的规律，但对于这一规律本身的探寻却又扎根于实践之中；试图找到一切矛盾的解决方法，却要依靠对事物矛盾的分析。物理学，也许能够算得上是这两种对立的宇宙观之间的一种统一了。

接下来《矛盾论》讨论了矛盾的普遍性和矛盾的特殊性。矛盾存在于一切事物的发展过程之中。事物的发展过程本身就是矛盾。事物在发展，说明它产生了变化，变化带来差异，也可以减小差异，而差异就是矛盾。任何事物一定处在不断发展的过程当中，不再发展，便与死亡无异，便与不存在没有区别。

也许会有反驳的观点认为，不发展乃至死去的事物，也会对其他事物产生影响，并不能被认为是不存在。然而，实际上，即使是“死去”的事物，当它对其他事物产生影响时，它自身也受到了反作用的影响，也得到了发展，从而不能说是死去的事物。例如，过去的文明，即使覆灭了，被埋在了地下，当它们被新的文明重新发现的时候，它的文化被重新了解的时候，它们实际上就被“复活”了，得到了新的发展。也就是说，任何事物都是处在矛盾之中，且一定会处在矛盾之中的。矛盾正是事物存在的方式。

因此，当我们研究事物的时候，我们实际上做的，就是研究其矛盾。当我们研究事物的特点，我们研究的就是矛盾的特殊性；当我们研究事物的共性，我们就是在矛盾的特殊性中寻找共性。

《矛盾论》特别围绕人们认知事物、研究问题的方式展开了阐述，意在借此批评教条主义现象，并介绍正确认识事物矛盾特殊性的方式。教条主义，指把教条看成至高无上的真理，不加验证地信奉它。教条主义是“形而上学”的表现形式，体现的是一种唯心的思想。

在科学随着新发现的出现不断完善，不断接近可能的终极答案（如果有的话）的过程中，教条主义其实是一种对于学习的懒惰——它不肯根据新的发现、新的认知更新自己的认知，而是盲从一个中间结果。

仍需强调，科学希望能够找到一个普适的“形而上学”式的真理，但这只是一种希望而已，在必要的时候，这种希望必须要让位于具体问题具体分析。科学不是对于过去理论的教条，而是对于当下发现的客观分析。那些教条主义者，只想躺在巨人的肩膀上，却从来没有想过要自己站起来，借助新的具体问题的力量，达到巨人没有够着的新的高度。

最后，《矛盾论》围绕事物的主要矛盾和矛盾的主要方面进行了展开。当我们说要抓住事物的主要矛盾、抓住矛盾的主要方面的时候，我们究竟是带着怎样的一种立场，或者是怎样的一种目的？事物的发展是矛盾的作用，次要矛盾是主要矛盾的附庸，那么抓住主要矛盾，找到矛盾的主要方面，就算是把握住事物发展的命脉了。问题来了，如果有一个坏家伙，抓住了主要矛盾，并且紧密关注矛盾的主要方面，他（它）会不会得逞呢？

《矛盾论》导入了"新陈代谢"的概念，"新陈代谢是宇宙间普遍的永远不可抵抗的规律"。新事物必将取代旧事物，在这组矛盾之中成为矛盾的主要方面。这暗含了一个信息，那就是在事物的矛盾之中，存在终将胜利的一方和终将落败的一方，由胜利的一方支配，落败一方终于灭亡告终，存在着时间的箭头。代表新事物一方的任务并不是把未定的事物推向一个方向，而是促成一件终将发生的事情。我们对于主要矛盾和矛盾的主要方面的认知是助力，而不是动力。我们只能加快矛盾的解决，用我们的努力促成矛盾的解决，而矛盾终将得到解决并不为我们的意志所动摇。

再读《矛盾论》，迎接充满矛盾变化的 2022 年。

五、发现问题，直面困难

—— 如何感知变化。对（政府创新、技术变革、企业诉求、市民生活等方面的）异动和例外的感知，是所有管理者的基本功。尤其是区分快变量、中变量和慢变量，识别这些异动和例外的前馈、延迟、耦合、动态、非线性等特点。能否从"感觉型"领导，转为"实证型"领导，是管理者 2022 年面临的巨大挑战。

—— 如何保持政策的相对稳定。不能让终结或缓解问题的政策引发新的问题，甚至成为更大问题的导火索。要避免政策造成的大规模经济运行故障或者紊乱。制定政策，也需要"全过程民主"（相较于西方的"走过程民主"，这恰恰是我们的竞争力之源）。

—— 如何平稳调节经济服务业化的速度。过快转向服务业，尤其是和实体经济紧密度不高的服务业，会伤害长期增长的质量。不能轻视工业、工厂和工人，他们并非过时经济。工种的“鄙视链”（陆家嘴看不上南京西路，南京西路看不上淮海中路，淮海中路看不上张江，张江看不上临港……）让人心情郁闷。你可以批判它毫无道理、毫无逻辑可言，但它是一种真实的心理活动。

—— 如何重新唤醒企业家精神。这一稀缺精神正遭遇某种“社会不公”，被压抑着，出现了有所收敛的迹象。以前的创业，是被生存的压力倒逼出来的，也许在过程中多多少少有些“原罪”。今后的创业，是情怀和兴趣驱动的，知识和技术的含量更高，起点更高，更讲究专业和规范。但只要是创业，都需要包容宽容，要及时化解“三怨文化”，即怨恨有财富的人、怨恨有才华的人、怨恨努力奋斗的人。

—— 如何把握要素的特性和行为规律。对资本和数据等要素的认知，尚存在诸多盲点和误区。国内忙于引导资本有序发展，国际上忙于争夺数据话语权。数据不仅仅是新的“石油”，它更是新的“自由”。得警惕某些大国打造“数字北约”，因为拥有数据，就是拥有“自由”，掌握数据规则，就是自由地掌握“自由”。

—— 如何创新重大理论。我们忙忙碌碌，爬山过坎闯关，拆弹排雷填坑。碎片化事务性工作的背后或者之上，要有中国特色的原创性、原理性理论的引领。唯有如此，方能从被动的应变应激，升级到主动的求变求新。理论创新，要接三口“气”，即“接天气”（上位要求）、“接地气”（市场情绪）和“接洋气”（全球环境），这三“气”缺一不可。

—— 如何保持定力。中国的待遇，从“挨打”到“挨饿”，再到现在的一定程度地被动“挨骂”，是因为走在方向正确的大道路上，并且实实在在地长起来了。必须看到，在国内也有一定的批评声。但这恰恰是因为我们在正确方向上，有的时候不够坚持、不够坚决，“进三步退两步”。要锚定方向，珍惜局面。

六、信心来自一系列的“回归”和“纠偏”

2022 年的好机会正在涌来。如果抓不住，则横盘向下，问题激化、矛盾锐化，麻烦不小。如果抓住它，很多问题和矛盾将迎刃而解，新的发展行情将豁然开启。我们充满信心，信心来自一系列的“回归”和“纠偏”——回归基本的常识，纠正误读和偏差。

“回归”和“纠偏”的首要成果是要对民企好，且更好一点。虽然，一时半会儿相关动作还没完全到位，但是，市场化配置资源的观念已经深入人心。要想行稳致远，就得真正尊重市场逻辑。国资、国企当然战略性重要，但它是有边界的，不能“包打天下”。国企、民企都是自己人，要一起当家做主。

人不全是教育出来的，有的是教训出来的。教训所到之处，很多“围墙”轰然倒塌——政策的围墙，机制的围墙，心理的围墙……有专家疾呼，2022 年是“破墙透光”之年，我们要主动去放光，并热情地拥抱改革之光。

“政治势能”加速转化为“经济动能”，这才是制度优势的应有之义。现在中国要做的，就是把“动能”进一步转化为“能动”。“看齐”，不是“上下一般粗”，不是口号性宣示，而是全面准确领会精神后“因地制宜”，落到本地场景和创新项目上。“能动”的领域很多，绝不能以一句“我们啥也干不了”来敷衍搪塞。

关于“回归”和“纠偏”，我们还可以列举更多。比如，要对科研人员好一点，再好一点。又比如，最近我在几次会议上，都听到了这样的声音：松绑，解绑，加持，让他们“有更大的梦想”，让他们“轻装上阵”，不要让他们被各种即期考核“压弯了腰”，不要让他们“被热钱游资裹挟”。再比如，要对基层好一点，再好一点。基础不牢，地动山摇。还有，要对制度性、基石性的“螺丝钉”（譬如资本市场的“独董”）好一点，要对媒体好一点，要对律师好一点……

到此，本文的中心观点就出来了——2022 年是政策包容、氛围宽松、治理开明、人民更舒心的年份。这样的时间窗口，是众多机会的“肥田沃土”。就怕一叶障目，让情绪干扰了我们的判断。

注释：

① 英文单词原意为唤醒。

② 见《俄专家分析：五角大楼大谈“三极世界”背后的原因》，2021 年 11 月 9 日，参考消息网，http://column.cankaoxiaoxi.com/2021/1109/2459366.shtml.

软硬实力相互赋能、融合并进是加快建设具有世界影响力的社会主义现代化国际大都市的必由之路*

文 / 何万篷、周学强

导读：上海市第十二次党代会提出，要加快建设具有世界影响力的社会主义现代化国际大都市，生动演绎中国式现代化的内涵和特征。这是时代赋予的光荣使命，也是上海必须担起的重大责任。具有世界影响力的社会主义现代化国际大都市，是软硬实力的综合体现，必须靠“软硬并进”来实现。我们必须坚持系统观念，整体性推进软硬实力建设，在两者相互赋能、融合并进中，更好服务全国发展大局，更好代表国家参与国际合作与竞争，构筑具有全球竞争力的综合优势，走出一条彰显新时代中国特色社会主义当代价值与世界意义的超大城市现代化发展之路。

城市硬实力和软实力既相互独立生长，又相互作用、相辅相成，盘绕、渗透，构成了城市现代化的“DNA 双螺旋结构”，共同决定了城市的基因和特质，在“遗传—复制—衍生”的机制作用下，推动着城市能级和综合实力的持续跃升。硬实力是软实力的有形载体，软实力是硬实力的无形延伸，它们不是机械堆垛关系，而是在相互牵引、相互触发、相互转换、相互渗透中不断向更高能级发展。软实力和硬实力相互赋能、融合并进的过程，就是控制力不断演变最终形成定价权、影响力逐渐累积最终形成话语权的过程。软硬实力结合得好，可以产生叠加效应，促进城市综合实力大幅提升。相反，硬实力如果没有软实力的赋能就不具有可持续性，软实力如果失去

* 本文系 2022 年 7 月上海市哲学社会科学规划办公室专项课题“上海城市软实力与城市硬实力相互赋能、融合并进研究（2022DH006）”的阶段性成果。

硬实力的支撑也将“不堪一击”。

从城市发展规律看，硬实力发展到一定阶段后，就不可避免会遇到“天花板”，单靠规模总量难有非常大的突破。纵观纽约、伦敦、巴黎、东京等全球顶尖城市的发展进程，软硬实力相互赋能、融合并进的“混序”状态是其共性规律，“混”是指元素多、关系复杂，“序”是指城市发展的主基调、主脉络、主战略是清晰的，就是持续通过硬实力进行迭代升维，通过软实力进行调优适配，实现世界影响力的育成和发展。

从全球竞合态势看，在百年变局和世纪疫情交织叠加的当下，城市发展环境条件、格局形态、动力机制、治理模式等发生了深刻变化，城市特别是“头部城市”之间的竞争，越来越表现为在软硬实力相互赋能、融合并进上的较量与比拼。上海作为中国式现代化的“领头雁”、改革开放的前沿窗口和深度链接全球的国际大都市，必须准确把握新发展阶段外部环境、内在条件和阶段性要求的新变化，在历史前进的逻辑中前进、在时代发展的潮流中发展，以软硬实力相互赋能、融合并进的创造性探索，赋予中国式现代化生动的实践内涵。

从上海自身发展看，这些年全市生产总值连续跨过 3 万亿元、4 万亿元两个大台阶，总量规模跻身全球城市第四位，人均 GDP 达到上中等发达国家水平，口岸货物贸易总额保持全球首位，上海港集装箱吞吐量连续 12 年位居世界第一，千人拥有企业数量位居全国首位[①]。总的看，上海在不少硬指标上已迈入全球城市前列，但要建设具有世界影响力的社会主义现代化国际大都市，必须在“软硬并举”上下更大功夫。特别是对照纽约、伦敦、巴黎、东京等全球顶尖城市，上海在配置全球资源的高端功能、参与国际规则和标准制定、引领带动都市圈和城市群发展等方面还有较大提升空间。

新征程上，上海要做好软硬实力相互赋能、融合并进这篇大文章，确保城市在新一轮的全球竞合中保有优势地位，重点要把握好“融合”“转化”“并进”“涌现”的要求。融合，就是要在硬要素上叠加软要素，努力实现“1 + 1＞2”的综合效应；转化，就是要以动态的眼光，促进两者的相互转化、相互激发，把“无形要素”转化为“有形力量”；并进，就是要在谋划部署各项工作的时候，始终同步考虑软硬实力的建设、协同和集成；涌现，就是各子系统、模块、单元之间发生深刻反应，量变引起质变，形态提升业态，迸发出一系列有竞争力的、可持续的、不可逆的高级新功能。

一、要聚焦重点领域、重要区域、重大平台和多跨场景，推动高质量发展

围绕“四大功能”“五个中心”“五型经济”“四大品牌”等重点领域，把制造和服务、技术和标准、平台和制度等软硬要素融合起来，塑造更强的竞争力。比如，上海国际金融中心建设既要扩大交易量，也要提升“上海价格”“上海指数”的影响力；上海国际贸易中心建设既要巩固传统贸易存量，也要扩大新型贸易增量，特别是在数字贸易等新领域要有竞争力和话语权；上海国际航运中心建设既要保持领先“吨位”，也要提升服务能级和市场定价权；上海科创中心建设既要提供更多硬核创新成果，也要成为科学新发现、技术新发明的策源地，使上海涌现更多高能级要素、现象级事件和传奇式英雄。

浦东社会主义现代化建设引领区、虹桥国际开放枢纽、自贸试验区临港新片区、长三角生态绿色一体化发展示范区、五个新城等重要区域，要依托多层次、多类型的“硬载体”，实施面向华裔人才和出国留学生的“回形针计划”和面向友华的外籍科学家和工程师的“吸铁石计划”，招国际性组织，引全球化活动，吸纳国际人才等“软要素”，探索谋划建设“一带一路大学”，加快培育一批具有世界影响力的“上海智库”，发挥承载国家战略的改革开放新空间引领作用。

中国国际进口博览会、世界顶尖科学家论坛等重大平台，要以“上海主场”为载体，研发创设一批具有上海标识度的全球公共产品，加强多层次文明对话，推进城市外交、民间外交和公共外交，提高城市全球叙事能力，提高议题、议程和规则设计能力，“自塑”国际形象，减少城市软实力和硬实力的“落差”。

围绕“先进制造、消费促进和贸易服务、综合营运、授权赋能、公共活动”等多跨场景，大力发展面向未来、兼容“创新动能、基础设施、交易标的、游戏规则”软硬功能的数字经济，深入推进知识产权在城市经济发展、产业规划、公共服务等领域的全面运用和聚合发展，加快推进引领型知识产权强市建设。

二、要服务本地居民、企业公民和外来“游”民，提升高品质生活

高品质生活既是物质生活的丰富，也是精神生活的富足。政府侧和市场侧都要智敏地双向感知——感知技术变革、感知市场情绪、感知市民需求，全方位营造舒适生活、极致服务和品质体验，推动城市软硬实力建设更好地服务本地居民、企业公民和外来“游”民，让越来越多的人向往上海、来到上海、留在上海、喜欢上海、宣传上海。

要围绕资源供给，推进城市各领域基本公共服务设施迭代升维，实现更高质量的供给服务标准化、均等化，更要提升群众幸福感，让孩子们茁壮成长，让年轻人成就梦想，让老年人乐享生命，率先建设全龄友好型社会；要围绕养老服务，完善社会养老服务体系建设，大力推进养老服务业高质量发展，帮助老年人跨越“数字鸿沟”，更要丰富老年人精神文化生活，让更多老年朋友拥有“踏遍青山人未老”“如今归来仍少年”的多彩生活。

要围绕人民健康，大力培育大健康产业，发展智慧医疗，为人民群众提供优质多样的医疗服务，也要加强社会心理服务体系建设，让人们拥有健康的体魄、健康的心态、健康的生命。

要围绕乡村振兴，重新认识和发现乡村的价值，探索超大城市郊区乡村振兴新举措，既要有“硬容器”，也要装入“软内容”，更加凸显农业农村的经济价值、生态价值、美学价值。

三、要面向高效能治理，构建有为政府、有效市场和有序社会

树立“次区域融合、跨区域联动”理念，积极谋划推动新型市

内一体化，避免同质化无序竞争，着力形成体现国家战略和城市愿景总体战略利益的大拼图。

要高效调动所有治理要素，构建有为政府（整体政府）、有效市场（多元主体活力迸发的包容城市）、有序社会（有管理的自由城市）三元一体治理体系，切实提升社会治理整体效能。

要进一步对标国际经贸新规则，更大力度保障市场主体发展活力，更高水平推动数字化转型，更加突出优化事中事后监管，努力营造“全面便利、高度活跃、本质公平、充分开放”的世界一流营商环境。

要精准识别阻碍软硬实力相互赋能、融合并进的因素，未雨绸缪，提高抵御城市风险的准备度，前瞻构建城市风险评估体系，定期开展城市体检，动态识别人的不良行为、物的不良状态、制度的不良结构，前瞻感知城市发展关键指标的异动、例外以及突发情况。

要建设智敏韧性、系统集成、平战结合的应急保障体系，同时也要在指挥体制、响应机制、管理流程、运转模式等方面，完善应急保障体系，加快韧性城市建设。

要充分发挥多元主体在城市软硬实力建设中的积极作用，形成利益相关者广泛参与的城市软硬实力共生成长体系。

注释：

① 见 2022 年 8 月 8 日举行的“中国这十年 · 上海”新闻发布会。

本章拓展阅读

长三角“富邻居”现象的一个解读视角：论上海在区域产业发展中的组织作用

论执着于硬核科技的上海——兼论硬核科技创新的作用

论上海开放进程中的跨国公司

第二章

影响力、控制力与话语权、定价权

复杂巨系统最重要的模块*

文 / 何万篷

导读：城市软实力，尤其是超级都市的软实力，是“国家综合软实力”这个复杂巨系统中最重要的模块。当前上海正在从“容器建设”进入“内容建设”、从实现“物的现代化”到实现“人的自由化”的新阶段。本文为中国特色、上海特质的世界级、综合性“城市软实力育成工程”提出了想法与建议。

城市是人类活动“流—留—聚—转”的载体和结果。对治理者而言，就是要在此过程中持续地提升城市的两个“力”和两个“权”——影响力、控制力，话语权、定价权。

在“两力”和“两权”的表征和呈现方式中，让人敬畏甚至恐惧、不得不遵照执行的，就是硬实力；而润物无声、让人憧憬向往、愿意仿效追随的，就是软实力。

人们都说美国有四个“片”：芯片（卡别人脖子）、药片（辉瑞等公司的生物医药产品）、（好莱坞的）影片、（乐事的）薯片。芯片、药片，就是硬实力；影片、薯片，就是软实力。同理，美军、美元是硬实力；迪士尼乐园、环球影城是软实力。

大家都把软这力这个概念的提出归功于美国哈佛大学的约瑟夫·奈（Joseph Nye）。其实，不应该忘记美国乔治敦大学的 R. S. 克莱因（Ray S. Cline），他在 20 世纪 70 年代提出了一个国家实力方程式，即现实国力 =（人口和领土 + 经济实力 + 军事实力）×（战略意图 + 国家意志）。第一个括号里的，基本是硬实力；第二个括号里的，基本是软实力。

软实力，是可感、可及、可交互的，是生动、具象和多样化的。

* 本文系作者 2021 年 5 月 12 日在上海市委城市软实力专家座谈会上的发言，标题由编者另加。

它有几个特点。一，它是战略性重要的，它和硬实力一样，发挥着硬核作用。二，它和硬实力是相互赋能、相互牵引、相互触发、相互转换、相互渗透的关系，深度集成在一起。三，它是相对的，相对于硬实力，相对于竞争对手和合作伙伴。四，它在时间维度上传承接续，在空间维度上开放吸收。习近平总书记指出，不忘本来、吸收外来、面向未来。我们无法割裂历史，不能排斥其他经济体的发展成就，要文明互鉴，要兼容并蓄。五，“国家综合软实力”这个复杂巨系统中最重要的模块就是城市软实力，尤其是超级都市的软实力。软要素在其中发挥显著的牵引作用，我们要去挖掘它、激活它。

2020 年 9 月，习近平总书记在北京中国国际服务贸易交易会上致辞，提出了“服务业软要素”的重大命题。上海第三产业增加值 GDP 占比已经达到了 73.1%，市场经济要高级化，就离不开服务经济深化。这对中国特色、上海特质的世界级、综合性“城市软实力育成工程”，对软要素的系统性梳理和活化提出了紧迫要求。2020 年 12 月，前滩综研内部立了课题，题目是“国家需要与上海担当”，包含六方面内容：

—— 软要素的作用是熔解、赋能、增值和控制。

—— 上海正在从“容器建设”进入“内容建设”、从实现“物的现代化”到实现“人的自由化”的新阶段。

—— 中国香港和深圳：因为软要素的缺失，可能不得不面对“危险”的明天。

—— 美国内卷式衰落之根源：软要素涣散。

—— “木讷”的日本人却造就了永远的文化新经济。

—— 故事：①美国前总统唐纳德・特朗普（Donald Trump）的软实力；②拉德芳斯（法语：La Défense）之痛；③伦敦谚语；④日本的外宣；⑤和国际管理协会前主席的对话；⑥新加坡全球贸易商计划（Global Trader Programme，GTP）。

借此机会，前滩综研提出以下八点粗浅建议：

（1）系统学习、准确把握习近平总书记丰富的相关论述。

（2）在大变局和伟大斗争中找准上海的特殊位置、使命和机遇

(“伟大斗争既包括硬实力的斗争，也包括软实力的较量”[①])，评估实现度、提高准备度。

(3) 面向华裔人才和出国留学生等实施“回形针计划”；面向友华的外籍科学家和工程师，实施“吸铁石计划”(“硬实力、软实力，归根到底要靠人才实力”[②])。

(4) 促进高能级资源要素的便利化流动，尤其是信息资源(“信息掌握的多寡成为国家软实力和竞争力的重要标志”[③]，“信息流是生产要素，我们要提升信息采集、处理、传播、利用和安全能力”[④])。

(5) 和治理现代化深度结合(“我国经济发展的空间结构正在发生深刻变化，中心城市和城市群正在成为承载发展要素的主要空间形式”[⑤])。

(6) 提高全球叙事能力，提高议题、议程和规则设计能力，“自塑”国际形象，而非“他塑”(“存在信息流进流出的‘逆差’，中国真实形象和西方主观印象的‘反差’，软实力和硬实力的‘落差’”[⑥])。

(7) 凝聚广泛共识(预见先于预案，共识牵引共同行动)，优化营商环境：整体便利、相对便宜、本质公平、全面安全、持续开放(五个开放：对内开放、对外开放、对未来开放、高水平开放、主动开放)。

(8) 推进学科建设和学派创新，打造“思想高地”。

注释：

① 见习近平《当前工作中需要注意的几个问题》，2014 年 10 月 23 日。

② 见习近平《在中国科学院第十九次院士大会、中国工程院第十四次院士大会开幕式上的讲话》，2018 年 5 月 31 日。

③ 见习近平《在中央网络安全和信息化领导小组第一次会议上的讲话》，2014 年 2 月 27 日。

④ 见习近平《在中央网络安全和信息化领导小组第一次会议上的讲话》，2014 年 2 月 27 日。

⑤ 见习近平《在中央财经委员会第五次会议上的讲话》，2019 年 8 月 26 日。

⑥ 见习近平《在党的新闻舆论工作座谈会上的讲话》，2016 年 2 月 19 日。

“吸引物”的抽象集合和“吸引力”的具象呈现*

文 / 何万篷

导读：软实力，是文化导向、价值理念、秩序规范、服务品质、人本要素、公共传播、综合交互等“吸引物”的抽象集合和“吸引力”的具象呈现。它经由善治孕育出来、衍生开来。它让人们因认同而喜欢，因参与而享受，在自我意识作用下，采取自觉行动。软要素激发软实力，软实力优化软环境，软环境赋能硬实力。软实力的渗透和扩散，在很大程度上是激活软要素、实现软联通、营造软环境的过程。

上海市委关于全面提升城市软实力的文件①已经全文公布，立意高远，博大精深。解读这份文件，我是心存敬畏的。在建设人类命运共同体、推动形成国内国际双循环新格局、上海打造社会主义现代化国际大都市等背景下，这份文件的意义极其深远。

我们的国家故事、国家声音、国家形象，这几年进步了很多，释放了凝聚人、感召人、吸引人的效能，不过还需要更多层级、更多侧面、更多颗粒度的故事、声音和形象。这当中，“城市”这个层级、侧面和颗粒度的重要性愈发突显。

我曾经喊出“自由临港”的口号，最近我又提出上海是一个“有管理的自由城市”，我认为往这个方向去的决心和魄力是毋庸置疑的。

一、“两力”“两权”与软实力

土耳其著名诗人纳齐姆·希克梅特（Nazim Hikmet）曾说：

* 本文系作者 2021 年 6 月 28 日在澎湃下午茶“提升上海城市软实力”系列沙龙第二场上的主题演讲。

"人生有两件东西不会忘记，那就是母亲的面孔和城市的面孔。"上海市委全会提出了"城市表情"的概念。城市是人类活动"流—留—聚—转"的载体和结果。城市是烙印，是符号，是灯塔。城市之间的比较或竞争，主要围绕着两个"力"和两个"权"展开——影响力、控制力，话语权、定价权。

国家、区域、城市，越来越分化发展。一个很重要的原因就是软实力和硬实力没有能够合理配置、相得益彰。硬实力的布局在某些情境下是碎片化的，甚至存在冲突，存在"合成谬误"。比如研发和制造的割裂、产业对人居的干扰，诸如此类的问题都必须通过软实力的熔解、赋能、增值和控制功能，来实现要素集合和系统集成，从而让城市涌现出新的高级功能。

二、软实力的关键词

习近平总书记2007年亲自概括了上海城市精神——海纳百川、追求卓越、开明睿智、大气谦和，2018年又亲自提出了上海城市品格——开放、创新、包容。我认为前者是上海正在努力追求的、培育的，需要内化于心的，后者是外化于行，外化于形的，已经表现出来的，并且得到了外界的认可，外界是有直观感知的。城市精神是自我追求、内在价值，城市品格是外部观感、外在形象。两者是一个硬币的两面，是相辅相成的。有了城市精神和城市品格，共识就架构起来了。在城市精神和城市品格的外围就是人居环境、综合治理和全球传播等。

软实力的第一个关键词，是"综合善治"。比如，公共服务的均衡和平等，对文化设施的投入，人居环境的绿化、美化、舒心化，对市民的呵护和对领军人物的褒扬，等等。

第二个关键词，是"自然感召"。比如，上海"四大品牌"中的"上海购物"，它的背后是消费促进和贸易服务。上海的首发、首秀、首店经济为什么这么发达？这和上海对全国消费者的感召力、吸引力是密不可分的。上海购物，就等于品质保证，就等于时尚潮流。上海是全球最大的口岸贸易城市，连续11年成为集装箱吞吐量最大的港口，2020 年是 4 350 万标箱[②]，口岸贸易规模占到全球贸易总额的 3.4%～3.5%。贸易创造万物，消费和贸易，或者笼统讲服务业，是上海城市软实力很重要的组成部分。关键是，流量背后，我们想抓住什么，已经抓住了什么？真正增值的是什么？“珠三角造箱子，苏南装箱子，义乌发箱子，宁波—舟山运箱子，上海数箱子，新加坡数单子，伦敦数票子，纽约发票子。”这是坊间的顺口溜，虽是开玩笑性质的，但是说明上海在全球的城市价值分配网络上前进的空间很大。

第三个关键词，是“自觉行动”。第七次全国人口普查数据结果显示，上海的常住人口 2 487 万[③]，已经逼近 2 500 万的既定天花板，估计每天的人口保有量要在 3 000 万以上。大家为什么愿意来，为什么不肯走，留在上海的为什么很自豪？这背后都是上海的城市软实力在起作用。当然，这个是各类指标体系打分很难打出来的。另外，这也给我们提出一个敏感的命题，上海的人口天花板要不要抬高？上海必须发展新经济，新经济约等于本科生经济，导入更多的本科生，这个事情的重要性，不言而喻。硬实力、软实力，归根到底要靠人才实力。

在工业经济时代，哪里有企业，哪里就有就业（people follow business）；在服务经济时代，哪里有人群，哪里就有产业（business follows people）。美国国家经济研究局（National Bureau of Economic Research，NBER）最近在重新审视了生产率与人口密度的关系后发现，人口越多，生产率越高。人口规模，是硬实力；和人（人才、人口、人流、人气）有关的其他方方面面，服务于人的以及人所提供的服务，则属于软实力的范畴。这也是软硬实力交叉渗透的重要领域。

三、国家需要和城市担当

上海历来重视城市软实力建设，但是像这次以全会文件的形式，系统全面地研究城市软实力，部署城市软实力的提升工程，不仅是上海的第一次，在全国各大城市中也是第一次。会议和文件的背后，蕴含着“国家需要与上海担当”。也就是说，上海发展城市软实力，不是和兄弟省份比高低，而是要代表国家走出去，到国际舞台上去传递上海的好声音、中国的好声音。百年未有之大变局，变在哪里？变在大规模的权力迁移（power shift），或者说全球生产力再布局。此时此刻，上海担负着全球资源配置、科技创新策源、高端产业引领和开放枢纽门户的四大功能，要意识到时不我待，只争朝夕；不进则退，慢进也是退。

软实力，是可感、可及、可交互的，是生动、具象和多样化的。软实力和硬实力一起，构成超大城市的综合实力。软实力和硬实力，如同 DNA 双螺旋，相互赋能、相互触发、相互牵引。贯穿双螺旋的，就是城市能级和核心竞争力的成长曲线。为了确保上海的经济“水面”持续扩大，必须持续抬升经济和社会的“水位”。靠什么？靠软实力和硬实力建设双管齐下。超大城市是一个复杂巨系统，需要通过软实力进行调优、适配，来冲破硬实力的发展瓶颈。软实力还是时间维度的传承接续和空间维度的开放吸收。习近平总书记要求“不忘本来、吸收外来、面向未来”，这些都要求上海强化“全国连接”和“全球链接”。通过什么来实现？软要素，尤其是服务业软要素。

四、软要素是软实力之基

英国脱欧之际，巴黎的拉德芳斯（La Défense）预判自己的机会来了，于是在全球大做广告：“你是不是厌倦了伦敦金融城（FOG），请试试青蛙之城（FROG）吧。”广告词风趣又巧妙双关，但是招商进展不尽如人意，原因在于拉德芳斯是新城，全是硬邦邦的大板楼，缺乏软要素的积淀。伦敦金融城则提出，“便捷创造价值”，“让人们享受狭窄的街道和密集的街道”（有人闲聊的地方就会是生意产生的地方）以及“口头承诺即有效保证（My word is my bond）”。无与伦比的软实力让伦敦金融城即便在英国脱欧后，依然处于工作人口净导入的状态。

五、讲好上海故事

唯有讲好上海故事，方能提高上海的全球叙事能力，“自塑”国际形象，而非被动“他塑”。唯有讲好上海故事，才能解决三个“差”——信息流进流出的“逆差”，中国真实形象和西方主观印象的“反差”，以及软实力和硬实力的“落差”。我特别欣赏上海职能部门在全球路演时的说法——全世界近 4 000 种啤酒，在上海全都有[④]；凌晨半夜，在上海街头穿行，也是安全的。上海是多元的、安全的、稳定的，所以“上海故事”能传遍天下。

六、吸引足够的“玩家”

“好玩”的城市才能吸引人。“好玩”是具象的，比如城市风貌；“好玩”又是抽象的，比如城市风情。“好玩”的城市，让人宾至如归、流连忘返，愿意不断地探索、“挖宝”；不“好玩”的城市，让人兴趣阑珊、浅尝辄止。

“好玩”是一种软要素的集合。“好玩”的城市，有让人愿意亲近的功能性入口，可以是它的山水，可以是特色美食，可以是一段传奇故事，可以是概念题材和想象空间……不“好玩”，则可能是法不责众的闯红灯，是熟视无睹的违章建筑，是高星级酒店服务台前面排起的长队，是服务价格和品质之间巨大的缺口……城市能级是由“玩家”的能级决定的，不“好玩”的城市肯定无法集聚足够数量、足够高级的“玩家”，而上海显然是大“玩家”云集的地方。上海勇立潮头，它不是“收费站”，而恰恰是中国的首席“加油站”、世界的超级“加油站”，是给人增值赋能的源头和码头。上海让“玩家”在此享受有管理的自由，舒舒服服地辗转腾挪，当然能近悦远来。

新加坡在 2001 年 6 月之前实行国际商务枢纽（International Business Hub，IBH）计划，效果寥寥，因为它完全是政治家语言。后来改为了全球贸易商计划（Global Trader Programme，GTP），显然传播性更好，言简意赅、生动具象，符合市场主体的语境，企业听得懂、够得上、参与得进去。这样一个积极的服务业企业集聚计划、服务贸易促进政策，一经推出，应者云集，吸引了一大批贸易商，先是油气领域的，然后是中介行业，最后是金融服务业。“玩家”多了，亚太营运中心自然成型。

七、软实力是硬实力的加固器、倍增器

陆家嘴地区，有段时间，人在高楼大厦之间相互看得到，但是“过不去”。张江地区也是，科创设施设备密布，“张江男”出没。这几年这两个地区改观巨大，在严谨的、冷冰冰的硬实力载体之外，增加了大量的人文内容和生活服务，这样就把人留住了，把人心稳住了。

科创中心主阵地之一、全速转型的宝山，之前呈现给人的是集卡车轮滚滚，宇宙级的钢铁企业及其产业生态。然而，现在宝山已经大变样，既有吴淞口路那样的日式马路，也有“智慧湾”那样的科创市集，还有赛艇嘉年华、国家级的传统工艺展，让人流连忘返。

南边的奉贤，在过去几年中也焕然一新，九棵树、JW 万豪酒店等，把现代品质和江南文化完美结合，新江南文化呼之欲出。原来硬实力不突出，软实力不显著，现在好像兼而有之了。“宜居”的下一步要做的自然就是“宜业”。

作为中心城区的徐汇，名字就好，资源要素徐徐汇聚，非常优雅。它原本就是西学东渐、东学西传的桥头堡。城市的繁华街景、治理图景、生活风景令人向往、让人自豪、催人奋进，彰显大国大城大区的卓越典范品质。徐汇早就是又硬又软的地方，曾经开中西文化交流之风气，现在领内外循环融合之先河，值得期待。

再比如静安，它积极地谋划“一轴三带”，让南京西路的软实力流动起来，向北蔓延，去激发苏州河、中环线地区的动能，再反向加固南京西路的软实力。

软实力和硬实力，你中有我，我中有你，是无法割裂的。李政道研究所、朱光亚研究院本身是硬实力；而它们包容并蓄，吸引青年才俊到浦东投身科研，这个可复制可推广的现象，于浦东而言就是一种软实力。

上海技术交易所是个硬平台，但是其延伸、衍生出来的功能服务是软实力。这就是软实力的奥妙——让硬实力更“硬”，更可持续。

八、软实力的“上海行动”

随着上海从“容器建设”进入“内容运营”的新阶段，从实现“物的现代化”进入实现“人的自由化”的新阶段，从物质消费进入物质消费、精神消费和体验经济并存的新阶段，生产方式、生活方式、交易方式、治理方式创新齐头并进，提升城市软实力更加紧迫。上海要拿出可操作的行动方案。这些方案必须紧扣软实力的阶段性内涵特征，要有系统观念，宏观科学设计，中观能动传导，微观创新发挥，基层群众的首创精神也格外重要。

上海能做的，包括但不限于以下十四个方面：

(1) 聚焦发展。在全球变局、全国大局中，找到上海的特殊优势和特殊机遇，增强内生动力，放大综合优势，更快导入更高级的资源要素，更好地向世界展示时代特征、中国特色、上海特质。

(2) 以人为本。硬实力往往是以物为本的。软实力则表现为儿童友好、青年友好、老年人友好、女性友好、外国人友好。

(3) 开放。上海的开放，是对内开放、对外开放、对未来开放、高水平开放、主动开放。这是上海最大的优势，也是上海这座城市较之于其他地区更突出的生命力、凝聚力和感召力。

(4) 持续迭代，与时俱进。上海要从“补课型”转为创设型、引领型。不能一直当 MBA、EMBA 学生，一直用别人的教材。

(5) 润物细无声地讲好上海故事。让在上海的人安居乐业，让不在上海的人喜闻乐见。上海要认清新形势、唱响主旋律、打好主动仗、筑牢主阵地。

(6) 建设国际媒体之都，发展具有全球影响力的资讯产业。信息的掌握，已经成为上海城市软实力的重要标志。

(7) 招国际性组织，引全球化活动。国际交往（主场外交、公共外交、民间外交等），是上海提升城市软实力的重中之重。这方面，我们尤其要向“5”（纽约、伦敦、巴黎、东京、迪拜）+“2”（新加坡、瑞士）学习。

（8）推进学科建设和学派创新，打造“思想高地”，包括无形的和有形的（比如将淮海中路建设成为具有全球影响力的智库街区）。新文科的从业人员，要走进街头巷尾、田间地头、工矿企业，把报告和论文写在祖国的大地上，而不是书斋里。

（9）实行“回形针计划”和“吸铁石计划”。“世界顶尖科学家论坛”就是一件了不起的盛事。我们需要一支规模宏大、结构合理、素质优良的创新人才队伍，需要激发各类人才的创新活力和潜力。

（10）和软实力强关联的治理现代化。摆在我们面前的现实问题，就是如何保证科技人员能专心致志地将时间投入到科研的主业中。“保障时间就是保护创新能力”。要有制度设计，把科技人员从各类应景性、应酬性活动中解放出来，把他们的时间从一些无谓的迎来送往和不必要的评审评价活动中抽出来，让他们回到本职工作上。我们现在讲治理，有两个欠缺：一是欠缺对人的需求的把握，二是欠缺对风险的预判。什么叫风险？就是人的不良行为、物的不良状态、制度的不良结构。如果三个“不良”碰头，风险程度就会大增。

（11）公众参与。软实力建设是人心工程、“人人工程”。人人都是城市软实力的载体，人人都是城市软实力的建设者、受益者、传播者，人人有份、人人有责。最好的软实力是优医优教，是共同的美好生活。作为国内大循环的中心节点、国内国际双循环的战略链接，上海的“公众参与”可能要突破现有的 2 487 万人口，应该致力于全国参与度乃至全球参与度的拓展。

（12）整体政府建设。要克服“合成谬误”，填补“部门缝隙”。不能隔断化、碎片化、板块化，更不能板结化。新冠肺炎疫情深刻暴露了上海在这方面的欠缺，职能部门“守位”有余，“补位”不足，横向、纵向、斜向，缝隙随处可见。要有效调动相关治理要素，形成合力。

（13）发布城市软实力年度评估报告（反映他山之石的一张“长

表”+表征自身优势和不足的两张“短表”）和行动指南（正面清单+负面清单）。

(14) 发展数字经济。数字经济本身就是非常典型的软要素和硬要素的交叉集合，包含创新动能、基础设施、交易标的、游戏规则等。千万不能把数字经济做小了，以为它就是加装硬件、加载软件那么简单的事情，应该在科学的顶层设计、管总规划的引领下，坚持基础建设与实战应用同步推进，逐步实现全覆盖、全过程、全天候，让基于数字经济的智慧城市、韧性城市、安全城市建设成为新技术、新业态、新模式的试验场和竞赛场。

注释：

① 见《中共上海市委关于厚植城市精神彰显城市品格全面提升上海城市软实力的意见》，2021 年 6 月 22 日中国共产党上海市第十一届委员会第十一次全体会议审议通过。

② 见《4 350 万标箱，上海港集装箱吞吐量连续 11 年世界第一》，经济日报，2021 年 1 月 2 日。

③ 数据来源国家统计局网站。

④ 见《上海成为中国下午茶之都　环球美食节下午茶地标地图发布》，新闻晨报，2021 年 7 月 5 日。

构筑上海的城市软实力体系*

文 / 前滩综研“国家需要与上海担当——软要素研究”课题组

导读：要将提升城市软实力的战略远景转化为现实力量，上海既要在指导思想上坚持硬实力和软实力的两力齐升、同频共振，也要在实际行动中形成具象化、可视化的具体成果。无论是硬实力还是软实力，都要求从全国甚至是全球的视角来看上海。上海的软实力要体现在全球创新能力、国际定价能力、国际规则制定能力、国际传播能力和国际交往能力之上。

对一个城市来说，相比于硬实力，软实力是更能彰显城市底蕴、影响更加持久深远的坚实力量。软实力是无形的，表现为广泛的感知和认同；但软实力又是有形的，体现在通过各种媒介符号展现出来或传承下去的价值、文化和制度等之上。

对于上海来说，无论是硬实力还是软实力，从来就不能简单地就上海来谈上海，甚至不能简单地从长三角来看上海，而是要从全国甚至是全球的视角来看上海。随着中国逐渐走到世界舞台的中央，于全国大局而言，上海的软实力提升将比硬实力提升更加重要、更加迫切。

相比软实力，硬实力的提升往往更加立竿见影，但发展到一定阶段，倘若没有软实力的相辅相成，硬实力的提升将很可能步入平台期或面临被“卡脖子”的风险，而软实力的提升则更加需要久久为功、创新累积。上海要把提升城市软实力的战略远景转化为现实力量，既要在指导思想上坚持硬实力和软实力的两力齐升、同频共振，又要在实际行动中形成具象化、可视化的具体成果。

—— 上海的软实力体现在全球创新能力上，要加快形成更多引

* 本文系 2021 年 6 月前滩综研“国家需要与上海担当——软要素研究”阶段性成果。

领人类科学发展的“上海发现”。当今世界，科技创新能力是决定一个城市乃至一个国家竞争力的关键所在。要成为全球顶尖城市，上海不仅要向全球创新链、产业链、价值链的高端跃升，还要加快成为科学新发现的策源地，成为孕育、集聚全球顶尖科学家和国际大师的热土。

—— 上海的软实力体现在国际定价能力上，要加快形成更多具有国际影响力的“上海价格”。中国作为全球最大的制造基地和消费市场，在众多领域却缺乏市场的定价权和控制力。上海拥有全国最丰富的要素市场体系，理应要在为国家争夺全球定价权、维护国家经济安全上多做贡献，尤其要在国际上尚未形成垄断优势的新兴产业和大宗商品领域率先突围，促成定价机制和规则的建立。

—— 上海的软实力体现在国际规则制定能力上，要加快形成更多能够深刻影响全球经济治理体系的“上海标准”。作为各类国际组织、高能级总部机构的集聚地，上海要勇当制度型开放的旗手，率先完善有利于全球资本、技术、信息、人才等各类资源自由流动、高效配置的开放型经济制度体系，率先从国际经贸规则的跟随者、引进者向领跑者、输出者转变，推动更多的“上海标准”“上海规则”成为“世界标准”“全球规则”。

—— 上海的软实力体现在国际传播能力上，要加快形成更多面向全球传递中国正能量的“上海作品”。上海是世界观察中国的重要窗口，也是中国通往世界的重要航道。曾经辉煌的上海电影、上海动画，向世人传递着独特的海派文化。今天的上海，要充分发挥开放、创新、包容的城市品格和文化特质，孕育出更多具有国际范且能经受历史考验的文化作品，综合运用现代艺术与现代科技来讲好上海故事和中国故事。

—— 上海的软实力体现在国际交往能力上，要加快推动发布更多引领国际政治经济新秩序的“上海宣言”。当今世界正经历百年未有之大变局，全球治理体系正在加速变革。上海要从中国的上海转变为全球的上海，需要更多像上海合作组织（Shanghai Cooperation

Organization，SCO）这样能够把“上海”嵌入国际体系的场景，需要更多在碳达峰碳中和、卫生健康等体现人类命运共同体理念的领域发出“上海声音”。而这些则需要上海始终成为全球安全城市、绿色城市、健康城市和文明城市的标杆典范。

本章拓展阅读

听！关于“城市软实力”，何万篷院长在电波中这么说～

听！关于“城市软实力”，何万篷院长在电波中这么说～

第三章

软要素是软实力之基

很上海、更上海

——软实力建设的城市担当*

文 / 何万篷

导读：全球顶尖城市的影响力不再局限于经济与科技等硬实力的比拼，而是延展至软实力层面。超大城市面向未来、面向全球的“软实力”努力尤为重要，软实力的内核，是基于精神品格和文化特质的共识，没有共识就没有软实力。上海作为中国改革开放的排头兵、先行者，理应成为软实力建设的城市担当。

改革开放以来，中国的区域性发展单元，一开始以县域经济为主，后来从本地化、区域化发展到国际化、全球化，不断升维，持续扩容、增能。国内区域性的发展单元，变为参与全球合作竞争的城市、大都市、都市圈、城市群、经济带。其中，最重要的是人口过千万的超大城市，我们称之为“尖峰城市”。美国学界提出的超级城市概念，指的是人口超过 2 000 万的城市。超大城市尤其是超级城市，多数处于工业化后期和后工业化阶段，产业结构有两个 70%的特点——服务业占 GDP 的 70%，现代服务业占服务业的 70%。

我国的超大城市，基本过了在全市集中搞基础设施建设、在全国主要开发物质化的工业产品市场、在全球大规模招商引资的阶段。它要转入新阶段，应往哪里转？方向就是在市域内让生活更美好，在全国为兄弟省份提供高品质的公共服务，在全球诠释好故事、传播好声音、树立好形象，去争取乃至创设和国家阶段性的大局全局相匹配的游戏规则。这就需要这个超级城市显著地提升自己的经济密度、城市能级以及核心竞争力。它要 GDP——总量和增速都需要，但是不能拘泥于 GDP。它要招商引资，但是它开始帮助兄弟省份招

* 本文系作者 2021 年 6 月 28 日在澎湃下午茶“提升上海城市软实力”系列沙龙第二场上的发言。

商引资，自己则致力于招引国际性组织和全球性活动。经济活动分流，经济核算在并表。为什么它有并表的资格和能力？因为它有增值服务，有软实力。加上原有的且不断提升的硬实力，系统性的综合能力就上去了。

上海是承载、彰显国家软实力的标志性平台、战略性窗口。知性、理性，专业、专注，低调、情调，温和、稳重，安全、安心，规范、规矩，能挑重担、堪当大任，把大事、要事、重要事、战略性的事情交给上海，准没错。

软实力就是通过善治（包括职能部门的统筹，也包括市民的自律自治）培育和迸发出来的，由内而外的，对资源要素的一种自然感召、吸引，使人们认同、喜欢、参与、享受，自觉采取行动。软实力的内核，是基于精神品格和文化特质的共识，没有共识就没有软实力。在软实力这个“场域”中，充盈其间的就是文化，以文化人，以文化物，文化是人类全部精神活动及其产品。

软实力的渗透、扩散，很大程度上，是激活软要素、营造软环境的过程。上海于 1843 年开埠，历史不算长，但是软要素高度富集，红色文化、海派文化、江南文化，现代商业文明、技术进步、治理手段交相辉映。这是一个“混序”型城市，“混”是指它元素多，关系复杂；“序”是指它的主基调、主脉络、主战略是清晰的、有广泛共识的。不管是本地居民、企业公民、外来“游”民，想到上海时都能有一个图景、一条路径，然后把自己代入进去，评估自己的奋斗过程，眺望自己的奋斗成果。我反反复复地听到大家说，“很上海”“是上海”“到上海下海”“到上海出海”。这就是上海这个大舞台、大世界的价值，软要素驱动软实力，软实力创造软环境，软环境加固硬实力。

上海本就是这样的肥田沃土，它每天都在催生现象级事件、颠覆性创新、传奇式英雄。它是一个做梦、圆梦的宝地。以前总说上海是冒险家的乐园，现在我们认为上海是创新创业者的天堂。为什么各路英豪接踵而至？因为上海的软实力在吸引他们。这里整体便利、相对便宜、本质公平、全面安全、持续开放。这里，资源和要素能便捷、增值地流动，能就地就近组合。上海的很多板块是现代服务业的综合体、共同体。上海的商务成本貌似是高的，但是因为高效率、易获得，反而总体可控、可对冲、可消化。大家愿意到南京西路、陆家嘴、张江、前滩地区聚集，就是这个道理。流留结合，以流促留，诠释了市场经济的要义。上海最大程度地咬合了市场经济的要义，这就是上海软实力之根本。

我们要把上海故事、上海价值讲出去，传开来，入心入脑。公共传播是头等大事。讲故事、写故事，太重要了。这就需要好的脚本，好的讲述者，勇敢的实践者，以及大量有温度的案例。在西方文化圈，有句名言——故事驱动发展。故事是引人入胜的还是机械生硬的，其效果大不一样。这方面，我们有点吃亏，受制于人。更重要的是讲故事背后的设计能力——议题的设计、议程的设计、规则的设计（上海标准、上海价格、上海信息、上海通道、上海平台）。现在都讲基于规则的秩序，规则是动态权变的，不是什么都靠个头、靠嗓门说话，我们要以理服人、以德服人、以文服人。要发挥软实力的吸引和说服作用。让软实力成为对接获取上海价值，对接两种资源、两个市场的一把金钥匙。

“十四五”规划编制要注重“软要素”*

文／何万篷

导读：2021年是“十四五”开局之年。编制最新的五年规划，在前瞻引领性上须突出强调“以2035引领2025”，要“从未来回到今天”。不忘本来、吸收外来，面向未来，优化“软要素”是重中之重，包括服务业之“软”、公共传播之“软”、整体政府建设之“软”以及制度供给之“软”等。

编制和实施国民经济和社会发展五年规划，是我们党治国理政的重要方式。在海外舆论看来，中国的五年规划，旨在“发挥全部潜能”“引入竞争机制”，营造“最佳产业结构”“凝聚最大公约数”，是一项“程序复杂的工作”“对全球意义日益重大”……而“这一点以前曾为外界所忽略”①。如今，我国国民经济和社会发展规划纲要即将出台第十四版。编制最新的五年规划，在前瞻引领性上，须突出强调“以2035引领2025”，要“从未来回到今天”，不忘本来，吸收外来，面向未来。在落地实现上，要研究国民感受的变化，降维叙事尺度，贴近民情社意。

一、面向未来，定义未来

编制和执行五年规划，是我国宏观调控工具箱里的利器，也是综合竞争力的重要组成部分。它有点像金字塔结构：量大面广的市场逻辑（塔基），系统总成的政治逻辑（塔尖）和智敏传导、动态权变的政策逻辑（中间层），嵌套组合在一起。政策逻辑既要对照上位要求（政治逻辑），又要对接基础诉求（市场逻辑）。五年规划通常有四个要件，简而言之是“两预两共”，即预见先于预案，共识牵引

* 本文系作者2020年10月21日发表在《群众》（决策资讯版）的文章。本书收录时略有修改。

共同行动。

百年未有之大变局，是对我方有利之大变局。所谓大道至简，某些西方国家为什么不管不顾、不惜冒天下之大不韪，对我们“动怒”“动手”，乃至以“脱钩”相要挟？就是因为我们做得对，行进在正确的轨道上。在方式和方法上，我们要柔性调整、精准适配；但在方向上，要咬定青山不放松。跌宕起伏、峰回路转的，是外部环境；坚定不移、具有良好预期的，是中国路径。

“十四五”期间，很多事项是很清晰的，包括但不限于“双循环”（强化内循环，优化外循环，其中优化外循环尤其要重视深化近循环——“远亲不如近邻”）、“双加速”（全球化在逻辑重构中重新加速，区域一体化空前加速）、“双温和”（温和通胀，人民币温和升值）、“双城”（人民城市人民建，人民城市为人民）、“双优”（优化软要素，优化软环境）、“双化”（公共服务的均衡化和平等化，前者指向空间，后者指向人群，加在一起就是公共服务均等化）、“双进”（国资民资双向进入，“国引民进”，相互渗透、相互触发）等。

二、始于“实现度”，精于“准备度”

评估“实现度”时，一般要回答是否错过了什么？长板的功效是否发挥到了极致？如果对过往失误、偏差、盲区总结不够、检视不深，效果就会打折扣。反省功课如果做不好，就无法从更大范围、更宽领域、更深层次上提高我们的“准备度”。

提高“准备度”，就是管理未来，将未来趋势变成现实场景，将现实场景变成具体项目，将具体项目细化操作，最终细化到目标、指标和坐标上，尤其是落到“尖峰（极核）—高原—廊道—网络”的生产力布局上。就全国而言，大都市策源、城市群融合、经济带联动、国内大循环主导、国内外双循环互促的格局已经基本明朗。每个地区、部门都要在全局大局中找到自己的特殊位势、特殊使命和特殊机会，以准确识变、科学应变、主动求变，进行差别化探索和创新发展。

要想达成上述目标，关键是约束条件、情景模拟、循证决策和柔性合成，尤其要开展情景模拟，并针对性地做好预案。五年规划在很大程度上是项目规划，以及支撑项目的人才和资金规划。目前，有些地方存在简单化处理规划事宜的情况。如在决定经济指标时，只盯着左邻右舍，不赶前不赶后，随着大流往前走，忽略了本地的基础条件、外部机会和项目储备，尤其是人才和资金的供给。未来拟实施的项目，琳琅满目、千头万绪，需要先分层、再分类、后量化，抓准“牛鼻子工程”。

三、优化“软要素”是重中之重

“软要素”在治理体系和治理能力现代化中日益重要。目前，对软要素尚无统一而明确的定义。一般来说，软要素是和人（服务）强相关的要素，或者说是和主观认知及其能动性实践强相关的要素的集合。

首先是服务业之“软”。上海某中心城区以新加坡的“全球贸易商计划”为原型实施“全球服务商计划”，以人才服务驱动专业服务，以专业服务牵引全域性、综合化的动能释放，打造国内首屈一指的服务贸易高地。“全球服务商计划”贵在从“大写意”精准聚焦为“工笔画”，对照、对接、对标、对表，既有可感知的早期收获，也有可持续升级的赋能增值。

其次是公共传播之“软”。我们需要将“十四五”规划用企业家和老百姓喜闻乐见的语言来表述，让受众看得懂、够得着、用得上，避免空转和虚转。仍以前述的“全球服务商计划”为例，该计划实质上就是积极的服务业企业集聚计划，是服务贸易促进政策，因“全球服务商计划”一词完全符合市场主体的语境，言简意赅、生动具象，所以传播性更好。道理颇似新加坡的“全球贸易商计划”，该计划一开始叫“国际商务枢纽计划”，更偏向于政治家的视角，和企业的结合不够紧密，因此运行初期效果并不理想。

再次是整体政府建设之“软”。要克服“合成谬误”（局部利益加总小于整体利益），填补“部门缝隙”。不能隔断化、碎片化、板块化，更不能板结化。新冠肺炎疫情深刻暴露了我们在这方面的欠缺，职能部门“守位”有余，“补位”不足，横向、纵向、斜向，缝隙随处可见。要想有效调动国家力量中的所有相关要素，政府各部门应形成合力。我们的五年规划，何尝不是政府侧的自我改革？要素集聚、系统集成、改革联动，任重而道远。

最后是制度供给之“软”。经济发展和社会治理，都是复杂的巨系统，或者说是复杂适应系统。这种体系具有聚集、非线性、流、多样性等特性和标志。“适应性造就复杂性”，需要用“混序”“包容”的心态和智能化、智慧化的做法来处理那些随机、突发、无序的问题，提升治理效能，需要容“错”、容“缺”、容“低”、容“小”、容“慢”，不能过于刚性和机械化，不能搞“一刀切”“切一刀”，要反对形式主义、官僚主义和教条主义。

软环境（营商环境）是软要素的子集。区域竞争合作，越来越聚焦到营商环境上。可以说，众多的硬指标组成了非常“软”的营商环境，集中体现为20个字——绝对便利、相对便宜、本质公平、全面安全、更加开放。这里的“开放”，实际上是对内开放、对外开放、对未来开放、高水平开放、主动开放。

总的来说，五年规划是发挥和兑现比较优势的行动规划，要“不驰于空想、不骛于虚声”，将自身作为一个竞争合作单元，高举高打、先行先试、实事实做。五年规划，也是风险管理规划，要充分利用现代化治理手段，实现风险受控的弹性运营和持续发展。

注释：

① 见《海外媒体认为中国“十三五”将影响世界经济发展》，新华社，2015年10月29日。

全体总动员，释放软实力，构造新优势*

文 / 何万篷

导读：软要素是拉升中心城区软实力、持续拉升经济水位的关键。上海是最有软实力的中国城市，静安区则因软要素最多、集合度最高，成为上海最有软实力的中心城区。当前静安区已经从“容器建设”阶段进入到“内容建设”阶段，下一步要推动趋势场景化、场景项目化、项目清单化，更快导入更高能级的资源要素。

2020 年 9 月，习近平总书记在北京中国国际服务贸易交易会上提出“服务业软要素”这个重要命题，指出：“服务业因其独特的轻资产软要素等特点，更加需要开放、透明、包容和非歧视的行业发展生态，更加需要各国努力减少制约要素流动的边境上和边境后壁垒，推进跨境互联互通”。

静安区在吸引要素和配置资源上的优势无与伦比，要坚定做全市、全国乃至全球的超级“加油站”，越加油自己越有油，油是加不完的。静安区要做出上海特征、静安辨识度，应该走出 37.37 平方公里这个小隔断、小房间，要走到上海 6 340 平方公里，乃至长三角 35.8 万平方公里这个大空间、大舞台的中央。

为什么说静安区的软实力优势无与伦比？原因在于该区的软要素最多，集合度最高，比如有 SMG、上海报业集团、现代戏剧谷、华山医院、上海市儿童医院、大数据产业之都、人力资源服务外包基地、上海展览中心、星巴克烘焙工坊、罗兰贝格、毕马威等，不胜枚举，都是软要素，具有最强的软要素的基础条件。静安区可感、可及、可体验的高品质公共服务已经成型，越来越具有竞争力。上

* 本文系作者 2021 年 5 月 27 日在静安区政协一届三十九次常委（扩大）会议暨“聚焦发展‘五个经济’，加快融入服务新发展格局”重点提案督办专题协商会上的发言。

海的吸引力是“让人想来，来了不想走，待在这里很自豪”。上海具有最美好的都市生活，而最美好都市生活的集大成者就是静安区，这方面要大书特书，广泛传播。

伦敦有三个著名的谚语，在静安区都是适用的。第一个，“让人们享受拥挤和喧嚣的街道”，这也是静安区的特点。以前是咖啡馆多，现在还多了各色各样的购物场所。“上海购物”背后就是消费促进和贸易服务，贸易造就万物，静安区现在是“火车头”，是超级“加油站”。第二个，“便捷创造价值”。什么是便捷？便捷就是就近、多样化、可组合。第三个，“信守承诺”。我们不要和其他地方去竞争商务成本，我们要竞争商务效能，这个效能就来自制度的创新安排。

全球服务商的要义，不是自己成为服务商，而是积极有限地作为，营造像瑞士、新加坡一样的市场友好型、发展促进型的氛围，让自然人自由从业、法人自由展业，这才是全球服务商的要义。要给市场主体、从业人员更多的信任和自由，这就需要讲好静安故事。

市委主要领导在主持座谈会上强调“讲好上海故事”，我记得严谨的德国人有一句话，“故事驱动发展”。静安区的好故事很多，但是传播得不够开。讲故事的过程就是传播自己软实力的过程，以此招引资源和要素。最好的招商场面或局面，应该是全面招商、全域招商、全场景招商、全生命周期招商。现在有点尴尬，远没有达到“人人都是软实力的组成要素，人人都是故事大王，人人都是招商大使”的状态。要达到这样的一种状态，需要人人都是软实力的组成部分，人人都讲好静安故事，人人都是静安招商大使，必须有这样的参与感和参与的深度，尤其是在全局、大局当中，每个人都要找到自己的特殊位置和特殊机会。

我觉得静安区已经从“容器建设”阶段进入到“内容建设”阶段。可能建容器还是其他区的当务之急，但静安区已经到了填充、运营高级内容的阶段，这就是静安区的先发优势。静安区要从实现“物的现代化”的阶段，迭代到实现“人的全面发展”的阶段。静安区要充分地盘点软要素，激发软实力，让它和硬实力相互牵引、触发、转换，相互渗透、深度集成，联通赋能“五个经济”（服务经济、楼宇经济、总部经济、创新经济、开放经济）。

靠什么把这“五个经济”联通起来？就是靠软要素、软实力，使之成为静安区压倒性的、可持续的、系统性的战略竞争力。我们既要往脚下看，还要往前方看，太关注眼前的，容易忽略了自己的优势。要推动趋势场景化、场景项目化，最后项目清单化，用服务效能去和其他地区竞争。

全球人才合作竞争格局重构
——关于上海行动的设想*

文 / 何万篷

导读：建设世界重要人才中心和创新高地是新时代人才工作的重要战略目标。“抢人”已成为各国共识，其背后是积极的人才政策，它具有前瞻性、综合性，精准化、常效化，聚焦高科技、面向新经济的特点。面向全球、面向未来，我们要牢牢扣住人才这个“软要素”。

最近前滩综研一直在研究“抢人”。上海之前“抢”的主要是海外华人，现在增加了“非华”但是“友华”的全球科研英才。

一、中国：流量经济/经济流量无可争辩之中心

以海外视角看，中国通过至少三根管道（对北美、对日本、对欧盟）多源、多维、多层次地将外部循环发挥到了极致，从而实现了系统性崛起。无可争辩的是，中国已成为全球的流量经济中心和经济流量中心。2019 年，仅上海一个城市就占到全球进出口总量的 3.5%（2017 年是 3.4%）。这个趋势的必然结果就是全球研发重心向中国转移，主要体现为“一头一尾”的转移。“一头”，指的是科研需要大量支撑经费。美国政府没有钱、不给钱，谁愿意给钱？中国。“一尾”，指的是科学发现、技术发明都需要应用场景。最大的场景在哪里？在中国。中国市场具有超大规模（全球最大单一消费市场），并且还在超稳定地快速成长。

从简单角度来说，中国走在正确方向上，所以西方有人不高兴，骂骂咧咧，而国内也有不少批评的声音。因为有些做法还不够坚定、

* 本文系作者 2020 年 11 月 29 日在“‘双循环’背景下上海创新策源能力提升”研讨会上的演讲。

坚决，甚至有的时候进二退三，做得还不够好。具体来说，在人才培养、教育和使用领域存在不少问题。比如，大部分的顶级 AI 人才来自中国，尤其是他们的本科阶段培养是在中国完成的，但是他们到美国读研究生，适应了美国生活，并留在了美国。这是我们面临的很大问题。

二、纵观世界：各国“人潮”迅速退去

人才的总量在短时间内不会大起大落，但是世界各国的人才活跃度空前下降了。英国酝酿脱欧，因此巴黎方面预判伦敦金融城的人才可能会流出来。为了吸引人才，法国人做了一个海报：“Tired of the fog? Try the frogs!”意思是：当你厌倦雾都时，不妨到我们法国来，到巴黎来，到拉德芳斯来。但是宣传效果并不理想。人才集聚的关键要素是社交，即线下社交驱动，人们喜欢驻留在自己熟悉的环境。关键是如何营造人才喜闻乐见的、熟悉的、享受生活的“离岸”氛围。

人才布局有四个维度：尖峰（比如高校）、高原（比如高校云集的地区）、廊道（有形和无形）、网络（全国和全球）；有三个逻辑：市场逻辑（金字塔塔基）、政治逻辑（金字塔塔尖），中间层是对接市场逻辑、对照政治逻辑动态适配的政策逻辑。

当前，中国的科研经费支出增长最快、最可持续，而在其他的主要经济体，有专家悲观地说：“全球学术就业或将走向更黑暗的时期”。过去几年，美国联邦预算中涉及公共卫生、气候变化、环保等方面的经费被明显压缩。据报道，近半数领取联邦科研基金的科学家称他们已失业或即将被裁员。截至 2020 年 6 月，硅谷有 100 多家公司采取了裁员措施，涉及 1.7 万人以上。很多华人工程师因此选择回国创业。美国劳工统计局（Bureau of Labor Statistics，BLS）统计数据显示，2020 年 9 月，美国州政府教育部门的岗位减少了 4.9 万个，而私立教育岗位减少了 6.9 万个。2020 年 10 月，美国 H-1B 工作签证审批实行新政策，大幅缩小了申请者的学历专业范围。

英国财政研究所（Institute for Fiscal Studies，IFS）预警，

2020 年至 2021 年，至少 13 所大学有破产风险。英国大学与学院工会（The University and College Union，UCU）的调查显示，英国大学存在巨大的基金缺口，除非得到财政救助，否则约 10%的大学可能破产。《泰晤士高等教育》（*Times Higher Education*，THE）忧心忡忡地指出，有些高校将被迫对教职员工进行裁员。

澳大利亚八校联盟（Group of Eight，Go8）通过模型预测，其成员大学由于缺少像以往一样充沛的外国生源，将失去 6 700 个工作岗位，包括短期和非常任职位（4 400 个）以及常任学者和专业人员（2 300 名）。

2004 年后，日本文部科学省每年减少 1%的教育预算。2016 年，日本大学教员中 40 岁以下的仅占 23.4%，是历史最低水平。2018 年，日本的科学技术预算大抵是中国的 1/7。最近有篇热度很高的文章说，日本研究人员正在流向中国，因为中国有他们的用武之地，中国有先进的设施设备。

三、以史为鉴：得人才者得天下

当前，其他经济体在“育人”“留人”“抢人”上好像处于窘境，但是历史上他们可不是这样的。

第二次世界大战刚结束时，苏联在德国“抢设备”，而美国则在第二次世界大战还在进行时，就制定了“回形针计划”，强化部门协同，有战略、有战术地“抢人才”。美国最后成功抢到了 700 多名德国科学家（目标 1 500 名），为战后全面称霸打下了雄厚的人才基础。

苏联解体之际，以色列紧急开展“以色列的‘俄国革命’”运动，设置专门机构，设立专项基金，建立高技术移民资料数据库，制定吸引海外人才的优惠政策包。有报道说，最后以色列引进了 300 万名犹太人才，并开启了以“移民吸收 + 技术研发”为核心的人才强国之路。

四、今天的他山之石：学习发达经济体的先进做法

“抢人”是一个共识。共识背后起支撑作用的是积极的人才政

策，它具有前瞻性、综合性，精准化、常效化，聚焦高科技、面向新经济的特点。

美国“聪明人豁免条款”，英国“全球精英签证”和“全球人才引进路线图”，加拿大“全球人才流”计划等，都值得上海参考。

前滩综研注意到，日本政府预计中国香港的金融专业人才可能会有“异动”，因此在2020年的基本方针中提出“以确立国际金融都市为目标”。日本金融厅决定，最快在2021年1月成立英语专案小组，为有意（主要针对中国香港）赴日设点的外国基金提供单一服务窗口。

前滩综研也注意到，2019年，东京新增人口50%以上是外籍人士，而不是日本人。日本研究机构早在2011年，就开始规划“东京2035”。他们提取出来三个关键驱动力，即“放松管制和开放化”“竞争促进和选择集中”“转变模式”。日本政府为打造媲美全球先进都市的营商环境，在为外籍科研人才出入境和居留创造最便利条件方面，做了大量工作。

五、面向全球、面向未来：牢牢扣住人才这个“软要素”

2014年，前滩综研为了研究具有全球影响力的科技创新中心，向海外同行广发“英雄帖”。此后，通过国际联合研究发现，所谓创新，是以人为本的三个创新的叠合，分别是科技创新、文化创新和金融创新；还发现，上海这个建设中的“全球科创中心”需要在三个层次上挺进一步，分别是科技成果的研发、转化和应用（底层），国际科技创新资源的市场化集散（中间层），源于科技创新又超越科技创新、开放自由的思想市场顶层。淮海中路、张江科学城、同济大学所在的五角场等，都有条件成为上海科技创新的思想市场。

上海能做的事情很多，包括但不限于：

—— 成立高级别、专门化的领导小组，统筹全球引智工作。

—— 建立“引智”基金，设立“上海奖”。

—— 率先响应《全面与进步跨太平洋伙伴关系协定》(*Comprehensive and Progressive Agreement for Trans-Pacific Partnership*,

CPTPP）和《区域全面经济伙伴关系协定》（*Regional Comprehensive Economic Partnership*，RCEP）要求，提高科研人才出入境和居留的便利化程度。

—— 聚焦重点领域，建立数据库，动态跟踪。

—— 产业接力，空间接续，政策接应。

—— 参照“欧洲创新—美国转化”模式[①]，开创“欧洲创新—中国转化”模式。

—— 做强国家实验室，探索国有国营（Government Owned-Government Operated，GOGO）、国有民营（Government Owned-Contractor Operated，GOCO）等各种模式。

—— 丰富市场化应用的产业场景（中国几乎是全场景的）。

—— 做实“一带一路”桥头堡行动计划的青年科学家项目。

—— 招揽国际科技组织，吸引全球科技活动。

—— 提高全球叙事能力，以国际受众喜闻乐见的形式，开展公共传播。

—— 改变高净值人士外流局面。

最后，一起来学习临港新片区的“五个重要”之首——“集聚海内外人才开展国际创新协同的重要基地”。在战略机会面前，我们要果敢出手、协同行动、精准操作。

注释：

① 英国皇家学会会长、2009 年诺贝尔化学奖获得者文卡特拉曼·拉马克里希南（Venkatraman Ramakrishnan）认为，“就其科学研究的策源和原创性而言，很多生物学、化学和物理学的原创突破，其实发源于欧洲，美国只不过是在购进欧洲原始版权后，进行了产业转化”。

若笑多一点，软实力将有新境界*

文 / 李帅

导读： 放眼全球，文化彰显着一个国家、民族的凝聚力和影响力，笑已经成为国家和城市软实力在可感度、可及度、可交互度上最强烈而直接的体现方式之一，是最美丽的语言，是文明的符号，是一个社会开放、创新、友爱、温暖、真诚、有容乃大的充分表现。一个充满微笑的环境，更能传递出感性与人文关怀，是令人向往的，是极具感召力的。

笑是人与生俱来的本能。笑分为微笑、大笑、冷笑、苦笑、嘲笑、取笑等。而从古代讲究“笑不露齿”到今天倡导的“笑露八齿”，关于笑的语义发生了翻天覆地的变化。若泽·弗雷什（José Frèches）在《中国不笑世界会哭》（*China Does Not Laugh at the World May Cry*）一书中曾写道：“笑是中国人行为中不可分割的一部分。”林语堂在《吾国与吾民》中曾说：“中国人是有独特的幽默感的。”他甚至觉得中国人笑得太多了（就他那个时代而言）。但如今，中国人似乎不爱笑，更不会笑。

从古至今，中国古诗词中的“悲感文化”一直源远流长。从《诗经》的变风变雅，《楚辞》中的悲愁怨愤，汉乐府中“十五从军征，八十始得归”悲凉诗章，到唐朝杜甫“感时花溅泪，恨别鸟惊心”的忧国忧民诗作，再到两宋幽婉凄美的宋词……我们都能感受到中国古人浓厚的悲情愁绪，中国人传统的“天下观”似乎就背负着不快乐。如今，随着中国综合国力的跃升，人人仿佛都充满着焦虑和压力，愁上心头愁更愁，反而难有发自内心真诚的笑。《富得像个人样》一书总结：“中国人养成了职业化、符号化、程式化、品牌

* 本文系作者 2021 年 8 月 13 日发表于《全球智库动态》研究报告第 156 期的文章。

化、功能化、娱乐化六种典型表情，造成了笑容的退化”，这在一定程度上反映了当今中国社会人们内心深处的现状。

世界正处在大发展、大变革、大调整时期，不同国家笑文化之间的差异，致使国家软实力在一定程度上也有差异。

俄罗斯人是不爱笑的，该国有句谚语：“没有原因的笑是傻瓜的符号”。俄罗斯人为什么不爱笑？有人说这是天寒地冻的自然环境所决定的，有人说是俄罗斯历史上曾经多次发生外敌入侵，致使战斗民族极其没有安全感而导致的。总之，俄罗斯给全球留下了“不笑国度”的刻板印象。

在美国，微笑意味着幸福和友善。为克服不同语言和文化带来的交流障碍，美国人选择使用更多的笑容表情进行交流沟通，了解彼此。以纽约为代表，作为第一个加入世界卫生组织“全球年龄友好型城市网络”的城市，儿童友好、青年友好、老年人友好、女性友好、外国人友好的氛围浓厚，标志性的“纽约微笑”让纽约成为全球人才向往的目的地。

日本常被称为“微笑王国”，微笑成为日本社交礼仪中的行为规范，孕育了数千亿元的微笑产业，如微笑培训公司、微笑咨询服务、微笑研究书籍、微笑智能设备等。令人印象深刻的是，以宫崎骏作品为代表的日本动漫作品，其中诸多人物有着充满治愈和友爱的笑容，为全世界动漫迷送去了慰藉和爱。

笑，也在中国处理当今各国暗中角力、合纵连横的国际关系上发挥了极其重要的作用。周恩来总理富有外交智慧、外交艺术的故事家喻户晓，他以“微笑外交”为新中国树立了友好形象。当今的中国外交官，如华春莹等，其招牌式的微笑不仅成为其个人名片，更让人将中国亲切友好、自信满满的国家形象在全球舆论场上得到客观充分的展现。中国体育健儿也在不断通过笑容传达中国多元开放的新形象。

笑也是营商环境的重要组成部分。哪里营商环境好，人才就往哪里走，资金就往哪里流，项目就在哪里落。甚至有城市提出，衡量一地营商环境的标准，企业的笑容是最直观的标尺。波兰心理学家库巴·克莱斯（Kuba Krys）研究发现，被称作“不确定性规避”

(Uncertainty Avoidance，UA）指数[①]的社会因素与笑有关。在“不确定规避”指数强的社会里，因法制、医疗、网络等相对不稳定，人们对未来的预期也是不确定的、不可控的，笑因此变得稀有。因此，应积极打造绝对便利、相对便宜、安全公平的营商环境，让微笑成为人们最真实的感情流露，从而可以让各类市场主体放心投资，安心经营。

笑，是文化软实力建设的出发点，是衡量城市营商环境的重要标准，是激发城市前行的动力源泉。笑，可具象化视为国家和城市的新治理方式，成为吸引人流、资金流、信息流的强大凝聚力；也可抽象化升华为国家和城市精神，化身为吸引力、感召力，牵引出共同行动。

习近平总书记曾指出：“提高国家文化软实力，要努力提高国际话语权，加强国际传播能力建设，增强做中国人的骨气和底气。”[②]这份骨气和底气，需要让每一个中国人爱笑、善笑、会笑，同时讲好微笑故事，以自信和从容完善国际公共传播，让人（包括自然人和法人）的笑成为国家和城市软实力的重要名片，提高软实力的渗透和扩散水平，加快激活更多的软要素，营造更高品质的软环境。

通过笑，中国能更好地向世界展示中国理念、中国精神、中国道路，彰显中国自信。笑的能力让软实力与硬实力两翼齐飞、相得益彰，为国家和城市发展赋能。

注释：

① 该指数用于衡量一个社会感受到的不确定性和模糊情景的威胁程度。

② 见习近平《在十八届中央政治局第十二次集体学习上的讲话》，2013 年 12 月 30 日。

头部城市的国际交往功能*

文 / 吴昀华

导读：头部城市是全球网络价值中的关键，也是一个国家对外展现国际形象的名片。做大做强若干头部城市，有利于提升国家对外链接的深度与广度，用城市的影响力打破地缘壁垒，提升大国的影响力。依托若干超级城市组建更为强大的城市群组，有利于形成更具影响力的生产、贸易、服务、科创、时尚中心，从而有效巩固地区的竞争力。全球城市终将成为吸引世界目光的“国之重器”。

帕拉格·康纳（Parag Khanna）在《超级版图》（*Connectography*）[①]中提及：“城市是人类最长久和最稳定的社会组织节点……而 21 世纪的城市是人类最具深度的基础设施，也是从太空中可以看到的最明显的人类成果。”

大国外交旨在提升“软实力”与国际话语权，其中，全球城市所扮演的角色愈发重要。纵观各类全球性指标评价体系，不难发现一个国家的核心竞争力往往是由其背后的伟大城市所决定的。每年全球化与世界级城市研究小组与网络（Globalization and World Cities Study Group and Network，GaWC）以世界知名的银行、保险、法律、咨询管理、广告和会计这六类“高级生产者服务业机构”企业在全球的网络连通性为衡量标准，对城市在世界城市网络中的重要性进行排名。而作为衡量全球金融中心地位及竞争力最权威的指数——GFCI[②]，通过营商环境、金融业发展水平、基础设施、人力资本和声誉五大特征指标的比对，对全球主要金融中心进行竞争力评估和排名。

* 本文系作者 2020 年 4 月 9 日发表于《全球智库动态》研究报告第 65 期的文章。

此外，在《全球城市指数及最具潜力报告》、反映城市对全球主要大公司和创新人才吸引能力的《GPCI 指数》《全球“创新城市”指数报告》及《年度国际协会会议市场年度报告》中，纽约、伦敦、巴黎、东京、中国香港等多个超级城市成为其中的高频词汇，由这些头部城市构建的新型价值网络体系，已成为该城市为所在国家和地区持续吸引全球资源的重要手段。

要成为全球网络价值中的重要头部城市，需具备若干特质，涵盖海纳百川的开放性、雄厚的经济实力、科技创新能力、文化（时尚）的多样性、深厚的历史底蕴及强大的对外交往能力等。重要头部城市是一个国家对外展现国际形象的名片。

做大做强若干头部城市，将有利于提升国家对外链接的深度与广度，用城市的影响力打破地缘壁垒，提升大国的影响力。

借助区域内自由便利程度最高的城市或经济功能区，国家可以深度探索对外开放，减少负面清单，率先融入全球价值体系，用自由化抗击逆全球化，主动参与引领数字经济等新兴产业国际规则的谈判与制定，打造世界级“会客厅”，积极招引全球组织及机构。这些都将成为新型外交的重要组成部分。

依托若干超级城市组建更为强大的城市群组，有利于形成更具影响力的生产、贸易、服务、科创、时尚中心，从而有效巩固地区的竞争力。可以说，吸引世界目光的全球城市实为“国之重器”。

不得不说，城市强，则国更强。

注释：

① 帕拉格·康纳．超级版图：全球供应链、超级城市与新商业文明的崛起［M］．崔传刚，周大昕，译．北京：中信出版社，2016．

② 全球金融中心指数”（Global Financial Centers Index，GFCI）是全球最具权威的国际金融中心地位的指标指数，由英国智库 Z/Yen 集团和中国（深圳）综合开发研究院共同编制。

打好“人才经济”这张牌*

文 / 何万篷

导读： 有人，才有未来；有人才，才有更好的未来。绍兴通过打好人才经济这张牌，实现创新、高质量发展。未来应激活绍兴富集的软要素，集聚、增厚、加密更多以人才为代表的创新要素，提高活跃度，促发更多功能涌现。

浙江省有 11 个地市，发展情况快慢不一，高低不一，冷热不一。有的地方，空转、虚转、自转，甚至就地趴着不转；而有的地方，比如绍兴，创新转，傍着转，全国转乃至全球转，高质量地转，这是因为绍兴抓住了经济新动能的“牛鼻子”。我个人将浙江经济总结为“5 个经济”：民营经济、实体经济、外向经济、数字经济和海洋经济。无论哪个经济，归根到底都是人才经济。绍兴这几年发展得好，就是打好了“人才经济”这张牌，高举高打，先行先试，实事实做，常做常新。

最近，前滩综研接待了一位分管科技的领导。他说，大家都认识到科技工作，尤其是科技投入和人才吸引的重要性，但是似乎周期太长，不确定性也比较大；投是肯定的，但到底投到什么程度，并不确定。我和他分享了前滩综研对创新集群的研究成果，即以人才为代表的创新要素，要不断增厚、加密、提高活跃度，使之尽早跃过一个临界值，过了这个临界值，才会出现功能涌现的现象。比如张江科学城，已进入可持续、不可逆、自组织的迭代升级通道，但是之前相当长的一段时间，张江科学城都在很辛苦地招商引资、招财引智、招活动引组织。

* 本文系作者 2022 年 7 月 2 日在绍兴市“越心守‘沪’同‘申’共长”上海招才引智高端对话活动上的演讲。

美国硅谷是怎么形成的？是几个螺旋共同作用的结果，包括高校的科技研发螺旋，政府的政策供给螺旋，风投的资金追逐螺旋，还有人才的比学赶帮螺旋。每个螺旋，都非常坚定地积极向上。而现在硅谷在盘整，甚至走下坡路，也是因为几个螺旋闹别扭，合不到一起，导致美国的科创重心往东海岸漂过去了。硅谷和绍兴，虽然颗粒度、能级和发展阶段不可同日而语，但是硅谷能给绍兴很多启迪。首要的，我觉得就是要激活绍兴非常富集的软要素，与现代技术文明、商业文明交相辉映，与硬核科技产业相互牵引、相互触发。

绍兴是一个有故事的、有底蕴的、有好山好水、有美食美景、“好玩”的城市。发展的关键是把这一切转化为城市的软实力，转化为整体便利、相对便宜、本质公平、全面安全、持续开放的营商环境。营商环境不是冷冰冰、抽象的，而是生动、具象的，它表现为界面、接口、平台等。我曾经邀请新加坡南洋理工大学的教授来上海讲学，他说上海充其量在13亿、14亿人口当中找人才，而新加坡却在30亿、40亿人口当中找人才，美国则更厉害，满世界挖人才。即便在特朗普执政期间，美国也搞了个“聪明人豁免条款”，就是为了让优才、专才留在美国。

有人，才有未来；有人才，则有更好的未来。我们还可以更宽泛地、广义地联想到人口、人流、人气、人心。美国科技界认为，越大的集群，创新的效率效能越高。所以，绍兴以吸引人才为中心工作，扩张人口，壮大人流，汇拢人气，凝聚人心，是战略性重要的、怎么强调都不为过的一件大事情。

对此，我想冒昧地提四个建议：

一是让人才吸引人才。让企业家们呼朋唤友，组团来绍兴。

二是人才流动和物流、资金流、信息流等要复合在一起，组成高级的、复杂的多跨场景。用场景，用商机，把人才长久地黏在绍兴。

三是争取尽可能多地早期收获，并且广而告之。德国人说，好的叙事方式能驱动发展。对绍兴而言，成功案例的传播、示范也是生产力。

四是引进人才，只是开始的开始。要从创新创业的全过程、产业发展的全链条、人才成长的全生命周期的角度，动态、智敏地感知人才的诉求或情绪，使相关配套政策能直奔场景、直击痛点、直达人心。

绍兴的人才工作很出彩。虽然受制于新冠肺炎疫情的反复，我一直不能到绍兴去参访学习，但是绍兴的努力、绍兴的诚意、绍兴未来的发展空间，服务绍兴市、融入长三角、对接双循环、赋能新发展，我都充分接收、感受到了。

本章拓展阅读

何万篷：让进博会的
“黏性”越来越强

第四章

消费就像火车头

打响“上海购物”品牌*

文 / 何万篷

导读：2018 年上海市商务委制定《全力打响“上海购物”品牌　加快国际消费城市建设三年行动计划（2018—2020 年）》，2021 年又接续发布《全力打响“上海购物”品牌　加快建设国际消费中心城市三年行动计划（2021—2023 年）》。本文聚焦上海消费，提出了打响“上海购物”品牌的可行举措。

经济社会是动态的涨落系统，终极性的决定力量是市场，市场的终极性表现形式是消费。厉以宁先生说，消费是最终需求，投资是中间需求，只有最终需求旺了，经济才能真正启动起来[①]。

早在 1931 年，约翰 · 梅纳德 · 凯恩斯（John Maynard Keynes）先生就给了上街购物的家庭主妇们一个空前的标签——“爱国者”。他说，现在我们所需要的，不是勒紧裤带过日子，而是一种发展扩张、积极活跃的精神状态，要多干一些实事，多买一些东西，多造一些商品。这就是凯恩斯乘数效应的通俗表达。

职能部门要创造条件给“民”松绑，这远比补贴抵扣更重要。从实务层面，可以做好以下工作：

—— 激活“线下”（现场）+“地产”（本地产品）去化，服务全国 + 全球运营。

—— 在新冠肺炎疫情常态化防控工作上，实行区域性分级防控。比如，口岸地区维持一级响应，其他地区则视疫情防控成果分级，要区别对待、分类指导，杜绝全市“一刀切”。

—— 做好“上海购物”的高能级国内外公共传播，让“上海购物”成为长三角、全国乃至全球的共识。

* 本文系作者 2020 年 3 月 8 日在上海市有关部门提振消费会议上的发言内容摘要。

—— 实实在在解决压抑消费的核心痛点。一是停车问题，非交通高峰时期，可大量增加地面停车位。二是讨价还价问题，上海主流的购物场所应谢绝讨价还价，推行此国际惯例。

—— 大联动。自然人消费和法人消费联动，消费和投资贸易联动，服务贸易和货物贸易联动，线上消费和线下消费联动，物质消费和精神消费联动。市场，尤其是国际国内两个市场联动。强化和“一带一路”沿线、《区域全面经济伙伴关系协定》（*Regional Conprehensive Economic Partnership*，RCEP）、《全面与进步跨太平洋伙伴关系协定》（*Comprehensive and Progressive Agreement for Trans-Pacific Partnership*，CPTPP）等国家和地区的经济互动以及财经政策的衔接。

—— 消费领域的税改应先行先试。比如，可将部分消费税列入个税抵扣专项范畴。

—— 加大消费金融支持力度。

—— “消费券”（纸质，电子；货币，实物；普惠，特定；补贴，抵用；通用，专用）是把“双刃剑”，宜精算、慎行，要规避购物预付卡和“科技创新券”的教训。

—— 改善郊区消费供给。

—— 进口博览会，可全城全年化。将其打造成继奥运会、世界博览会、世界杯之后的人类第四盛事。

—— 和其他条块的活动捆绑，让一切活动和政策都是“+消费”。

注释：

① 见《厉以宁代表提出扩大消费需求拉动经济增长》，人民日报，1993 年 3 月 15 日。

既要抓自然人消费，也要抓法人消费*

文 / 何万篷

> **导读：**消费就像火车头，牵引着文化、服务、医疗、教育等，是一套很复杂的系统。消费也是一个“入口级”平台，通过它可以导入高净值人士、高成长人士、高增值环节、高竞争力总部型企业。在积极推动“自然人消费”的相关扩容提质政策外，涉及全链条的“法人消费”更需要有政策刺激其高效运转。

随着2020年中国新冠肺炎疫情受控和海外疫情蔓延，全球供应链将倚重中国，全国价值链将倚重上海。这就是中国的自信、上海的机会，源于市场和消费的自信、机会。2020年疫情过后，应该有一个报复性消费阶段。就上海而言，建议抓好未来1至2个月的窗口期，抢时间、抓力度、强保障、扩税基、育税源、促持续、谋长远。

一、强力开启消费这一“入口级”平台

在美国纽约、英国伦敦、法国巴黎、日本东京这些都市的核心地区，“业态”都呈金字塔状：塔基是商业，即消费；中间是“商务 + 文创 + 休旅”；塔尖是金融服务，实现了“商商旅文（商业—商务—旅游—文化）一体化”，创新贯穿其中，无处不在。

2015年，美国普林斯顿大学安格斯·迪顿（Angus Deaton）教授因为研究消费、贫困和福利获得诺贝尔经济学奖。他的大部分经济理论就是在集中研究人们怎么“买买买”。他认为，政府与积极活跃的公民间的有效互动是至关重要的。关键是“民”（本地居民、企业公民、外来“游”民）要活跃起来，政府要创造条件，给“民”松绑，这远比补贴抵扣重要。

* 本文系作者2020年5月12日发表在《联合时报》上的文章。本书收录时略有修改。

二、文化搭台，社交唱戏，提振商业

上海“五五购物节”是一个文化和商业联动的“超级现象”和“超级事件”，值得大书特书。为什么各界如此重视并积极参与其中？因为它是加固功能平台、构筑市场生态的最强动力。

建议上海进一步谋划系列动作，让文化创新、金融创新和科技创新交相辉映，贯通文化创意产业链，实现文化消费场景化、场景创意化、创意项目化、项目集群化、集群品牌化、品牌公司化、公司证券化和证券社会化。建议激活社交，让社交成为激发消费、促进回补的“火车头”。商务区就是社交城。“世博会”“进博会”就是社交嘉年华。类似“西南偏南”的活动，就是年轻人社交节。

马克思说，人的本质就是一切社会关系的总和。在现代社会，人的社交属性是第一位的。人和人、区域和区域的重要区别就在于社交强度。社交是刚需，不能因为要保持社交距离（social distance）而荒废了社交。社交强度高的地方，必定是有竞争力的地方。

三、让法人消费高效运转

各地纷纷抢时间、抢反弹、抢回补，出台促进消费扩容提质的相关政策，积极推动个人和家庭消费（即自然人消费），希望能强劲拉动终端消费/最终消费/生活性服务/消费性服务业，通过消费/需求侧向生产/供给侧发出“明码电报”。

但我们发现，法人消费（简言之是企业的综合性、中间性投入）还是疲软，起不来，甚至有收缩的可能性。企业家在谋划扩大再生产（比如开展促销、招聘员工、增加福利支出、改善工作条件等）时，谨慎保守，顾虑观望，不敢放手去投入。如何让企业和企业家撸起袖子、甩开膀子，是当务之急，其重要性甚至超过让个人打开钱包。

信心比黄金更重要。现在是既要给企业家信心，也要给企业家“黄金”的时候。法人消费兴旺了，居民就业就有保证了，个人和家庭消费就水到渠成了。

自然人消费是终端活动，而法人消费则是全链活动，其实质就是生产性服务业（producer services）或生产者服务业。学界普遍认为，生产性服务业是消费性服务业以外的服务业，由企业、非营利组织和政府提供，主要面向生产者（法人）。生产性服务业，虽然不是直接用来消费、直接产生效用，不是最终产出，但这个中间品实则是经济循环中枢，它的规模、浓度、控制力、成长性、贡献度，决定着整个经济运行的效率效能。

法人消费在生产和再生产全过程各环节中发挥着衔接、润滑、导流功能。法人预期不好，不肯花钱，或者根本“无钱可花”（没有投资），会直接或间接影响自然人的预期。因此，最需要调节的是法人的预期，让预期改变法人消费。

激励法人消费，不妨从提振生产性服务业开始。要对企业更包容，容“错”、容“缺”、容“低”、容“慢”、容“小”、容“外”、容“流”。提高创新研发活动的加计扣除比例，对来不及走法定渠道的企业提供的战“疫”捐赠给予特别处理，扩大税前列支范畴。降低社会统筹部分的企业负担，不打折扣、不“翻烧饼”、不“回潮”。国企物业给租户直接减免房租，不搞先缴后免、早缴早免、不缴不免等多余动作。在统一降低基础性交通运输成本之前，职能部门可以发放“成本分担券”等，全国通兑通用，精简企业的物流成本。职能部门应把“一网通办”做实，“能网则网”，让企业少跑腿，真正实现“最多跑一次”。

法人消费是发动机、播种机、传输带。法人消费高效运转起来了，经济链条就能通顺地前后触发、相互牵引，走出好行情，就会给经济运行带来丰沛的活水。

系统谋划国际消费中心城市建设*

文 / 前滩综研专家组

导读：培育国际消费中心城市是推动经济高质量发展、服务构建新发展格局的重要举措。2021 年 7 月，经国务院批准，上海等 5 个城市率先开展国际消费中心城市培育建设。同年 8 月，上海市人民政府办公厅印发《上海市建设国际消费中心城市实施方案》。

新冠肺炎疫情给消费带来了以下变化：对实物消费影响较小，对服务消费影响较大；平台生意好做，商家生意难做；奢侈品受追捧，大众消费品在夹缝中艰难求生；新品牌学旧（开实体店、建厂），老品牌求新；中国品牌求变，国际品牌守旧。

当下的消费，是对生活意义、财富价值的理解和践行。互联网迅速发展以后，物理空间消费的概念逐渐消退，消费结构升级换代，正从物质消费过渡到精神消费，生产消费过渡到生活消费，大量消费品牌脱颖而出。

国际消费中心城市的产生代表着消费方式的文明迭代。国际知名城市百年的产业结构变化中，只有化妆品、食品经久不衰，且都有长时间沉淀下来的知名消费品牌和企业。因此，体系化品牌的打造需要时间的沉淀积累。

城市要“无序而序”，职能部门要加强细节上的配套支持，构建让人敢消费、愿消费、快乐消费的环境。市区的大小街道都是“毛细血管”，不能用工业区的概念提“一轴几带”，而要进一步“打开”支马路，串联发展“后街经济”。

* 本文系 2022 年 1 月 20 日前滩综研组织召开的国际消费中心城市建设专家研讨会内容摘要，标题为编者所加。

上海欲建设国际消费中心城市，就要破解长三角同质化发展的问题，实现错位竞争。可探索长三角品牌共建机制，协同跨区域的税收制度。

上海对标国际消费中心城市，还有很大的改善空间：如打造国际级的消费地标，加强布局首发、首秀、首店，研究免退税经济，注重品牌打造、提升城市传播力，公共空间增加母婴设施打造人性化空间、营造国际化的外语环境，等等。

建设国际消费中心城市是系统性工程，要解决以下六方面问题：

—— Who：消费是立体的，不仅是高大上的供给，更需要具有时代特色，同时满足不同层次的需求。青年人更多追求舒适性的个性消费，中年人不敢消费，老年人则是潜力很大的消费主体。因此，“银发经济”的消费层次可进一步提升。

—— What：新时期的消费将由产品消费逐步转向服务消费，未来要开辟更多知识、信息等领域的消费市场。要关注终端产品发展，抢占智能网联汽车、游戏设备等未来市场。同时在思想文化上，也要形成自身的终端产品。随着线上消费发展，城市将承载更多的文化服务功能，如开办演唱会、体育节、音乐会等。

—— Where：可从“陆海空”三个层面来表述。“陆”，进一步合理布局商圈，打造幽静、令人安心安全的街区；“海”，沿海城市探索邮轮、游艇的发展；“空”，研究未来商务飞机的消费。同时，还要分析未来的消费活跃之处，世界正进入新三维，它包括物理空间、数据空间和新的社会交往空间，故需研究元宇宙空间将产生的消费市场。

—— When：即对消费时段的研究，夜间经济等存在引发地铁检修、安全维护等社会成本上升的问题，而假日经济的公休制度目前落实还不到位。可以针对不同行业探索分散休假的相关制度。

—— Why：需要更多地分析大家为什么不消费？是收入问题、房价问题，还是对未来预期不好？消费需要刺激与激情，不能陷入疲态。

—— How：以实现共同富裕为目标，增强同理心研究，骑着自行车给开宝马的人做消费研究是不现实的。要增加消费信心、消费追求、消费品位。

大城市，大消费*

文 / 何万篷

导读：促进人的交互是消费的重要属性，而世博会是让资源、要素流动起来的重要平台。世博创造万物，消费创造万物。世博会，其实是一个“母场景”、开放场景、公共场景。“大消费”的实质是贸易促进和消费服务，是高效配置资源，促进要素流淌，让整个经济和社会活动生生不息地循环起来，从而驱动城市迭代升维，从本地化、区域化，走向国际化和全球化。

无论技术怎么发展，线下、现场都是不可替代的。而这恰恰也是消费的最重要属性——促进人的交互，让资源、要素自由地便捷地流动起来。我们甚至可以将其上升到提高可贸易性、推动统一大市场建设的高度。现代经济社会的各类场景，就像动车组一样，确实各有各的动力源，但是消费这个“火车头”的总牵引、终端带动作用，仍然是不可替代的。

或许有点唐突，不过我非常认真地建议武汉有关部门研究一下申办综合性世界博览会的必要性。下一届世博会将于 2025 年在日本大阪举办，主题是“构建未来社会，想象明日生活”。前一届在阿联酋迪拜举办的世博会，主题是“沟通思想，创造未来”。再之前是 2015 年的意大利米兰世博会，主题是“润养大地，泽给苍生”。我为什么在今天的场合，提出这样的建议？因为 2010 年上海世博会与它之后几届的成功实践都告诉我们——世博创造万物，消费创造万物。人类社会有三大盛事：世博会、奥运会和世界杯。但是追根溯源的话，现代奥运会始于世博会，世界杯又始于奥运会。让大家到现场看“西洋景”的世博会，其实是一个“母场景”、开放场景、公

* 本文系作者 2022 年 6 月 30 日在武汉市“建设国际消费中心城市研讨会暨南方周末城市论坛”上的演讲内容摘要。

共场景。世博会的要义，是让古老文明和现代文化交相辉映的展贸活动。古老文明和现代文化交相辉映，是特色；展，是手段；贸，是终极目的。通过贸易、交易，交流、交换，转移、转化；通过“买买买”，买全球、卖全球；通过消费，高效配置资源，促进要素流淌，让整个经济和社会活动生生不息地循环起来。

今天，建设国际消费中心城市，必须非常坚定地锚定在“大消费”上。也就是说，我们要取对消费的广义理解——“消费促进和贸易服务”。这应该是武汉在新阶段新格局下加快现代化和国际化的首要驱动要素。在“消费促进和贸易服务”的策源下，在技术创新、综合运营、先进制造、公共活动、科学治理、美好生活等其他驱动要素的复合驱动下，武汉将持续迭代升维，从本地化、区域化，走向国际化和全球化。

武汉的这个愿景和路径，应该是吻合“城市”最本源定义的。“城”是容器，是基础设施；“市”是内容、内涵，是经济和社会活动。真正决定城市能级和竞争力的，是容器所承载的内容的规模、密度、成长性和贡献度。大武汉，应该有与之相匹配的大消费。它可能具有以下五个特点：

第一，它直奔场景、直击痛点、直达人心，让本地居民和外来“游”民喜闻乐见。

第二，它“接地气”“接洋气”，既有本土的烟火气，也具有国际品质。在这里，能差不多同时同价买到全球的同款好物，也能把本土优品以好价格卖到海外。在这里，能响应约定俗成的全球流通规则，也能提出武汉的解决方案。

第三，通过消费吸引自然人，让他们流连忘返留在武汉，把他们对美好生活的向往转化为创新创业的法人活动。整个城市，因消费而扩张了人口、汇拢了人气、凝聚了人心，最关键的是，稳定了人流，使之可持续、不可逆。并且，让物流、资金链、信息量附着在人流上，日长夜大，日新月异，系统性地增大了总流量，经济水面随之扩大，经济水位随之上升。

第四，让大武汉因大消费的勃兴成为一座“有管理的自由都市”。职能部门透过大消费这个核心指标，能智敏地感知市场情绪和消费者诉求，动态权变地调整治理和服务的方向、方案和方法。让一切为了消费，为了一切的消费，“商务+”“+商务”，成为政策工具组合的指导思想。

第五，除了类似世博会、进博会、消博会等大平台和大事件外，可以有更多的貌似不起眼、实则能打通“城”和“市”的毛细血管的更新创新活动，让城市处于一种“流变”的状态，充满动感和张力。这就需要项目的策划。策划的权重慢慢会超过规划和计划，这对商务部门的工作提出了很高的要求。和大消费相适应的，是一个大商务部门，甚至是超级商务部门。

消费之争实为“服务”之争*

文 / 吴昀华

导读：2020 年上半年全国各地统计公报显示，上海是人均消费支出最高的城市，也是 31 个省份中唯一人均消费超过 2 万元的城市。在打造消费目的地的竞争中，最重要的是打造具有国际竞争力的服务体系，以人为本，将服务打造成为强磁场，让消费成为内循环的关键驱动力。

2020 年 6 月 29 日，我国财政部、海关总署、税务总局发布离岛免税新政策，离岛旅客每人每年的免税额度从 3 万元提升到 10 万元。据海关统计，2020 年 7 月 1 日至 31 日，海南省 4 家离岛免税店共实现免税销售额约 25 亿元，人均消费 5 527 元，同比分别增长 240%和 82%。单价超过 8 000 元的免税品销售额约为 7 亿元，购买人次 3. 8 万，同比分别增长 503%和 339%；单价超过 8 000 元的免税销售额占比由 2019 年同期的 15. 6%提高到 2020 年的 27. 7%，与 2020 年 6 月相比，提高了 10. 3 个百分点。由报复性出游触发的报复性消费成为拉动内需的重要手段。

此外，2020 年上半年全国各地统计公报显示，上海作为人均消费支出最高的城市，也是 31 个省份中唯一人均消费超过 2 万元的城市，达到 20 112 元。得益于全国首创的大规模综合性消费节庆“五五购物节”，上海消费总额达 53 977 亿元。购物节期间，超过 52 万家线上商家、超过 10 万家线下商家参与活动；上海市 200 家大型商业企业共实现销售额 684 亿元，同比增长 4. 5%，环比增长 33. 5%；2020 年 5 月，上海市社会消费品零售总额同比增长 0. 6%，增速高出全国 3. 4 个百分点。各类首秀、首展、首发、首店大放异彩，消

---

* 本文系作者 2020 年 8 月 13 日发表于《全球智库动态》研究报告第 153 期的文章。

费热情势不可挡。

当前，消费促进作为“内循环”的重要支撑正发挥着无与伦比的作用力和场效应。然而，中国居民在境内免税渠道消费免税品的占比仅为18%，高达82%的免税品消费发生在海外市场。以上海为例，2019年全市服务贸易中逆差最大的门类为旅行，金额达到685亿美元。除商品的价格外，服务体验、品质保证等成为中国消费者选择境外购物的关键因子。服务品质作为境外企业经营的理念，贯穿于消费的全流程、全周期，体验度、感知度俱佳。

面向未来，上海、海南等地正积极打造消费目的地，这要求国内服务供应商转变思路、培育竞争思维，既要丰富消费品类、把控产品质量、完善购物场景，提供便利化的购物环境，更要打造具有国际竞争力的服务体系，以人为本，将服务打造成为强磁场，让消费成为内循环的关键驱动力。

从“深夜食堂”看夜经济*

文 / 吴昀华

导读：2020年6月6日，首届上海夜生活节启动。此次上海夜生活节围绕“夜购、夜食、夜游、夜娱、夜秀、夜读”等主题，推出180余项重点特色活动。夜经济，与其说是一场寂静的狂欢，莫不如说其是新型社交和“单身经济”的延伸，更重要的是打造无边界、跨领域、融合交互的产品/服务供给。

爱尔兰剧作家乔治·萧伯纳（George Bernard Shaw）曾说，任何一种爱，都比不上人们对美食的热爱真切。

一家从午夜十二点到次日七点营业的小饭馆，菜谱只有一种，但顾客可随意点单，在城市的一隅，温暖着卸下一日疲惫的都市男女。这部改编自安倍夜郎原创漫画的电视剧《深夜食堂》（*Midnight Food Store*）在海内外赢得多个电视剧奖项。上海、北京、广州、深圳等各大城市果断布局，复刻出各类“深夜食堂”，惹得饮食男女蜂拥而至，一场深夜活动于城市宁静处上演。小型社交，甚至微型社交成为夜市的主流。

喧嚣的背后是回归静谧。夜经济归根结底是一场温暖人心的活动，购物、娱乐、餐饮、体验皆是接纳自我，在袅袅暖意间寻获真谛。围绕产品或服务供给，一人食、体验式、沉浸式场景愈发受欢迎。夜经济，与其说是一场寂静的狂欢，莫不如说其是新型社交和“单身经济”的延伸。

根据美国全国广播公司不完全统计，受新冠肺炎疫情影响，美国已有十几家知名To C公司正式提交了破产申请，涉及百货业、娱乐业、服装业等，曾是细分领域龙头的百年老店也在其中。事实上，

* 本文系作者2020年6月4日发表于《全球智库动态》研究报告第104期的文章。

上述企业在新冠肺炎疫情前便长期处于低迷的经营状态。以拥有118年历史的老牌百货公司JC Penny为例，其作为美国最早的百货商店之一，却深陷财务困境数年之久，预计于2021年2月关闭最后50家门店，届时仍有1 200万美元债务未偿还。由于生活方式和消费习惯的巨大转变，消磨时光的逛街之旅逐步演变成“发呆”“种草”“拔草”之旅，曾风靡一时的百货公司已无法成为新兴人类的打卡圣地。娱乐业同样备受冲击，线上流媒体，如奈飞（Netflix）、优兔（Youtube）、亚马逊（Amazon）已然成为新片发行的渠道，新一代沙发土豆（Couch potato）诞生。传统夜生活遭遇着新的“代沟”（generation gap）。

面对“宅经济”“单身经济”的横空出世，夜经济不仅有“夜市”和“夜店”，更要有无边界、跨领域、融合交互的产品或服务供给。

当下，主流不代表潮流，大众不再是时尚，高冷未必包含贬义。要让夜经济真正富有人气，恐怕还需要让“斜杠青年”们躁起来，用他们的语言讲好“传奇式”的故事，让年轻人自行挖掘生动有趣的打卡点，让线上的频道（直播、短视频、流媒体等）成为传播的渠道和引流的通道。网红不是概念，它是一蔬一饭、一间一阁、一人一群，是一场生生不息的人潮涌动。

第五章

营商环境就是生产力

最好的营商环境，是通过产业场景留人*

文 / George Wong

导读：什么是好的营商环境？好的营商环境是通过完整、连续的产业场景留人，是“中小微企业”集聚，是全要素、全过程、全链条、全生命周期思考解决方案的方式，是“走近”企业的职能部门，是情景模拟后的政策发布。

—— 都市圈，是经济圈，更是文化圈。营商环境就是要“扩圈”，把周边的资源要素统合起来，促进交互，打破“沉寂”。营商环境，需要“吸引物”，需要传播，所以人人都是营商环境——长三角城市群中，好多“兄弟”靠着上海“吃饭”。上海为什么总是出彩？因为善于想、善于干，乐于带头、乐于分享。

—— 地方政府在法制、税制层面能动的不多，不用花太多心思。可以优先学习上海，“摸着上海过河”，上海能做的，大部分是其他地方也可以做的。

—— 最好的营商环境，是通过产业场景留人。产业场景要完整、连续，所以职能部门要做的，不是“补”产业链，而是“补”产业场景。

—— 营商环境好的一个主要表现就是“中小微企业”多。“中小微企业”多到一定程度，活到一定程度，头部的“现金奶牛”（cash caw）企业会自动冒出来。而对“现金奶牛”企业来讲，没有营商环境一说，它自己就是环境。

—— 有次我参与政企大会，发现领导致了辞就走，这可能会导致营商环境的努力前功尽弃。领导不出席不要紧，所有人都能理解，但如果领导花瓶化、道具化，则效果将适得其反，不要低估企业家

* 本文系作者 2021 年 11 月 5 日在前滩综研财经下午茶“营商环境专场”上的发言。

的智商。

—— 营商环境的最直观体现，是租金，各类租金！“价高者得”的土地出让制度，推高了营商成本；“价低者得”的项目招标制度，压制了品质的提升。这个组合，是当下诸多问题之源。职能部门要想一想，自己除了“手中有地”之外，还有什么？要全要素、全过程、全链条、全生命周期地想问题，切莫陷入“单点思维”的陷阱。

—— 对营商环境比较讲究的，是服务业。要持续放宽服务业（注意，包括生活性服务业）的准入。开放，就是放开。留人、流人，都要靠生活服务业。用我自己举例，我有段时间迷恋某城市，很重要的原因，是喜欢那里的馄饨和粉丝。

—— 对于地方政府，要警惕要这要那的企业。企业越差，“要”的越多。融资融不到的企业，多数是不好的企业。

—— 各种措施一定要基于法治的前提。

—— 职能部门不能无时不在、无处不在，要“走近”企业，但是对于“走进”企业，要慎之又慎。企业对 2 小时办结还是 12 小时办结，是今天拿证还是明天拿证并不是很在意。任何服务都是有成本的，对纳税人来说，要么是你付要么是我付，要么是今天付要么是明天付，要么是这一代付要么是下一代付，所以服务并不是越多越好。

—— 好的营商环境，要处理好“进一步”和“退一步”的关系，“一刀切”和“切一刀”的关系。

—— 优化营商环境，是所有利益相关者的共同任务，不能“谁提建议谁来干”“谁能干谁来干”。

—— 政策发布，是极其严肃的事情。最要不得的逻辑是“我以为”，一定要转到“受众以为”的角度。政府侧发力之前，最好有个预评估的程序，用文绉绉一点的话说，就是进行模拟仿真。

衡量营商环境的“另类”维度*

文 / 前滩综研专家组

导读：区域竞合，越来越聚焦到营商环境这个牛鼻子事项上，所以有个说法叫“赢在营商环境”。改善营商环境的抓手很多，但是简而言之，是“1－3－3”。“1”就是聚焦服务中小微企业；第一个“3”是全周期、全过程、全链条；第二个“3”是政府、市场和社会构成的“三螺旋”模型。

市场主体比谁都要厌恶风险，比谁都想遵纪守法，比谁都渴求好的环境，它们也不想去扰乱环境，不想逆环境做事。

如果办事要“找人”，营商环境就不好了；如果要找领导，还反反复复约不上，则更差劲。在构成好的营商环境的各要素中，职能部门的作用和主要领导的魅力，所占的权重客观存在，但不能太高。

职能部门要坚持几个“不要”：不要为定指标而制定一堆日后很难填上去的指标；不要为发文件而争先恐后地批发文件（今天激情发布，明天就打“补丁”，后天接着打“补丁”）；不要为改善企业感受度而迁就企业；也不要过于在意和其他城市“别苗头”。

顶层设计，要从企业侧出发，不只是企业发展的全生命周期，还包括企业发展的全过程、全链条。

谁最难“高效办成一件事情”？一般来说是中小企业。所以，营商环境的全称，应该叫做“中小企业的营商环境”。头部企业，都是“一事一议”。“一事一议”，不是营商环境。

必须指出，职能部门对“稳商”的重视程度应超过“招商”。旧的稳不住，新的就招不来。存量在这里安居乐业，增量就会不请自来。存量能稳住，就是规范（高质量发展往往不是规划出来的，是

* 本文系 2020 年 11 月 18 日前滩综研专家组关于营商环境的座谈会内容摘要，标题为编者所加。

规范出来的）、可预期、可参与、可交互的明证。因此，不妨多花点力气，算算市场主体的转化率、存活率、成长率、成功率。这“四率”如果理想，本地的“经济水位”就高了，“经济水面”就大了。

营商环境要系统化（不能散装、拼盘），首先是要有系统，广东南海做得最好的是“服务集成包”的充分下沉，让职能部门能听到“一线”的“隆隆炮声”。其次，系统之上，要有制度（营商环境，归根到底靠制度，而不是靠部门和领导）；系统之下，要打通“属地”和“属权”，便于创新推动“放”和“管”的结合，降低协调成本（政府和企业之间的协调成本、职能部门之间的协调成本）。

聚焦公共服务，是最基本的也是最容易的，难的是职能部门之间的横向委托授权（纵向的集中授权已不再是难点）。对于新兴产业和新兴商务模式，可以做出地方特色和阶段特色。

“大部制”（协调能力增强，专业水准下降）是不是今后的方向？对此存在巨大分歧，理论上也没论证清楚。我认为全产业链的服务供给可能是更可取的探索方向。政策和服务是两个不同的概念，现状往往是政策出来了，但服务还落不了地。将来两者不能分割，要并行。政策的有效性，取决于它的可执行性。

归根到底，营商环境是“三螺旋”模型——政府、市场和社会。政府、市场、社会三方中，“三失灵”的地方，特别需要政府侧跨前一步。

营商环境要凸显开放性，广域的协同合作越来越重要。靠什么协同？靠精气神、文化底蕴、软要素、城市品牌、公共传播。要有生动的故事，企业家的故事、科学家的故事、年轻人的故事、老百姓的故事。

建议为公务人士鼓与呼：通过“三个区分开来”[①]的具体化，给职能部门的创新创业（也是创业），兜底、壮胆、保驾、护航。

注释：

①“三个区分开来”，指把干部在推进改革中因缺乏经验、先行先试出现的失误和错误，同明知故犯的违纪违法行为区分开来；把上级尚无明确限制的探索性试验中的失误和错误，同上级明令禁止后依然我行我素的违纪违法行为区分开来；把为推动发展的无意过失，同为谋取私利的违纪违法行为区分开来。

打造营商环境的静安新品牌
——最多说一次*

文 / 何万篷

导读：新加坡全球贸易商计划（Global Trader Programme，GTP）的要义是积极的产业政策、积极的企业政策和激进的信息化基础设施政策。上海市静安区的全球服务商计划（Global Service Program，GSP）同样是要充分地体现积极的企业政策导向，利用技术手段，识别企业的急、难、愁、盼，掌握企业情绪，及时响应，让企业"最多说一次"。

区域竞争，说到底，就是总体效率竞争，包括总体经济效率竞争和总体行政效率竞争。为了率先构建具有系统性竞争力的营商环境，前滩综研对标研究了"5 + 2"（"5"指的是纽约、伦敦、巴黎、东京、迪拜，"2"指的是瑞士、新加坡），获得的最大启示是这些经济体对企业的"情绪"有着智敏的感知和高效的响应。

其中最值得一提的是新加坡。新加坡的经验，其实就是"两积极一激进"——积极的产业政策、积极的企业政策和激进的信息化基础设施政策。在浓烈的忧患意识驱动下，新加坡提出"快进缓退"，提出"永远的新经济"，提出刚性的制度、柔性的服务，提出"不扰企"和"有限接触"，提出让政策在"红绿灯"和"拐角处"等企业，提出分层、分类、量化，把政策红利落实给市场主体。

以上这些，就是全球贸易商计划的真谛和要义。静安区的全球服务商计划也要形神兼备，充分地体现积极的企业政策导向，通过"静安服务"，给企业赋能、增值，让他们聚焦主业，聚焦创新，心平气和，斗志昂扬。静安强，强在服务，强在围绕资源要素的

* 本文系作者 2021 年 10 月 27 日在静安区政协一届四十一次常委（扩大）会议暨"持续优化营商环境，提升城区核心竞争力"专题协商会上的发言。

"流一留一转"，强在能做到全要素、全过程、全链条、全生命周期的服务。我认为静安要超越"最多跑一次""不见面审批"，要借助"两张网"进一步推出营商环境的静安新品牌——"最多说一次"；甚至进一步做到企业还没来得及"吐槽"，没开口抱怨，甚至没想好怎么说，"静安服务"就自动激活，从待命状态转为工作状态。

我今天的核心建议，是在 GSP 中增加一个抓手，即开发"企业情绪感知平台"。让职能部门不再依赖召开座谈会、"大盖帽"上门、填写问卷等传统方式，而是学习新加坡，利用技术手段，识别企业的急、难、愁、盼，及时化解、缓冲，稳定预期。不掌握企业情绪，政策容易像射箭一样，呼啸而来，纷纷脱靶。

此外，一定要扭住公共传播这个"牛鼻子"，用市场化的语言讲好静安的营商环境和营商故事。环境催生故事，故事驱动发展。编名录、发牌子是有限的，但是公共传播、创新服务是无限的。

创造更多接“四气”的“南京场景”*

文 / 何万篷

导读： 2022 年 2 月 7 日，南京市召开深化作风建设优化营商环境推进会。会议对南京市 2021 年作风建设情况进行了总结，对 2022 年作风建设和营商环境工作进行了部署，并发布了《南京市 2022 年优化营商环境实施方案》和“宁企通”惠企综合服务平台。

面向过去，动态评估实现度；面向未来，创新提高准备度。南京市在新春假期后的第一个工作日，安排“深化作风建设，优化营商环境”推进会这么重要的事项，专题研究优化营商环境，让人非常感佩。2022 年是一个能上能下、分野分化的年份。如何发展取决于前瞻预判是否到位，取决于政策工具箱是否充实，也取决于努力奋斗的效率和效能。效率和效能加总在一起，就是治理水平，就是营商环境，就是区域高质量发展的基础性、前提性、战略性的动能。

虽然不能到现场，但是我真切、强烈地体会到南京的系统性持续跃升的动感和张力。2021 年我曾访问南京，骑着自行车穿大街、走小巷、游景点，调研功能板块，拜访朋友，和企业家进行头脑风暴、激荡脑力。当时，南京富集的软要素，发达的硬核产业，谦虚谨慎、低调务实的职能部门，都给我留下了深刻印象。尤其是“南京场景”让我记忆犹新，南京的新场景、高级场景、复杂场景、多跨场景、大场景、全场景，这些都是我们今天优化营商环境的抓手。

浦东新区开发开放之初，汪道涵老先生曾问过一句话，三个字：

* 本文系作者 2022 年 2 月 7 日在南京市深化作风建设优化营商环境推进会上发表的视频演讲，标题为编者另加。

"给谁用?"换而言之就是问，浦东开发开放的场景是什么？我认真学习了南京之前推出的营商环境举措，应该讲针对性、精准性都是很强的，充分地贴合企业生动、具象、多样化的诉求。我个人有个不太恰当的比喻，好的营商环境要"接地气""接天气""接洋气""接人气"。正式一点讲，就是市场逻辑、政策逻辑、国际逻辑，以及人与人交互的逻辑。

市场逻辑是第一位，压倒性的。南京的营商环境，包括制度供给和服务设计，都要鲜明地指向微观主体，指向企业和企业家。职能部门的辛苦忙碌，不能是自转，不能是忙给领导看，而是要忙给企业用，要能用、好用、管用。

这段时间，我和同事在研究纽约、伦敦、巴黎、东京、迪拜、新加坡这六个城市的营商环境。发现它们都"赢在营商环境"、个人"自由执业"和法人"自由展业"上。从中大致可以总结出以下四个共性特点：

第一，这六个城市的职能部门和市场都双向感知，相互理解，沟通成本很低。职能部门知道市场和社会主体的需求，并对这些需求进行分层、分类、量化处理。市场对职能部门的导向和政策，听得懂、够得着、用得上，营商环境的黏性就产生了。

第二，这六个城市都是"有管理的自由都市"。他们的管理是稳定的，即使有变化，也是可预期的、透明的。政策调整尽可能做到利益相关者充分参与和发表意见。另外，意见能够被倾听，使人们身心舒展，使人口、人流、人才、人心都不断做加法。

第三，这六个城市都强调职能部门的"有为、有效"。都实行积极的区域政策、积极的产业政策和积极的人才政策。还有一个特点也比较明显，就是这六个城市都实行积极甚至激进的基础设施政策，尤其是信息化基础设施政策。

第四，这六个城市都秉持"未来引领当下"的理念，构筑场景链，使趋势场景化、场景项目化、项目企业化。企业的创新创业有动态适配的政策增信赋能、保驾护航。这些政策是整体性的、系统集成的、打通隔断的，而不是碎片化、板结化的。

南京，深厚的文化底蕴和现代技术、商业文明交相辉映，是一座大踏步行进在新征程上的伟大都市，书写着新现代化的卓越篇章。这里的营商环境，升级迭代，出新出彩，让企业喜闻乐见，助企业安居乐业。

在双向赋能中助力企业顺利“出海”*

文 / 吴昀华

导读：“海不辞水，故能成其大；山不辞土石，故能成其高”。上海能成其大，就是靠内联外拓。如此，上海才成为现在的国际化大都市，今后上海还要这么走下去。“长江三角洲一体化对外投资合作发展联盟”要做好服务，为长三角企业增能、增信、提速，助力企业“出海”。

2018 年 12 月，上海、浙江、江苏、安徽商务部门共同参与，发起成立“长江三角洲一体化对外投资合作发展联盟”。该联盟围绕信息共享、平台共享和服务共享，构建长三角对外投资合作一体化服务体系。上海力争当好长三角“会客厅”，做好服务，让 40 个长三角城市可以在“会客厅”与来自全球的企业、机构与组织开展交流合作、结缘结对，助力企业顺利“出海”。

苏浙皖主动对接上海，看中的正是上海综合服务的能力，突出表现在各类资源要素的可得性，包括：①全球专业服务机构林立：拥有 197 家 GaWC175（GaWC 统计的全球 175 家先进生产性服务公司名单）公司分支机构、数量居国内首位（其中，外国律师事务所驻华代表机构占全国比重超 55%）；②金融要素市场完备，能有效对接境外金融市场、为企业投融资提供多种路径；③人才集聚，专业服务业从业人员超 800 万；④国际交往便捷，境内领馆数量领先；⑤集成服务营商环境优，一网通办、一门式服务，能有效解决企业后顾之忧等。

长三角一体化对外投资合作发展联盟通过共享信息、培训、金

* 本文系作者 2021 年 2 月 1 日发表于《全球智库动态》研究报告第 21 期的文章。

融、风险管理等服务，在双向赋能中为长三角企业增能、增信、提速，助力企业在“出海”过程中有效对接资源、规避风险，提升企业的综合竞争力。

本章拓展阅读

营商环境软实力，南京给出“新定义”

第六章

打造科技创新产业公地

集成资源要素　顺势韧性生长

——打造长三角的服务公地，强化资源要素的可贸易性*

文 / 何万篷

导读：2021 年 2 月，国务院正式批复《虹桥国际开放枢纽建设总体方案》。虹桥国际开放枢纽是全球化、国家级、未来型和枢纽性的服务平台，是对内开放、对外开放、对未来开放、高水平开放、主动开放这“五大开放”的叠合。上海是“加油站”，不是“收费站”，到虹桥实际上是到上海，把上海当主场，把虹桥当“入口”。

在我的心目中，大虹桥的关键词是全球化、国家级、未来型、枢纽性。

上海的重点区域中，自贸试验区和临港新片区是为了增强资源要素流动过程中的便利性、增值性和活跃性；而大虹桥，则是强化资源要素可贸易性的服务平台，让企业通过大虹桥的赋能，实现资源要素集成和韧性生长。

一、上海的三件大事

最近几年，企业家面临一些挑战，有一些艰难，外部环境易变、不确定、复杂、模糊。但是企业家、领导作为问题的终结者和麻烦的解决者，要具有世界眼光的意识。现在全世界都在竞争一件事——共识，找共识，凝聚共识。没有共识就没有共同行动，共识牵引共同行动。上海怎么找共识？2021 年有几件重大的事情。

第一件事，2021 年 7 月 15 日《中共中央国务院关于支持浦东新

* 本文系作者 2021 年 10 月 28 日下午在“协同发展　共创未来”虹桥国际中央商务区打造长三角民营企业总部集聚区推介暨项目集中签约大会上的主题演讲。

区高水平改革开放打造社会主义现代化建设引领区的意见》公布。

第二件事，2021 年 2 月《虹桥国际开放枢纽建设总体方案》公布。企业家赶上了好时候，正在拥抱第五种开放形态，前面四种分别是经济特区、沿海开放城市、国家级新区、自贸试验区。现在横空出世的第五种形态叫“国际开放枢纽”，我认为这是前面四种形态的升级版、加强版。

这个枢纽的特点是两个面向（面向国际、面向国内）、五型经济（创新型经济、服务型经济、开放型经济、总部型经济、流量型经济），是配置资源、聚合要素、引领产业，后面的场景琳琅满目。关键是怎样推动趋势场景化、场景项目化、项目企业化，企业证券化？最重要的逻辑就是“贸易造就万物”。

第三件事，2021 年 5 月 12 日，上海市委主要领导主持召开城市软实力专家座谈会。会议的主要内容包括城市的精神内核、文化物质、现代治理、公共传播、软硬实力的双向赋能。大虹桥作为物理空间载体的建设方兴未艾，载体中的内容运营充满商机。软硬实力在虹桥这块土地上，未来还有巨大的成长空间，我们要抓住。

前滩综研专门做过研究，未来 15 年，上海发展有五大动能——开放经济、消费社会、科技创新、多元文化和智慧治理，其中开放经济是第一位的。由此带来五大机会——新生产、新交易、新生活、新载体和新治理，这五大机会集成体现为贸易和消费，而虹桥地区就是集大成者。

虹桥是综合体的集群，是全场景、大场景、新场景、高级场景，可能在世界范围内都很难找到第二个像虹桥一样场景如此丰富的地方，新场景如雨后春笋，而且这些场景对企业家来讲是可感的、可及的，是听得懂、抓得住的。

二、上海的坚定雄心

临港新片区、大虹桥、上海各项“十四五”规划，甚至是 2035 年远景规划陆陆续续都在发布。上海在做什么？上海在做“排头兵”“先行者”“桥头堡”“一体化”，这些都统合在软硬实力中。

硬实力体现一个地方的强大，软实力体现一个地方的伟大。

第一，从首个自贸试验区到新片区、到引领区、到“第五种开放形态”，上海是“潮头”“源头”“码头”，在大虹桥就是“勇立潮头”。

自贸试验区和三个示范区（长三角生态绿色一体化发展示范区、深圳的中国特色社会主义先行示范区、浙江的高质量发展建设共同富裕示范区）都是可复制可推广的。还有两个“区”不一定可复制可推广，一个是临港新片区，因为它大部分条件是其他地区不具备的；另一个是不以复制推广为前提的战略空间——大虹桥。

大虹桥条件更好，原来就已经相当有基础了，再赋能，就优上加优。我认为大虹桥实际上是“五大开放”的叠合，即对内开放、对外开放、对未来开放、高水平开放、主动开放。这个开放不是被倒逼出来的，而是主动有序、有条不紊地对未来开放。

第二，科创很重要。自 1843 年开埠以来，上海的城市功能经历了纵向版本升级迭代的过程，从交易中心、生产中心、商品中心，到金融中心、办公中心，再到未来的国际性生活中心、交流中心和体验中心。

“全球主要经济体的竞争，大多通过自己的头部地区/城市/平台来实现”“全球顶尖城市，都是‘全能冠军’”。这几句话不是为大虹桥写的，但和大虹桥的定位不谋而合。大虹桥勇立潮头，这是从第二角度印证的。

“城市”归根到底是“市”，是市场、是交易、是贸易。“城”是为贸易服务的基础设施。国际贸易中心是上海这座社会主义现代化国际大都市的核心定位。在科创中心驱动下，国际贸易中心标的由原来的实物迭代到服务，再到未来的数字经济。国际贸易中心到位之日，就是国际经济中心实现之时。国际经济中心就意味着资源要素全球配置，这也是大虹桥要肩负的使命。

虹桥是两个“一体化”的交汇点，即“长三角更高质量一体化”和“上海市域一体化”。两个“一体化”最后都咬合在大虹桥。通过两个“一体化”，上海要把全球竞争型生产力布局成四个层次：一是尖峰，浦东是尖峰，大虹桥是尖峰；二是高原，整个长三角是高原；三是廊道，资源要素通过若干廊道辐射出去，南向北向拓展带是廊道最小单位，G60 沪昆高速、G42 沪蓉高速、G2 京沪高速以及长江经济带都是廊道；四是网络，在尖峰引领下，夯实高原，通过廊道深度嵌入全国乃至全球网络。

过去，我们的竞争发展单元是县域经济，现在是超大城市、超级平台。虹桥就是一个牵引“两个一体化”的超级平台。

一体化的要义，是基于自由贸易制度实现资源要素便利化流动，建设发展强劲的增长极。“极中极”“彩虹桥”都是这样出来的。

一体化的内涵，是连接周边、链接全球；向下兼容、向上迭代；硬实力支撑、软实力引领。两个“一体化”要合在一起，双向赋能。

一体化的特点，是以实在动作解决实际问题。虹桥商务区管委会、四个片区出台的政策都很实在。高铁、城际、地铁交汇融合最好的是大虹桥。虹桥发展要以项目化推动一体化，项目要企业化、企业要证券化、证券要社会化。四个片区要找准自己的差异化路径，最关键的是同城、组链、同网、共情。

长三角 35.8 万平方公里的高质量发展，需要龙头城市的引领，上海的经济“水位”决定了长三角的经济“水面”。而虹桥就是上海的“入口”，其中进进出出的是“玩家”。“玩家”能级决定了城市的能级，“好玩”是软要素、软实力的另外一种表达。“好玩”的城市，有让人愿意亲近的功能性“入口”，可以是山水，可以是特色美食，可以是一段传奇故事，可以是概念题材和想象空间……

三、企业的蓬勃场景

上海是“加油站”，不是“收费站”。虹桥是一个集成式的总体“加油站”，不是“收费站”。到虹桥实际上是到上海，把上海当主场，把虹桥当“入口”。

进博会是虹桥的母场景，是对广交会的迭代、对世博会的接力。进博会体现了大国担当、大城担当和虹桥大平台的担当。进博会表面看是进出口平衡、内外贸一体化，其实质是“贸易 +”“消费 +”。

消费促进和贸易服务是最强的动力源。购物，就像火车头，牵引着文化、服务、医疗、教育等，是一个复杂巨系统。发达经济体的产业体系或者产业结构，按市场主体的数量和活跃度，排第一的是消费促进和贸易服务；之后是科技服务业，发挥赋能授权的功能；第三是综合营运，就像今天揭牌的“长三角民营企业总部集聚区”；第四是公共活动，包括虹桥国际经济论坛等各类论坛；最后是智能制造。

在大虹桥地区的星云型产业生态中，消费促进和贸易服务是坚硬清晰的“内核”，周边的“星际物质”不断延伸延展，是无边界的。

最后总结一下，大虹桥是“潮头”“源头”“码头”。区域发展的四个阶段是本地化、区域化、国际化、全球化，而大虹桥所处阶段既有区域化，又有国际化，还有全球化，更多地是从区域化快速演化，甚至跳过国际化直接进入全球化。

大虹桥使所有参与其中的利益相关者一起变得更好，这就是我们所处的时间窗口。

以要素自由流通，打造长三角科技创新共同体*

文 / 何万篷　金颖婷

导读：2020 年 12 月 29 日，科技部公布《长三角科技创新共同体建设发展规划》，旨在协同提升自主创新能力、构建开放融合的创新生态环境、聚力打造高质量发展先行区、共同推进开放创新。“打造长三角科技创新共同体”就是让创新要素“流留结合、以流促留”，在造就科技创新节点的同时，“共建共享、互联互通”，进而组建起覆盖整个长三角区域的创新网络。

长三角地区是我国经济社会发展程度最高的区域，是推动国民经济发展的区域“引擎”之一。实现更高质量的一体化，迫切需要长三角各地拉开层次、梯度、纵深和时序，需要精准识别自身的特殊位置、特殊优势、特殊使命和特殊机遇，以自身之专、精、特、长，补伙伴之短、缺、急、难，提高创新资源要素的可贸易性，推动整体结构优化；需要在更高起点、更大范围、更多领域、更深层次上，培育诸多高级新功能、新竞争力。

新的功能和竞争力，不会自然而至，有关部门需要扣动政策“扳机”。最新出台的《长三角科技创新共同体建设发展规划》（下文简称“《规划》”）正是政策“扳机”之一。《规划》鲜明地提出“打造长三角科技创新共同体”，其所展现的重要政策导向价值，就是让创新要素“流留结合、以流促留”，在造就科技创新节点的同时，“共建共享、互联互通”，进而组建起覆盖整个长三角区域的创新网络。

---

* 本文系作者 2021 年 3 月 23 日发表于《群众》杂志 2021 年第 6 期的文章。本书收录时略有修改。

一、把握创新要素流动的科学内涵

长三角科技创新共同体，是一个开放的复杂巨系统，要从创新要素的流动角度去清楚地认知与理解它。

要素产生流动的前提是客观落差，比如成本差、时间差、市场容量差、管制强度差、服务效能差等。落差产生势能，势能转化为动能。创新要素在流动中突变，功能在传导中涌现，共识牵引共同行动，垂直分工和水平分工兼而有之的新混合分工体系才得以建立。纵观世界各主要城市群或地区经济带，其首位度最高的核心城市往往也是创新中心，如纽约、伦敦、巴黎和东京等，它们都作为各自城市群的中心发挥着全球资源配置、科技创新策源、高端产业引领、开放枢纽门户的作用。

结构决定功能。在核心城市的带动下，城市群以拼接出符合总体利益的最优版图为目标，连接周边、链接全球，向下兼容、向上迭代，使人才、技术、资本、信息等要素得以流通。一方面，要通过区域协同创新，适配差别化项目，克服“合成谬误”（如目标同构、战略雷同、政策相似、措施拷贝），避免低水平、低能效的重复建设，把长板拉得更长；另一方面，要借助内外交互大循环，抓紧补短板，最终打造出韧性、紧实、强交互、多源、多心、多维、多向的创新网络。

二、以技术蔓延冲破障碍壁垒

要畅通要素流通，就必须破除阻碍要素自由流动的体制机制障碍。以下是两个跨区域合作和区域内合作的国际著名案例，其相通之处是二者都用技术蔓延冲破了几乎所有的软硬障碍。

—— 位于丹麦和瑞典之间的厄勒海峡地区，包含丹麦首都哥本哈根和瑞典第三大城市马尔默。从动态角度看，这是一个没有四至范围的开放区域，且刚开始两座城市在收入水平等方面还存在“势能差”。但如今，厄勒地区不仅建成一条长约 16 公里高度复杂且通行繁忙的厄勒海峡大桥，还建立了跨界协调机构——厄勒地区委员会，成为欧盟内部协同的范本。总的来说，厄勒地区是被三大力量推动形成的：一是市场，包括企业、价格、利润、理性决策、非同构的消费者，还有较低的制度性成本；二是政策，通过立法，自上而下发起顶层驱动；三是观念，以愿景、愿望的形式，自下而上把方方面面包容、整合进来，使该地区形成强烈的“厄勒身份”认同感。此外，厄勒地区跨界协调的诸多制度性和实践性的经验，也同样值得借鉴：以“知识型”“创新型”为指向，将生命科学、信息技术、材料科学、清洁技术等列为区域发展的优先事项；持续保持高等教育和研究机构的领先性；打造良好的初创环境；建立一体化、综合性的跨境劳动力市场；推动各方知识资产互补；聚焦要素流动，构建厄勒地区一体化指数等等。

——“伦敦—斯坦斯特德—剑桥”走廊（The London Stansted Cambridge Corridor，LSCC），北起伦敦皇家码头，沿铁路和公路，经过斯蒂夫尼奇、哈洛和斯坦斯特德机场，一直延伸到剑桥郡彼得伯勒。LSCC 走廊遵循“知识—创新—创造”的内在逻辑，即通过开发和利用知识产权等无形资产来创造价值。全球区域经济和产业集群研究专家米高·恩莱特（Michael Enright）教授对此总结道，在 LSCC 走廊区域内任何地方发展起来的功能，都可以被区域内其他地方所使用，产生直接或间接的“借用”和“共享”影响；每个参与者都在走廊中找到并确认了自身定位；创新走廊的特征体现为 11 个关键词，即竞争力、全面性、互补性、连通性、沟通、协作、背景、支持者、社区、国际视野和集中度。

这种以“走廊”为空间组织方式，集聚整合创新要素，拓展更大市场的方式，是一种在全球比较通行的寻求经济发展的新路径。走廊的范围、节点的功能，其大小强弱各不相同，但有一点是具有普遍规律性的，即走廊内外通联条件极佳，节点既能受力也能发力，借助规模、共享平台，各节点互为场景、前后衔接，实现了相当程度的全过程响应、全链条打通、全生命周期服务。

三、把握长三角科技创新共同体的内在要求

“共同体”的前提就是兼顾各方利益，协同共赢，提升原来各自

有的，创造原来各方都没有的并进行分配。把握长三角科技创新共同体，不妨从目标、指标和坐标三个角度入手。

首先，目标明确，即打造具有全球影响力的原始创新高地和高精尖产业承载区。其次，指标直观，即到 2025 年研发投入强度超过 3%，此外指标还包括合作发表的论文数量、PCT 国际专利申请量、专利转移数量等。今后还将增加以“共同体”为导向的可分解、可实操、可考核的新指标，并完善指标动态表征，以更好地反映“共同体”建设的强度和进度。最后，坐标指导性强。所谓坐标，就是理想的生产力布局，由“尖峰—高原—廊道—网络”组成，其中综合性国家科学中心和国家自主创新示范区集群分别被公认为创新尖峰和创新高原。尖峰发挥着瀑布效应，高原发挥着转化作用，通过廊道延展、蔓延，迅捷地融入全国和全球网络。如今，长三角各地都在争先布局，坐标兼具指导性与动态性。

值得关注的是，长三角科技创新共同体建设对各地的职能部门提出了全新要求：既要顺着场景积极作为，又要守住边界，避免“占道堵路”；既要系统集成、整体智治，又要火眼金睛、防范风险。这就要求我们对待技术创新，宜相对“宽、松、软”；对待纯商务模式创新，应该相对“窄、紧、硬”；对待那些以高科技、新基地、大投资为幌子，实则占资源、套补贴、骗扶持的，应尽早建立黑名单制度，最大程度地防止因信息不对称而耽误产业发展或延误区域经济发展时间窗口的情形。

四、建设长三角科技创新共同体的路径

推动长三角科技创新共同体建设，必须将有效市场和有为政府更好结合，实现双轮驱动。

第一，建设国家实验室及其引领的重大科技基础设施集群，打造“国之重器”，此乃决胜未来的战略之举。要密切跟踪发达经济体国家实验室的最新态势，尤其是它们的国家实验室“筹备—建设—运行—管理—转化”过程中出现的各种不适症。英国的理事会、执行委员会和监督委员会“三权分立”模式，法国、日本的“参公管

理”模式，德国的协会推动模式等国家实验室运行模式都有不尽如人意之处，即便是科技实力第一的美国，其国家实验室在研发管理、项目投资等方面，也暴露出联邦预算收紧、经费使用效率低、与产业联系趋弱等弊端。长三角各地在建设国家实验室时，既要博采众长，也要清醒地规避他人之短，深入思考如何提质增效，如何激发积极性和创造力，突破“卡脖子”困境。一定要秉持“用比建重要”“越用越有用”“开放混编比封闭纯化好”的理念，去思考运行模式如何架构。

第二，打造一批科技创新产业公地，推进创新成果的转移转化。产业公地，是指某一区域具备了强大的公共平台、能力网络和生态体系，故可高效服务周边。有学者研究指出，“日本制造”强势崛起的真正幕后英雄正是经由市场抉择、政府引导而形成的产业公地。比如，位于东京湾外沿的东京都大田区，如今它作为日本机械金属工业的“高、精、尖”加工技术集群地而闻名世界。它所依靠的正是众多拥有持续创新和产品改进能力的中小企业，以个性化生产、小批量生产、试制生产为主，形成本地化的机械金属加工优势，进而推动制造业的区域化发展，撑起了国际化的高端服务和品质生活。在长三角地区构建产业公地，并不是制定规划这么简单，而是要营造一个根据长三角的创新需求聚合全球资源，与国际接轨的研发环境，整合各自为政、碎片化运作的技术交易市场，为供给侧和需求侧搭桥，让科研成果走下“书架”，走进工厂的生产线，走上市场的“货架”。

第三，转移转化、赋能增能，打造人才集散通道。创新之道，唯在得人。如今，长三角各地都在大力吸引人才。但如何让人才在长三角一体化中发挥最大价值？自由流动仍是核心问题。在一体化下，工作与生活的时空是可分离的，且更具弹性。因此，要下大气力发挥好中心城市人才蓄水池的功能，促成长、助流动，“分拨”到各地，在转移中转化，在转化中赋能，在赋能中增能。比如统分结合，共建新型的人才培养平台；又比如开展“回形针计划”（吸引留学生和华裔科学家回流）、“吸铁石计划”（吸引友华的外籍科学家、工程师来华），使各类人才引进来、留下来、流起来、产出来。

总之，在市场逻辑的强驱动、政治逻辑的强牵引、政策逻辑的强支撑下，长三角一体化建设已形成可持续、不可逆的发展态势。长三角必将由基础设施连通，向产业成链成群、创新网络化演进，实现科研设施共享、研究成果共用、创新政策互补、标准资质互认，打造出具有全球影响力的“长三角协同创新”金字招牌。

“世界人工智能大会”观后感*

文 / 楼崇

导读：2019 年世界人工智能大会于 8 月 29 日至 31 日在上海世博中心主会场召开。大会以“智联世界无限可能”为主题，以“高端化、国际化、专业化、市场化、智能化”为特色，集聚了全球智能领域最具影响力的科学家和企业家，围绕智能领域的技术前沿、产业趋势和热点问题发表了一系列演讲和高端对话。

这次大会的最大亮点，是基础研究尤其是算法研究受到追捧。国际前沿算法峰会现场人气爆棚。汤姆・米切尔（Tom Mitchell）等人工智能领域的顶尖学者给大家带来一场场“烧脑”的技术派盛会。

从本次大会可以看出，人工智能的应用方向进一步延展，包括智慧政务、智慧医疗、智慧零售、智慧物业、智慧环保、公共安全、无人驾驶等。此外，人工智能在与 5G 技术的结合应用上也有了新突破。但我总体感觉“一多一热”，即政府财政买单的应用场景多，精准营销领域的应用场景热。供需两侧，都还在观望。具有颠覆性、震撼性、充满想象的应用场景，不如预期。看来，真正“亮瞎眼”的产品都还在各厂商的“武器库”里，不到关键时刻不拿出来，估计厂商们都在等待市场情绪的某个时间窗口，而这个市场情绪，需要由技术、价格、规则、交付方式甚至大事件来点燃。

我们有点担心，人工智能会不会被“窄化”“固化”为“老四篇”，即人脸识别、语言识别、无人驾驶和电子支付；智能化，会不会被当成一个大箩筐，信息化、可视化、移动化和工业自动化等都

* 本文系作者 2019 年 9 月 9 日发表于《全球智库动态》研究报告第 110 期的文章。

往里边装。现场的有些呈现和展示手段，远不够“智能”，充其量是静态的、蒙蔽外行的“高级黑板报”。还有一些，一看就知道是“人工智能人工做”。

有人提出，技术、软硬件应加强与工艺的结合，提高生产效率。也有人说，厂商压力越来越大，因为领导们和消费者长进得太快。还有人问，人工智能大会和“工博会”有什么区别？甚至有厂商吐槽，类似盛会越来越多，都是“世界”“全球”“国际”的，让人不知道该参加哪个。

当元宇宙与城市交集，上海能做什么？*

文 / 楼崇

导读：2021 年被称为“元宇宙”元年，各大互联网头部公司纷纷布局元宇宙赛道，政府部门也将元宇宙纳入未来发展重点。但元宇宙并非新概念，也并不是一种技术，元宇宙是技术的协同与集合。要实现元宇宙的持续发展，就是要元宇宙赋能城市发展，让技术点亮更多场景。

人类的大脑可以称得上一种元宇宙终端，人的精神世界也可以说是一个元宇宙，是现实世界的扩展。但是精神世界是抽象的，和现实也是弱连接。从印刷时代到多媒体时代，我们的思维慢慢被具象化。从文字到平面图案，从视频到 5D 电影，科技的进步也催使我们构建一个更具真实感、更加立体的虚拟世界，来连接物理世界和精神世界，让每一个普通人所畅想的、努力的事情也能成为变量，改变今天和明天的格局。元宇宙，就是一个变量，会全面、强烈地改变真实世界的发展轨迹。

一、数字孪生是元宇宙双向发展的一段交集

2021 年，被称为“元宇宙元年”。元宇宙有很多特征：沉浸、生动、易得、实时、永续、个性、开放……当这些特性加总，其所产生的“化学反应”是惊人的。

从目前来看，元宇宙的发展路径有两个方向：一个是由实向虚，即物理世界的虚拟移情和增强渲染；另一个是由虚向实，即虚拟世界的基础承载和未来呈现。它们交汇融合的具象场景就是数字孪生。从这个维度上说，元宇宙和数字孪生有紧密联系。而当下，包括上

* 本文系作者 2022 年 1 月 8 日发表在《文汇报》第 8 版“经济观察”专版的文章。

海在内的城市发展都对数字孪生提出了要求，这就使得城市必然会与元宇宙产生交集。

数字孪生不仅是几何形态的映射，更是物理形态的映射。物理形态是动态的、环境的、系统的，其中的难点是数据传递、物理建模和仿真。一辆火星车如果只是建立了数字化样机，却没有实现动态可变的数据传递和数据识别，没有建立各个零件和各个模块的物理模型，没有建立火星环境模型，那么，在火星车登陆火星之前，人们是无法知道每个参数的调整会如何影响它最终的表现。因此，为每个进入数字孪生生态系统的实体提供完整的生命周期数据，整合所有实体适用的物理模型，以及构建高效优化的仿真系统，才能让物理实体和数字孪生体达到真正的共生。

上海此前已明确提及“数字孪生”，无论是“一网通办”还是“一网统管”，都能算作数字孪生在屏上的实时交互。但数字孪生技术还有更高价值，即在于它可以拓展我们的感知——感知物的状态、感知人的行为、感知制度的结构、感知政府的创新、感知企业的情绪、感知技术的变革、感知市民的生活，为我们辨风险、抓机遇，这是未来城市发展可以努力的方向。

二、多元技术系统集成，上海如何发挥“排头兵”作用

元宇宙并不是一个边界清晰的个体，而是一个大融合。目前，元宇宙应用的技术大部分可以说是“老技术”：5G、物联网、传感器、区块链、人工智能、VR/AR……这些技术都已存在，只不过元宇宙赋予了它们更高的要求和更多的内容，以及新的应用场景。相关行业可加大基础研发投入，鼓励和支持相关企业加强基础研究，增强技术创新能力，稳步提高技术成熟度。

元宇宙的发展一定是需要千千万万的集体或个体来共同推进的。上海有大量的场景、众多的人才、优秀的网络、充裕的资金、持续的创新……那么上海作为开路先锋和“排头兵”，能做些什么？

元宇宙开放的特点，决定了其需要非常强大稳定的算力来维持整个生态的运行，所以打造一个实时在线的算力平台，提前布局 6G

网络、量子通信、量子计算、量子芯片等前瞻性技术是必不可少的。

元宇宙跨行业的特点，决定了其需要大量跨行业人才来完成多个行业、多项技术的融合，所以培养和吸收这样的人才也是至关重要的。

元宇宙多源的特点，涉及各行各业的个人或团体的合作，所以协调好这些团体并制订一系列措施也是当务之急。上海可在这些系统集成的领域早做布局，赶前抓早。

元宇宙自由的特点，为用户生产内容（User Generated Content，UGC）平台、专业生产内容（Professional Generated Content，PGC）平台提供了更大的空间，平台并不设立目标和规则去要求用户，而是让用户决定自己要做什么。上海要利用这两个平台，讲好上海故事，传播上海文化，提升城市软实力。

三、释放元宇宙能量：虚实相生孕育新场景

目前，人们已能在游戏、影院、展览、教育、规划设计等领域发现元宇宙的身影。比如，Statespace 公司与医院、大学合作，在术前为医生提供逼真的模拟教学环境，并在术中进行精确引导，帮助医生在错综复杂的人体结构中定位病灶；《我的世界》（*Minecraft*）教育版内置了辅助教师和其他教育工作者的强大功能，让教授数学、科学和编程等事务变得有趣……可以预见，元宇宙最终一定会渗透到方方面面，真正实现虚实共生。

前不久举行的上海市委经济工作会议提出，“引导企业加紧研究未来虚拟世界与现实社会相交互的重要平台，适时布局切入”。那么哪些场景能切入呢？上海是一个人口、货物、资本、信息汇聚的现代化国际大都市。就国际经验而言，纽约、伦敦、巴黎等城市都在大力推动消费业态形态的更新，促进生活性服务业和生产性服务业的融合，促进消费互联网和产业互联网的融合，最大程度地将自然人的购物活动渗透到新场景、高级场景、复杂场景、多跨场景中，从而转化为法人的创新创业活动，让消费不但“黏”住自然人，也“黏”住更多法人。

这就需要我们转换理念。产业链、供应链、创新链、价值链等，归根到底都是场景链。我们要时时刻刻想着场景，想着我们的优势场景、专属场景。我们做工作，就是推动趋势场景化、场景项目化、项目企业化、企业证券化、证券社会化。职能部门要走近场景，不能超脱于场景之外。此外，元宇宙的首要场景是消费，是真实世界和虚拟世界深度交互出来的新消费。

我们离元宇宙的初级阶段还有很长一段路要走。一个新生事物从萌芽发展到成熟，必然会经历一段崎岖的道路。相关部门应当在技术、标准、应用、法律等层面引导和支持元宇宙产业的健康发展。

第七章

壮大引领性产业集群

构建长三角产业集群　参与全球产业竞争*

文 / 刘文富

导读： 当前，全球供应链出现危机，但长三角产业链供应链还保持整体稳定并持续升级。这种形势下，在肯定长三角产业集群在全球产业链和供应链中处于优势的同时，也要未雨绸缪，主动寻找短板，以企业发展场景为导向，建立合作伙伴关系，构建符合现代化经济体系要求的区域产业矩阵、产业网络、产业生态，在未来中国参与重塑全球产业链供应链中发挥独特积极作用。

一、全球产业链供应链呈现新的发展趋势

首先，要清楚认知链性基本特征。无论是价值链、产业链，还是供应链，都表现出一种形式上的结构，一种共性。但“链”只是一个形象或简化的表达，其实际状态往往是一个网络。各个利益相关者一旦形成“链条”，就意味着形成共生关系，成为利益命运共同体。利益相关者之间的关系不仅是一种“纽带”，更是一种参与和融合。链接的关键是价值问题，即价值的创造与分配问题，应实现价值创造的最大化、价值分配的合理性。

其次，要准确把握全球产业链的重构趋势。当前全球供应链受到多种因素的影响，包括不断变化的贸易模式、行业竞争格局和地缘政治压力。面对逆全球化的新动向，全球产业链、供应链和价值链正在发生着新的变化。西方发达国家出现“再工业化”和制造业回潮现象，过去由西方发达国家跨国企业主导的全球价值链(Global Value Chain，GVC)，将会在未来发生猛烈的规模缩减、范围缩小、地理变更和形式变化。正如国家发改委中国宏观经济研究院院长王昌林所说的，“全球产业链供应链重构表现为产业链本土

* 本文系作者 2021 年 11 月 23 日发表于《群众》杂志（决策资讯版）2021 年第 22 期的文章。

化、供应链多元化、产业分工区域化三大趋势”。以贸易为主导的增长模式受到了严重威胁。大国之间的冲突可能导致全球价值链的紧缩或分割。技术变革在这个阶段的作用更加凸显。

最后，要紧跟产业链集群化趋势。根据全球价值链分工体系重组的趋势，可以判断未来的产业竞争将不再是产品内分工格局下的国际代工厂与跨国公司为争夺订单的竞争，而将是产业集群之间的竞争。全球产业链的演变在纵向分工上趋于缩短，在横向分工上趋于区域化集聚。由此，应努力将长三角打造成空间上高度集聚、上下游紧密协同、供应端集约高效的战略性新兴产业集群，努力形成上下游交织、供需两侧交错、产学研交融、共赢共生的分工矩阵，有力提高长三角产业集群在全球生产网络中的专业化水平和生产效率。

二、加快构建长三角产业生态圈

“长三角产业生态圈”要以安全韧性为核心要义，形成国际先进、安全可控的产业基础体系，协同构建人才、物流、信息、金融、创新生态圈。

长三角产业集群应以企业发展场景为导向。产业发展的基本逻辑是政治逻辑、政策逻辑、技术逻辑、市场逻辑，其中最重要的是市场逻辑。在市场逻辑下，完整、连续的产业场景能最大程度地引智、留人。目前，在国际产业链合作中，“小而精”的中小型科技企业越发成为亮点。伴随着市场定制化、小规模的需求，国际产业链合作向着高端化、区域化迈进。然而，从“小而精”的中小型科技企业，到链头企业，进而成长为头部的“现金奶牛”（cash cow）企业，依赖于一个保有基数庞大、具有活力的“中小微企业”良好生态圈。最好的营商环境，是通过产业场景留住市场主体，产业场景要完整、连续，为此要努力的，不仅是“补”产业链，更是“补”产业场景。

长三角产业集群有赖于人才高地的构建。产业实力竞争说到底是人才竞争。随着产业实力的全面提升，长三角已进入人才创新作用与地区快速发展同频共振阶段。构建长三角产业人才创新高地，既需要顶尖人才（如管理人才、技术人才），也特别需要大量的高水准产业工人。要大力支持创新型企业家，发挥企业家作用，打造初创公司友好型的创新生态系统。要培养新一代产业工人。扶持一个新产业，需要同时培养一个庞大的产业工人集群。有研究表明，工人的技能及其分布对专业化的影响大于国家的人均资本禀赋对专业化的影响。

长三角产业集群应注重开放式创新。开放式创新是摒弃企业传统封闭式的创新模式，引入外部创新能力的新模式。开放式创新既能共享价值，也可降低行业间的壁垒，促进要素流通，提高企业经营效率。市场主体在实施开放式创新时需牢记：一是创新立足点不动摇，引入不同的市场主体，其目标是以更快的速度、更低的成本，获得更多的收益与更强的竞争力，即企业不仅自己进行创新，也充分利用外界的创新。二是知识产权需保障，涉及跨行业主体的创新合作，知识产权保护的相关制度显得至关重要。三是商业计划早筹备，明晰商业计划、成本分担和利润分配等事项。

长三角产业集群应强化高端服务。在保障产业链、供应链稳定的同时，还需要特别加强贸易链、金融链等方面的支撑。国际经合组织（Organization for Economic Co-operation and Development, OECD）研究发现：在制造业全球价值链中，无形资本总额约占收入的 27%，而贸易和投资的开放度正是全球价值链中无形资本回报模式的重要决定因素；研发的直接公共资金和知识产权保护的质量与无形资产的回报呈正相关；贸易有助于缓和全球消费产品供应的冲击。长三角产业集群亟需在研发、流通、贸易、金融服务和市场服务（包括信息、法律等）诸多功能的打造和发挥上，进一步提链、强链。

三、营造“组链成群”的合作大环境

长三角产业要在重塑全球产业链、供应链中发挥独特积极作用，关键要用产业矩阵、产业网络、产业生态来替代升级产业链条，“组链成群”，进一步促进市场资源要素自由流动。

一是建立和完善深度合作的有效机制。“协同创新信息”，突出共享机制。企业要发挥开放式创新的主体作用，支持头部企业建设开放式创新中心，推动从企业研发中心、企业创新中心到大企业开放创新中心的升级。“深化改革攻坚”，突出联合机制。推动跨区域联合、次区域融合，如科创平台与地方资源共建“创新研发—孵化—产业化机制”等。增强产业集聚“磁性”，避免盲目追求产业合作导致“泛产业链化”。鼓励产业创新，突出容错机制；鼓励场景可靠、风险可控的探索突破。

二是形成开放高效的产业共同体。统筹境内外一体化经营发展，努力打造产业链生态圈，更高水平吸引外资。从打“长三角牌”到打“中国牌”，以产业共同体让“中国制造”更加精彩、更有韧性，通过产业共同体吸引全球高端制造商进一步汇聚长三角。加强沪苏浙皖企业合作，形成中国智造的长三角特色，一起抱团“出海”，走向国际，占据国际产业链、价值链中的重要地位。

三是充分发挥数字化的赋能作用。数字经济正推动各类资源要素快捷流动、各类市场主体加速融合，要帮助市场主体重构组织模式，实现跨界发展，打破时空限制，延伸产业链条，畅通国内外经济循环。技术层面，企业技术管理者应提升核心竞争力、提升运营效率、提升数据挖掘与分析能力；管理层面，应加强客户分析、提升营销水平、洞察客户消费习惯变化、提高敏捷性与市场反应速度。

供应链的再审视*

文 / 吴昀华

导读：供应链长期以来都不是“链”，而是“网”，这个“网”是新型的生产关系、是新的分工协作体系、更是新的创新网络和经贸合作体系，它能够在地区之间实现要素的有效配置，缩短获取资源的时间和成本。后疫情时代，围绕产业链亟需开展一系列“反脆弱”行动，尤其是长三角区域，要在一体化的空间内优化产业分工体系，力争全面推动“中国制造”提质增效。

一、多国为增强供应链采取行动

2021 年 2 月 25 日，美国总统约瑟夫·拜登（Joseph Robinette Biden Jr.）正式提出将对美国的关键供应链进行审查，包括半导体、高容量电池、医疗用品和稀土金属的供应情况，并对“美国制造业供应链和国防工业基地的弹性和能力，以支持国家安全和应急准备”进行评估分析。白宫计划通过审查国内制造业缺口，重点关注由“正在或可能变得不友好或不稳定的国家”主导或囊括这些国家的供应链问题，评估美国经济和军事领域对来自中国的关键出口产品的依赖程度。美国内政部将 35 种稀土矿列为“关键”资源，而中国是其中 22 种稀土资源的主要供应国。

当然，不仅是美国，许多国家和地区都在围绕供应链安全开展研究并出台应对举措。受新冠肺炎疫情影响，德国推出预算金额达 20 亿欧元的电信技术投资计划，意图将 5G 供应链切分成更小部分，以削弱华为、爱立信、诺基亚等大型供应商的市场力量。同时，德

* 本文系作者 2022 年 1 月 29 日发表于《全球智库动态》研究报告第 20 期的文章。本书收录时略有修改。

国汽车制造商正在考虑建立半导体库存，以防再次出现芯片短缺现象，避免其造成全球汽车装配线停顿、生产工作停滞。

此外，新加坡政府提出要加强与其他东盟成员国的紧密合作，建立富有创新精神、企业活力的商业社区，以确保供应链体系安全。由新加坡经济发展局（Economic Development Board，EDB）、新加坡企业发展局（Enterprise Singapore-Growing Enterprises，ESG）与第三方企业合作推出的“东南亚制造联盟”（Southeast Asia Manufacturing Alliance），为有意拓展东南亚市场的制造业企业，提供“新加坡 + 1”战略，融合新加坡的高新技术、人才优势及东南亚各国的成本优势，助力各国经济发展，并为新加坡人才创造更好的就业机会。

可见，各国都愈发重视供应链体系的弹性与效率。正如全球供应链之父马丁·克里斯多夫（Martin Christopher）所言，供应链长期以来都不是“链”，而是“网”，管理者要管理好这个网络和生态系统，确保它完整且互联互通。

如何理解这个“网”和“系统”呢？它应该是新型的生产关系，是新的分工协作体系，更是新的创新网络和经贸合作体系，不以单个企业、单个行业为根本，更强调系统集成。以区域合作、连接、链接为基础，围绕各自资源禀赋形成更具生命力的特色优势产业、形成影响力，从而在地区间实现要素的有效配置，缩短获取资源的时间，降低获取资源的成本。

当今世界，无论企业/区域自身情况如何，有能力获得产能的，便具有非常强大的竞争优势。这就要求摒弃“你我他”各自为政的工作方式，全面分析“短板”之短，以“一体化合作”为基石，突破制度和政策的制约，有效“扬产业之长、特色之长”，补“链”之短，激发内生动能，互促共进，形成供应链之“合”。

二、增强韧性与强化反脆弱性

“当你脆弱的时候，你往往倾向于墨守成规，尽量减少变化——

因为变化往往弊大于利。”纳西姆·尼古拉斯·塔勒布（Nassim Nicholas Taleb）于《反脆弱：从不确定性中获益》（*Antifragile: Things That Gain from Disorder*）一书中提及，整个世界是不可预测的，而不可预测导致整个世界的脆弱性越来越强。个体或系统要从不确定中受益，首先要确保发生不可接受情况（即毁灭或灾难）的概率为零。各类决策者必须学会从混乱中成长，认识世界的非线性和不对称性，积极主动拥抱波动。

“贸易战，我们就是要打入敌人内部。”这是某次调研中一位民营企业家的一句“玩笑话”。该企业于2013年开展全球化布局，拥有海外工厂、仓储及客服平台，2020年一季度经营情况逆势上扬，营收同比增长40%以上，利润同比增长30%。得益于境内外两大市场及较为完备的供应链体系，企业增强了应对风险的能力，用全球化来抗击新冠肺炎疫情这只无法预测的“黑天鹅”。

追溯历史，20世纪90年代，全球贸易结构中，70%以上是制成品，绝大部分产品是在单个国家内部完成生产；当下，各国之间贸易结构中70%以上是中间品，产业链分散在多个国家。全球化分工深化，不可避免地带来了另一种“脆弱性”，即盲目追求效率而导致的供应链安全问题，以及产业分工不均导致的资源占用和价值缺损。

后疫情时代，围绕产业链亟需开展一系列“反脆弱”行动，涵盖技术能级提升、供应链体系再造、对外开放深化等议题，着力打造“硬核”的技术、产业和竞争力，主动拥抱变化、自我进化变革、提高弹性系数，主动试错、及时修复，远离创伤后应激障碍（Post-traumatic Stress Disorder，PTSD）。

三、瑞士制造与上海制造

“Swiss Made”，即瑞士制造，它在世界腕表行业内象征着品质和标准，既是可信的技术质量（准确、可靠、防水、耐热），又是美观（优雅与新颖的设计）的代名词。它作为瑞士的金字招牌，是一种对质量的保证。

瑞士有关法律规定对“瑞士制造”作出了比较详尽的解析。“表类‘Swiss’标认使用条例”（*Swiss Ordinance on Use of the Identification Character Swiss in Watches*）在1971年公布，并于1992年完善。

瑞士钟表工业联合会（Federation of the Swiss Watch Industry）在2007年6月进一步完善了“瑞士制造”使用标准的新方案。手表方面，机械手表至少80%的制造价值应在瑞士完成，电子手表至少60%。此外，产品的构造和原型（construction and prototype）应在瑞士进行；机芯方面，至少80%的构成部件的价值应在瑞士完成，电子机芯的比率要求则为60%。瑞士始终倡导“瑞士表就是世界上最好的表”的理念。

这不免使人想起，“上海制造”作为中国质量的代名词，长期傲居国内市场。从20世纪70年代的“三转一响”[①]、大型机械、时尚纺织、食品等，到今日的智能网联汽车、大飞机、制造业的中间品和零部件等，“上海制造”的产品无一不为人所艳羡。此般种种皆因“上海制造”蕴含着工艺精湛、时尚美观等优点。可见，“上海制造”与“瑞士制造”有着异曲同工之妙。

当下，上海提出“新终端”“大终端”带动引领之要求，其背后是要重新思考“上海制造”的广度与深度。在数字经济大行其道的背景之下，上海在巩固既有优势的同时，还需培育新的增长极。因此，终端产品被视为引流的平台，更是彰显上海时代特征、面向未来的最终商品。

“瑞士制造”强调的是原产地认证，其背后强调的是产业链、供应链体系的完整性。于上海而言，终端带动这一新赛道，可理解为由一个商品带动、带活一条产业链。由集成性强的最终产品，育成一条具有广阔前景的产业链和供应链，把握定义权和定价权，抢占标准高地。

当然，“上海制造”不仅是上海一家之事，更是长三角区域大家的事，要在一体化的空间内优化产业分工体系，更要力争全面推动“中国制造”提质增效。

注释：

①“三转一响”，“三转”指自行车、缝纫机和手表；“一响”指收音机。

离岸金融热启动*

文 / 吴昀华

导读：离岸金融市场突破了交易主体、交易范围、交易对象，以及所在国政策法规等诸多限制，是国际金融市场的重要组成部分。上海要深入推进国际金融中心建设，必须扛起人民币离岸中心建设的重任，代表中国竞争离岸人民币定价基准的话语权，提升国际金融中心的影响力。

离岸之于在岸的最大差别，可概括为市场交易以非居民为主，基本不受所在国法规和税制限制。目前，全球离岸金融市场共有四大类。

第一类是避税型，也叫“簿记型”，一般设在风景优美的海岛和港口，以开曼群岛、维京群岛、百慕大等小型国家或地区为代表，此类市场没有实际的离岸资金交易，实为记账中心。这些国家或地区允许国际人士在其领土上设立国际业务公司，离岸管辖区政府不征收营业税或所得税，只征收年度管理费。同时，离岸管辖区明文规定对公司资料享有保密权利，可不对外披露；全球大的银行机构基本都认可此类公司，因此其财务运作极为便利。

第二类是内外一体型，即境内市场与境外市场业务融为一体，居民和非居民均可从事各种货币的存贷款业务。英国伦敦与中国香港即属此类。该地区交易的币种为市场所在地以外的货币；银行的离岸与在岸业务没有严格的界限，可合账处理。除离岸金融业务外，允许居民经营在岸和国内业务，但必须缴纳存款准备金和关税款，金融机构严格控制“全业态”执照的发放量。

---

* 本文系作者 2021 年 6 月 17 日发表于《全球智库动态》研究报告第 115 期的文章。

第三类是内外分离型，即境内金融业务与离岸业务分账处理，居民的存贷款业务与非居民的存贷款业务分开。此种类型以纽约、新加坡、东京等地为代表，金融管理当局对在岸业务、离岸业务分别加以监管。离岸金融市场交易可豁免存款准备金、利率上限、存款保险等，交易可豁免利息预扣税和地方税等；其中，1986 年建立的东京离岸金融市场管制极其严格，不许离岸账户从事债券业务和远期期货业务，需征收营业税、政府税和印花税。

第四类是渗透型，以内外分离为基础，要求离岸业务与在岸业务分立两大账户，居民的存款业务与非居民的存款业务分开，但允许将离岸账户上的资金借贷给居民。此类型多见于发展中国家和地区，如雅加达离岸金融市场。

离岸金融市场突破了交易主体、交易范围、交易对象、所在国政策法规等诸多限制。除众所周知的资金进出自由外，目前，离岸金融市场的利率体系，均以伦敦同业拆借利率（London Interbank Offered Rate，LIBOR）为基准利率，它是各种货币在国际借贷过程中的唯一参照标准。伴随 LIBOR 宣布退出并不再公布其报价，新的离岸市场与定价基准亟待确立。

作为国际金融中心的上海，被各界寄予厚望。上海要打造国内国际双循环的战略链接，离岸金融中心的建设刻不容缓。曾经讳莫如深的“离岸金融”及其牵引的离岸经济，在上海这片改革热土上理应先行先试，以彰显高开放、新开放的决心。

请多关注上海中医药产业的发展*

文 / 宋杰封

导读：生物医药作为上海三大先导产业之一，是上海深入推进全球科创中心建设的重要抓手。中医药作为上海生物医药发展版图中的重要一极，理应承担起守正创新和产业高质量发展先行者、领航员的角色。

2021 年 10 月 14 日至 15 日，作为“2021 上海国际生物医药产业周”系列活动之一的“第 14 届上海中医药与天然药物国际大会”在上海市奉贤区召开。会议邀请了众多国内外中医药领域的知名专家学者，共商中医药传承创新与高质量发展。但这样一场高规格的国际会议，却鲜有人关注。

上海在全国乃至全球中医药领域都极具影响力和竞争力。全市共有 7 家三甲中医医院，在全国三级公立中医医院绩效考核中，连续两年总分排第一；同时，曙光医院、岳阳中西医结合医院分别蝉联中医类和中西医结合类第一。但可惜的是，上海中医药产业发展却不尽如人意。

2020 年，上海生物医药产业工业总产值突破 1 400 亿元，而中医药产业产值不足 1/10。上海中医药龙头企业——凯宝药业与行业老大广州白云山医药集团的市值差了近 10 倍。目前，上海甚至找不出中医药企业相对集聚、产业链相对完整的专业化园区。

近年来，中医药发展受到国家高度重视。习近平总书记在“中医药产业化、现代化”“产学研一体化”“守正创新、传承发展”等方面多次作出重要指示。上海将集成电路、人工智能、生物医药三大先导产业作为强化创新策源功能、深入推进上海全球科创中心建

* 本文系作者 2021 年 10 月 26 日发表于《全球智库动态》研究报告第 204 期的文章。

设的重中之重，而中医药是上海生物医药发展版图中的重要一极，理应承担起守正创新和产业高质量发展的先行者、领航员的角色。

首先，尽快建立起全市中医药发展的工作机制。应设专人、专班负责统筹市内中医药资源，针对中药新药研发周期长、审批慢等行业突出难题，发挥浦东引领区、自由贸易试验区制度和政策创新的优势，研究制定中医药领域的系统性改革举措。

其次，以建设上海中医药科技创新高地为契机，加快畅通中医药科技成果转化通道，推动上海中医药大学、相关科研院所、三甲中医医院等与中药企业开展更广泛的合作。深入推进“张江研发、上海制造”模式，让张江创新研发成果转移转化的速度和效率得到显著提升。

再次，加快形成上海中医药产业生态。在全市生物医药“1 + 5 + X”①产业布局基础上，培育更多中医药领域的特色园区、产业孵化基地、中试基地，推动中医药与美丽健康、文旅康养、人工智能等领域跨界融合。点面结合，构建科研院所引领，研发与功能性转化平台支撑，专业化园区承载的生态体系。

最后，支持、鼓励上海中医药企业参与制定国家标准、国际标准。围绕上海建设服务国家“一带一路”桥头堡的目标，参与并引领国际规则、制度和标准的制订，助推上海优质中医药企业和产品“走出去”，传播中国中医药文化，彰显上海在中医药领域的全球资源配置力。

注释：

①“1 + 5 + X”，指“十四五”期间，上海将深化“1 + 5 + X”生物医药产业园区布局。“1”是指张江生物医药创新引领核心区；“5”是指临港新片区精准医疗先行示范区、东方美谷生命健康融合发展区、金海岸现代制药绿色承载区、北上海生物医药高端制造集聚区、南虹桥智慧医疗创新试验区；“X”指若干特色产业载体。

会展业发展的五个新趋势*

文 / 周学强

导读：会展的背后是交往、交互、交易等商务功能。它聚合在场内，辐射带动在场外；展示交流在场内，交易合作在场外。会展是一个“入口级”平台，是现代服务业发展的基础设施，它开口大、产业链长、带动性强，正成为区域经济高质量发展的重要策源。

高品质的会展和繁荣的会展业体现的是高水平的服务业。高活跃度、高预期性人群因参会、参展而“流入”，因享受高水平服务而“留下”。它将外来“游”民变为本地居民，孵化、转化、深化出更多具象而生动的新业态、新形态。

面向未来，会展业基于自由贸易制度与技术的更新迭代，正呈现出轻量化、复合化、虚拟化、智慧化、低碳化的新趋势。

—— 轻量化：会展正由更多服务于“货物贸易”，转向更多服务于“服务贸易”。它由“重”的货物展览（如各类机械设备、实物产品等展览），转向“轻”的内容展览（如游戏、动漫、影视等展览）。

—— 复合化：会展具有开放、共享、包容的特性，可以与其他产业跨界融合，“会展 + ”与“ + 会展”成为重要的发展模式，几乎所有活动都可被看作是会展活动，而会展活动又关联所有事项。

—— 虚拟化：会展从以线下展出为主，开始转向线上线下并重，特别是 2020 年在新冠肺炎疫情的冲击下，进博会、广交会的“云展览”发挥了充分的引领示范作用，加速了会展“上云”的发展趋势；“线上 + 线下”的融合模式，VR/AR 等现代信息技术手段赋

* 本文系 2021 年 4 月“海南省会展业‘十四五’发展规划研究”阶段性成果。

能，为线下展会拓展了线上空间，营造了更好的沉浸式体验。

—— 智慧化：场馆智慧化，参展商“一键”布展，观展商高效观展；服务智慧化，“一网通办”，实现会前、会中、会后全流程“一站式”服务；监管智慧化，非接触、非侵入、非干扰、非毁损创新监管，在市场主体有需要时快速响应。

—— 低碳化：会展是经济发展的风向标，在碳达峰、碳中和大趋势下，全产业链、全流程、全方位绿色办展成为新时尚。“低碳商品”成为会展活动中的新兴主角，低碳材料、低碳技术、可循环展具成为会展活动的实力担当。

参展、观展将成为人们工作和生活的一种现代方式，信息在此，时尚在此，社交亦在此。大会展业的发展将会带来全产业链的贸易模式。会展这个“入口”开得越大，就会有更多要素奔涌流入，牵引新经济持续“涌现”，实现区域经济跨越式发展。

请善待“产业之盐”*

文 / 李帅

导读： 驱逐“旧动能”是否一定能迎来“新动能”？被追捧的“新动能”是横空出世，还是从“旧动能”上生长出来？这些问题都值得我们深思。新旧动能转换，既要激发“新动能”，也要重视“旧动能”，建议有关部门学习新加坡，“快进缓退”。

近期实地走访国内若干制造城市，何为传统制造，何为高端制造，关于此话题，我有了更深的感受。比如螺母，再传统不过，在日本却被称为“产业之盐”，长期受到高度重视，日本甚至还专门设置了个“螺母日”（6 月 1 日）。生产“永不松动的螺母”的日本企业哈德洛克工业株式会社，仅有 45 人，却垄断着国际市场。

令人忧心忡忡的是，太多的所谓“传统动能”（传统动能不等于旧动能，也不等于落后产能）企业有被腾笼换鸟之虞，担心在失去政策空间之后，可能还将失去物理空间，因为要为高新产业、战略性新兴产业、尖峰产业、明天产业和未来产业“让地方”。这些被追捧的“新动能”，是横空出世，还是从“旧动能”上长出来的呢？驱逐“旧动能”，一定能迎来“新动能”吗？

举个例子，中国的一家葡萄酒瓶加工企业，“瓶”定天下，是亚洲最大的葡萄酒瓶生产基地，虽然年产值仅十来亿，但也被美国商务部列入反倾销“黑名单”中。泉州推广晋江模式，助力纺织服装等传统行业往智能化、平台化、国际化、细分化方向发展，2019 年泉州外贸出口逆势增长 20%。新加坡成立食品局，把食品挑战转化为战略优势，拨款 1.44 亿美元用于城市食品的可持续生产。东京都

* 本文系作者 2020 年 2 月 4 日发表于《全球智库动态》研究报告第 19 期的文章。

核心区从业人数和产值前两位的制造业，分别是出版印刷和食品制造……

太多的三、四线城市提出发展集成电路、人工智能、生物医药、航天航空、新能源汽车等产业，正在催生“新动能”领域的低水平重复建设，同时又荒废了“旧动能”。不讲条件，“放卫星”、博眼球，选择性无视最基本的客观规律，一再让“加水就能跑的汽车”成为香饽饽，成为笑料。

只有夕阳企业，没有夕阳行业。请在善待“工业之母”（机床，代表新动能）的同时，不要亏待“产业之盐”（螺母，代表传统动能）。建议有关部门学习新加坡，“快进缓退”。

北纬 30°

——发展太空经济的圣地*

文 / 金颖婷

导读：北纬 30°，常常被贴上“神秘”“灵异”的标签，玛雅文明、三星堆、金字塔、百慕大……而 SpaceX 这个搅动航天界的“超级鲶鱼”，带着低轨卫星强势崛起，北纬 30°作为极佳发射纬度再次冲进大家的视野，成为发展太空经济的圣地。

西昌（北纬 28°14′）、太原（北纬 38°50′）卫星发射基地均位于北纬 30°附近，但射向范围相对较窄，且远离海域、运输成本高、生活不便。过去是考虑到军事战略需求，航天产业布局在内陆而非沿海，非不为也，实不能也。而随着商业航天的兴起，低纬度、低成本、便利性、安全性等成了航天产业布局、发展的关键要素。

我国在公共航天和军事航天领域的成绩有目共睹，2020 年北斗卫星导航系统完成全球组网。但在商业航天领域，欧美公司仍是市场的主流。即便商业卫星的盈利模式仍然模糊，OneWeb、O3b、SpaceX、Telesat 等企业的卫星互联网计划也仍有“跑马圈地”之势。

“星链计划”① 布局的卫星数量庞大，其对于低轨的占据已打破国际卫星界遵循的“先占先得”理念。现如今几乎是“先占永得”，相关企业纷纷抢占先机，以便未来能开拓偏远地区通信、海洋作业及科考宽带、航空宽带和灾难应急通信等更多商业应用场景。卫星的轨道、频段作为战略资源，是有限的、有优劣之分的，后发方将是局促的、被动的。

对于中国来说，这个局怎么破？是否路漫漫其修远兮？这不是

* 本文系作者 2021 年 3 月 11 日发表于《全球智库动态》研究报告第 47 期的文章。

产能问题，中国有全球规模最大、门类最全、配套最完备的制造业体系；也不完全是技术问题，中国也有团队攻克了可回收火箭关键技术。航天产业“困局”的表象之下，实际是中美在科技创新体系上的差距。

SpaceX 低成本的发射模式帮助其迅猛发展，实现与美国联合发射联盟（United Launch Alliance，ULA）的分庭抗礼，并能从美国国家航空航天局（National Aeronautics and Space Adiministration，NASA）手中争取到订单。此外，更重要的是它从一开始就站在巨人肩膀上。埃隆·马斯克（Elon Musk），这个“科技疯子”的底气来源于美国航天实力，是良好的商业环境、可自由流动的人才和技术市场成就了他。

美国已经拥有“发明创造→专利确权→资本筛选→生产制造→全球营销”的完整链条。商业卫星企业并不自主开发某项高新技术，而是通过购买专利或是招募航天人才，重新排列组合，集成创新。SpaceX 至今还未上市就已筹集到天价资金，完美实现了“花别人的钱做自己的事”，其主要产品“猎鹰 9 号”火箭 85%的模块都是自主生产的。

在群雄逐鹿的时代，如何进一步发展好太空经济，中国亟需的是前瞻意识，要提前拿下入场券，探索在长三角沿海谋划适合商业化的新发射基地；应用系统思维，整合区域供应链资源、合理分工协作、发挥人才集聚优势；综合施策，畅通产业链、资金链，以更积极的姿态走向星辰大海。

注释：

①“星链计划”指美国太空探索技术公司（SpaceX）创始人马斯克在 2015 年公布的计划，目的是为了抢占低轨卫星互联网市场。

第八章

拥抱数字经济

基于数字贸易的 DEPA*

文 / 何万篷

导读：2020 年 6 月 12 日，新加坡、智利、新西兰三国签署了《数字经济伙伴关系协定》（*Digital Economy Partnership Agreement*，DEPA），旨在加强三国间数字贸易合作并建立相关规范。2021 年 11 月 1 日，中国正式提出申请加入 DEPA。同年 11 月 4 日，习近平总书记在第四届中国国际进口博览会开幕式上强调，中国将积极推进加入 DEPA。

很有意思的一点是，目前很多新的国际经贸投资规则，是由小经济体发起的。他们三五成群，会发起一连串的新规则；然后，他们拿着新规则，合纵连横，全球游说，让新规则的适用范围不断地扩容整合，内容也不断地升级迭代。

小经济体缺乏安全感，充满忧患意识，又不太愿意或者说不太敢“选边站”。那怎么办？自己创设规则，把大经济体“装”到规则、规制、标准和管理中。用国人熟悉的表述即是：小经济体努力把大经济体约束在规则的“笼子”里。

美国前总统唐纳德·特朗普（Donald Trump），极不愿意美国被“装到笼子”里，所以他上台后的第一件事情就是退出《跨太平洋伙伴关系协定》（*Trans-Pacific Partnership Agreement*，TPP）这个“笼子”。他心心念念的，就是把全球都“装”进美国的“笼子”。那些多边双边的协议协定，如果不合他心思，就可能会被他弃若敝屣。

中国则不一样，现在是全球化的旗手，对于新的国际经贸规则和制度安排，越早加入越主动。不只是加入，更要适应、调优、引

* 本文系作者 2021 年 11 月 29 日在 DEPA（数字经济伙伴关系协定）研讨会上的发言要点。

领。《关于支持浦东新区高水平改革开放打造社会主义现代化建设引领区的意见》提出“率先构建”。构建什么？就是基于新发展阶段、新发展理念和新发展格局，构建与之相适应、相匹配的影响力与话语权，控制力和定价权，以及更重要的定义权。

“软实力”的最高境界，就是定义权。悲观的意见认为，技术墙正在把世界划分为美国区和中国区。乐观的意见则认为，大家还是有共识的——有管理的自由流动，只不过有的经济体更强调管理，有的经济体更强调流动。各方的态度，实际上取决于数据流动过程中己方的参与和把控程度。随着华为公司海外业务的暂时收缩，中方偏保守，美方偏积极，日欧相对中性，新加坡、新西兰、智利（即发起 DEPA 的三个小经济体）急着整合。

对于中国来讲，要清醒地认知到，掌握信息（可抽象为数据、数字经济）的多寡，是“软实力”和竞争力强弱的重要标志。信息大进大出是大势所趋，中国要争取的是“优进优出”，进出平衡。

现在，信息进出逆差太大了，从而导致了一系列的问题，比如中国真实面貌和西方主观印象的反差、“软实力”和硬实力的落差。中国对外传播的短板，使得我们在国际上有理说不出，说了也传不开。这极大掣肘了中国在服务贸易领域对全球市场的影响力。因为跨境服务贸易（尤其是离岸金融），是以数据的跨境流动为前提和基础的。

只要场景可靠、风险可控，大家都是愿意往前走的。最大的风险，是不知道前方的、未来的风险是什么。所以目前，有关部门步子相对小了一点，决策相对迟缓了一点，多少显得有点不够自信。

以下是我对 DEPA 本身的解读：

—— DEPA 不是另起炉灶，它实为关贸总协定、服务贸易总协定相关内容的深化和落地。DEPA 非常强调和现行国际经贸规则的衔接呼应，它没有颠覆性、推倒性的内容。

—— DEPA 致力于“愿景”和信任驱动，希冀形成治理框架（整体的和模块的），也率先提出了“人工智能治理框架”。这个框架，遵循国际公认的原则或准则（可解释性、透明度、公平性，以及以人为中心的价值观)。

—— DEPA 更多地体现了一种精神(本人称之为 DEPA 精神):通过安全、高效、普惠地发展数字经济,推动全球经济增长,促进竞争、催化创新、推动共享、增加就业、保护环境。

—— DEPA 基于贸易,推动相关业态和模式的转型升级,如跨境物流中新技术设备的使用。贸易创造万物,贸易是"火车头"。贸易的重要性,再次在 DEPA 中被浓墨重彩地体现。

—— DEPA 实际上是低门槛的、易准入的、富有弹性的、尊重国情差别的(就目前阶段而言),它内在地效仿《全面与进步跨太平洋伙伴关系协定》(*Comprehensive and Progressive Agreement for Trans-Pacific Partnership*,CPTPP)的"不符措施",针对特定地区、特定领域的法律法规,给予例外保护。

—— DEPA 兼容中小企业(包括微型企业)的发展,设计了数字中小企业对话会等机制,强调数字普惠的重要性,要求各缔约方确认,所有人和企业都具备参与、贡献和受益于数字经济所需满足的条件。这点难能可贵。

—— DEPA 高度重视兼容性(互操作性是高频词汇,推广应用程序接口 API、机读……)和非歧视性,强调数据的交互,互联互通。

—— 约束监管行为(维持适当的管控和筛选),避免增加新的负担,提高便利化。

—— 以人(包括自然人和法人)为本。

—— DEPA 倡导两类沙箱(行业沙箱和监管沙箱)。所谓沙箱,本人的理解就是在特定地域、特定领域、特定时间,开展特定探索。

—— 新加坡是 DEPA 积极的发起者,这和它长期奉行的基本国策是密不可分的。即"2 积极 + 1 激进",积极的产业政策、积极的企业政策,以及相对激进的信息化基础设施政策。新加坡,除了马六甲海峡这个"卡"别人"脖子"的有形地理条件,还有已经建成的亚太信息枢纽这个同样"卡"别人"脖子"的无形基础设施。

最后我还想说,上海数据交易所已经在浦东张江落地。但是大量工作只是开了个小头，相当于走了半步。日后，上海数据交易所务必要在实操场景中，在“工笔画”中，从形式到内容建立、健全起来。场景为王，高频、多跨场景为王。实体化、实质化、实务化运作，最为关键。

从“救急”到“救远”，发挥基础性、战略性、长远性作用

——关于上海高质量发展数字经济的对策思考*

文 / 何万篷

导读：5G“压缩”了时间，VR“移动”了空间，技术变革正牵引着更大范围、更深层次的其他变革。确切地说，数字经济是数据驱动、技术支撑的未来产业和综合性治理，是覆盖生活方式、生产方式、交易方式、治理方式的新动能。

数字经济可以是生产工具、基础设施、交易标的，也可以是游戏规则。它至少有四大功能：一是“护盘”——数字经济让城市运行更加安全（风险源包括但不限于物的不良状态、人的不良行为、制度的不良结构。数字经济可以帮助我们知风险、识风险、止风险）；二是“强基”——让基础设施（物理化基础设施+信息化基础设施）更加坚韧；三是“赋能”——释放新兴动能，提升城市的要素密集度、活动活跃度、发展能级和核心竞争力；四是“监管”——全生命周期地提升管理/治理的效率效能。

数字经济作用于城市发展的具体路径包括：催生新的生活方式（在线在网+在场在岗）；发展新的生产方式（柔性共线）；深化新的交易方式（网络—平台—模块—单元，既可分、又可合）以及实践新的治理方式（一网通办、一城通办、一号通办、一次通办）。抽象地说，就是重塑生态、再造流程、增益价值。

对上海发展数字经济有以下六个具体建议：

——“数字化”，摸清各类底数，统一数据结构。

---

* 本文系作者2020年2月28日发表于《全球智库动态》研究报告第37期的文章。

——“智慧化”，安全有效地管控，智敏便捷地运用，越用越有用。

——“产业化”，着眼于规模性、成长力、贡献度。

——“协同化”，优化上海数字经济发展的空间结构——前台（全域全场景）、中台（数字归集和交易等）、后台（存储和运算等）、远台（离岸，在新片区打造数字经济竞争力极点，开放增值电信服务，以极点思维，谋拐点效应）。

——“国际化”，参与和引领全球数字经济新规则的制定。

——“PPP 化”，在数字经济领域，大胆地探索实践政府和社会资本合作模式，“国引民进，双向渗透”，发展混合经济。

上海发展数字经济，须前瞻识别以下八方面风险：

—— 标准动作、规定动作多，特色动作、自选动作少。

—— 归集多，开放少，使用成本高。

—— 疏于对数据归集、流通和应用等环节的监管，疏于算法监控，加剧经济社会波动，无法及时干预“算法偏见”等导致的不良商业模式。

—— 被大企业“锁定”，拘泥于单一解决方案。

—— 被全球化新规则“锁定”，在国际竞合中处于不利地位。

—— 困于横向、纵向的“合成谬误”，无法实现各应用模块的系统集成。

—— 数字经济专项软件能力薄弱（其根本原因是基础实验、研发、生产、运行等环节循环积累的数据碎片化、孤岛化、难开放、难共享、非自主化，对国外厂商依赖程度过高）。

—— 产业地图被固化为“高级黑板报”（产业地图本应是实时动态的、把不同颗粒度的法人和自然人活动纳入监测的系统，如日本的 RESAS 系统，美国纽约消防局的 FireCast 系统等）。

上海如何实施数字化发展战略?*

文 / 刘文富

导读：当前上海在加速推动城市数字化转型，全面加快智慧城市建设，大力发展数字经济，全面打造数字生活。为此，上海需要更高的战略思考，在全局大局中找准数字化转型的特殊位置、特殊优势和特殊使命。

一、把握数字化发展战略的内涵

上海应该准确把握未来城市“新都市人”的内涵，深刻理解未来智慧社会的特点，重点抓好数字化发展整体规划，开发公共数据平台，出台包容性政策，建立公民参与的数字化公共平台等工作。

应该充分认识到“人民城市人民建，人民城市为人民”中“人民”的深刻含义。2035 年的上海，在制定政策、出台有关规定的时候，必须充分考虑构成未来场景的五种技术力量。这五种力量，即移动设备、社交媒体、大数据、传感器和定位系统，恰逢经济上的黄金时代，它们正在改变人们作为消费者、患者、观众或在线旅行者的体验。它们同样改变着大大小小的企业。在未来，一方面会有大量运用这五种力量的新都市人；另外一方面，全社会还会面临巨大的数据鸿沟，因为有大量的老年人、残疾人、低收入者不会使用智能设备。

应该把握未来智慧社会的本质特点，世界进入大数据、大场景和大连接时代。大数据，无疑是未来社会最具穿透力的重要资源。今天我们所面对的纷繁复杂的大数据海洋，必定会涌现出崭新的应用来。2035 年，将会是一个大场景的时代——移动社交不断引爆出新要素，人类进入可视时代。“场景”就是移动社交必须的新要素。

* 本文系作者 2020 年 12 月 4 日在上海市发展改革委专家会上的发言要点。

智慧社会时代，随着终端、载体的裂变发展，人与人之间、天与地之间、人与物之间、物与物之间的联接、联系方式将不断翻新。正如美国哈佛大学尼古拉斯·克里斯塔基斯（Nicholas A. Christakis）教授所言，人类进入了“超连接”时代。智慧社会的建立更依赖“信任”。人类面对这些复杂严峻的挑战，盼望一个更有弹性、更有悟性、更有韧性、更有温度的数字化城市。

二、实施数字化发展战略的抓手

上海数字化转型战略的第一个抓手是从制定数字化发展整体规划入手，将数字化生活纳入其中。只有数字技术对生活产生有意义的影响，城市才能更智慧。新加坡“智慧国家 2025 计划”包括智慧治理、数字产业、数字贸易、数字生活四个方面。爱尔兰《智慧都柏林计划》包括环境、经济、人口、交通、政府和生活等方面的内容。

上海数字化转型战略的第二个抓手是建立“公共数据平台”。公共数据是公共基础设施的重要部分，更是数字化转型技术战略的核心。在城市发展中，数据千万不能成为某个部门的专项，更不能为某些大公司所垄断。西班牙巴塞罗那建立了一个具有共同标准的开源传感器网络，它由三部分组成，包括数字采集、开源平台和应用程序（政府所有、保护公民访问自由）。韩国实施“数字新政”，建设了一个数字大坝（Data Dam）。建立公共数据平台的关键是确保其公立性，不能被大公司绑架，应该取消数据流动和数据本地化的限制。

上海数字化转型战略的第三个抓手是实施包容性政策。数字化转型发展涉及千家万户，任何一个政策的出台必须考虑到公平公正，坚持可用性、可及性和可负担性三大原则。还应该提高市场的包容性，促进区域融合，实现人与人、人与机器、官与民、政与企的融合。

上海数字化转型战略的第四个抓手是建立公民参与的数字化公共平台。城市数字化转型中应该处理好政府、企业和公民三者的关系。以色列在“数字特拉维夫战略”中就提出了让居民参与影响社区和城市生活的决策。特拉维夫成立了“数字居民俱乐部”，主动为市民提供服务，而不是让人们来寻求服务，这是一项从家到家的服务。另外，通过举办大赛，征求城市治理的数字化方案，也是一种有效的方法。政府要做的是制定标准，并加以市场化推广。

把握全球数字经济发展新态势*

文 / 吴昀华

导读：数字经济蓬勃发展，已成为世界主要国家推动实体经济提质增效、重塑核心竞争力的重要举措，并被视为全球经济复苏的新引擎。多国大力推动数字经济创新成果与实体经济相融合，并围绕新一轮科技和产业制高点展开积极竞合。

一、构筑国家竞争力的战略支撑

发展数字经济现已上升至国家战略高度。在世界主要经济体中，新加坡于 1992 年首次提出“IT2000 智慧岛计划”，力图在 10 年内建设覆盖全国的高速宽带多媒体网络，普及信息技术，在地区和全球范围内建立联系更为密切的电子社会，将新加坡建成智慧岛和全球性 IT 中心。法国于 2008 年率先发布了与数字经济相关的战略，随后日本、欧盟、英国、澳大利亚等国家及地区的数字战略规划相继出台。2015 年以来，世界主要经济体先后出台有关数字经济、数字建设的国家战略，都将发展数字经济作为推动实体经济提质增效、重塑核心竞争力的重要举措。

以英国为例，数字国家战略已成为该国面对未来世界挑战、主动转变发展思路的应对之策。2008 年全球金融危机后，作为老牌工业强国的英国意识到转变发展思路的紧迫性，于 2009 年推出了《数字英国》（*Digital Britain*）这一数字改革的纲领性文件，文件被誉为英国政府的“自省”战略。英国前首相詹姆斯・戈登・布朗（James Gordon Brown）将其与“19 世纪修建的桥梁、公路和铁路是工业革

* 本文系作者 2020 年 6 月 23 日发表于《群众》杂志 2020 年第 12 期的文章。

命的基础”[①]类比。2010 年，伦敦宣布打造全球科技中心，颁布“迷你硅谷”发展计划，投入 4 亿英镑支持东伦敦科技城的发展，制定优惠政策并确保新建筑中的一部分空间用作孵化区……很快，欧洲最大的科技创业生态系统在伦敦形成，紧接着集聚示范效应开始显现，雷丁和布拉克内尔、布里斯托尔和巴斯、曼彻斯特和伯明翰等地也构建了数字产业集群，围绕南安普敦、康沃尔和邓迪打造各类新兴集群。2018 年，英国数字经济增速达 4.6%，占经济总额 14.4%，首超工业部门。

为了确保数字战略的顺利落地，英国不仅推出多项改革措施加速向数字经济转型，更通过立法予以保障和支撑，促进了各类规划的快速推进。2010 年，英国颁布《数字经济法草案 2010》（*Digital Economy Act 2010*），引发全球数字经济立法潮；2012 年，英国为推进政府服务在线能力建设，出台《政府数字战略 2012》（*The Government Digital Strategy 2012*）；2016 年，英国发布《国家网络安全战略 2016—2021》（*National Cyber Security Strategy 2016—2021*），目标是到 2021 年在数字化世界中建立安全体系。

英国脱欧后，数字经济被视为支撑未来英国竞争力的强大支柱之一。2017 年，英国发布《英国数字战略 2017》（*UK Digital Strategy 2017*），涵盖连接战略、数字技能与包容性战略、数字经济战略、数字转型战略、网络空间战略、数字政府战略和数据经济战略七大部分，旨在将数字部门的经济贡献值从 2015 年的 1 180 亿英镑提高到 2025 年的 2 000 亿英镑，打造世界一流的数字经济。

二、全球数字经济发展新态势

一是产业变革加速。科技革命和产业变革推动产业加快转型升级，新一代信息技术、人工智能、区块链等不断迎来突破并被广泛应用，加速了产业内容、业态和商业模式创新，推动了服务网络化、智慧化、平台化；知识密集型服务业比重快速提升，金融科技、跨境电商、短视频流媒体等业态出现，服务业转型升级加速推动新一轮产业变革和消费革命，倡导个性化、体验式、互动式的产业蓬勃兴起。制造业服务化和产业融合发展态势明显，制造业服务化的核心，是依托智能技术与互联网技术实现智能制造。目前，智能制造在企业层面已得到大量应用，如博世的“慧连制造”解决方案、西门子的数字工厂解决方案、美国通用电气公司的工业互联网和炫工厂、日本三菱电机的 e-F@ctory 方案等，它们都充分体现了数字赋能制造业迸发的新机遇。

二是产业平台崛起。大量开源产业互联网应用出现。例如，开源工业互联网联盟（Openii Consortium）发布了基于数字孪生体的 IOT3000 解决方案，充分借助物联网、人工智能和大数据等技术，助推传统资产转化为数据智能资产。通过有效连接物理世界和虚拟世界，融入设计、生产、金融等多个功能，打造数字孪生体，完成个性化定制。为实现高度集成的战略目标，德国设立了资产管理壳（Asset Administrator Shell），用以规范资产管理需求。同时，为了加快智能资产国际化标准体系的认定，德国竭力推动国际电工委员会（International Electrotechnical Commission，IEC）等国际组织接纳德国标准，并联合欧盟其他企业，通过各种利益交换，成为一致行动人，助力德国企业抢占未来工业的制高点。我国国家发展改革委、中央网信办于 2020 年 4 月联合发布了《关于推进“上云用数赋智”行动培育新经济发展实施方案》，重点保障产业链和供应链安全，加快完善数字基础基底，鼓励拥有核心技术的企业开放软件源代码、硬件设计和应用服务，特别是鼓励龙头企业牵头打造产业创新综合体，共建数字化技术及解决方案社区——产业互联网平台，为中小企业数字化转型提供支撑。

三是创新网络集群显现。清华大学经济管理学院互联网发展与治理研究中心和领英中国联合发布的《数字经济时代的创新城市和城市群发展研究报告》显示，新一代技术正与区域传统优势产业融合，催生化学反应，助力构建创新网络集群。如今，全球最为著名的几大创新网络集群分别为：波士顿—华盛顿城市群（数字人才高度集聚于此，规模高达 600 多万，数字人才主要集中于教育、金融、医疗、媒体通讯和公司服务等领域）、旧金山湾区（数字人才规模高达170多万，主要集中于医疗、消费品和教育行业）、英国—爱尔兰区域（数字人才规模在150万以上，主要集中于金融、媒体通讯、公司服务、制造业和医疗等领域）、德国城市群（数字人才规模为60多万，主要集中于制造、公司服务、媒体通讯、医疗和金融业等领域）、澳大利亚悉尼湾区（数字人才主要集中于金融、公司服务和教育行业等领域）、印度班加罗尔（数字人才规模高达140多万，集中在制造、公司服务和金融行业等领域）、新加坡（数字人才主要集中于金融、制造业和公司服务行业等领域）。

四是全球规制分化。尽管数字经济已成为各大经济体的新兴战略，但各大经济体关于数字经济的全球规制却尚未达成共识。根据现有跨国公约，数字经济涵盖了产品及输送方式，包括电脑程序、文本、视频、图像、声音及其他通过数字进行编码和制作，用于商业销售或分销，并可通过电子方式进行传输的产品。但涉及全球数字经济治理规制，国家间立场迥异。拥有如亚马逊、谷歌、脸书、推特等重量级数字企业的美国，坚持数字领域的自由贸易，推崇信息自由流动，强调数字产品的公平待遇，促进互联网服务的便利化，同时注意保护数字等信息安全；而缺乏数字经济领域巨头企业的欧盟则要求对大型科技公司开征“数字税”，并竭力推动在“经合组织”层面达成全球统一的“数字税”规则；澳大利亚尽管推崇数据自由流动，但更多关注国内企业是否能够抓住快速增长的机遇；日本虽发起签订2019年《大阪数字经济宣言》，但态度始终模糊不清，对于数据安全及保护格外严苛；韩国积极推进基于数据位置信息的跨境流动。围绕全球数字经济规则制定，各国竞合态势明显，如近期，美日达成数字贸易规则协议。未来，不论是新成立一个国际组织，还是以WTO为核心的多边贸易体制主导全球数字经济规则的谈判和制定，都说明数字经济之争实质是科技之争、规则之争、主导权之争。

三、推动数字经济健康发展的对策思考

发展数字经济是积极应对世界综合国力竞争的迫切需要，是推动我国经济高质量发展的必然选择，也是促进我国经济转型升级的

必由之路。近年来，我国大力发展数字经济，从国家战略到地方发展规划，一大批以大数据、区块链、物联网和人工智能为主的规划方案及政策加速出台，以加强数字经济的战略引导。

目前，我国数字经济发展面临不少风险和挑战，包括政府规划缺少对应用场景的关注，多以大（数据）、物（联网）、云（计算）、智（人工智能）为起点，标配内容过多，与资源优势、产业特色相关的特配或自选场景及政策较少；数据归集多，对外开放少，且数据标准、规则不统一，造成使用成本较高；个人数字素养、技能及隐私安全意识等提升速度与数字经济发展的速度不相匹配；同时，国内对于数字监管的法律法规尚不健全，尤其围绕数据归集、流通和应用等环节，无法及时干预“算法偏见”等导致的不良商业模式。究其根本，还是数字智能技术应用软件的创新生态系统尚未完善，国内数字经济专项软件能力和自主创新能力薄弱的原因。

目前，全国大部分省市都已出台了数字经济相关发展规划。其中，针对数字产业的遴选标准，各地尚未统一。可以考虑使用广开口、精聚焦的漏斗 + 筛网过滤法，从以下六大维度来精准衡量：一是成长性，即年增长率，凡低于同期 GDP 增速的产业，不予以考虑；二是规模性，即市场容量，凡五年内预期销售收入低于 100 亿元的产业，不予以考虑；三是带动性，即产业关联度，凡产业带动系数低于 1 的产业，不予以考虑；四是控制性，凡无法吸引三级节点企业的产业，不予以考虑；五是渗透性，即技术渗透率，凡技术渗透率低于 50%的产业，不予以考虑；六是盈利性，即投入产出效率，确保产业有机蓬勃生长。

注释：

① 此为英国前首相戈登·布朗在公开场合对《数字英国》的肯定：“正如 19 世纪修建的桥梁、公路和铁路是工业革命的基础……现在对信息通信行业的投资可以使英国从经济衰退中迅速脱颖而出……并进一步巩固英国作为全球经济强国的地位。”

互联网平台怎么了？*

文 / 吴昀华

导读：蛋壳公寓爆雷说到底又是一场互联网金融的败走，蛋壳公寓打着“长租公寓”的名号，行着“消费金融”的实质。房东、房客皆成了被损害者，抽丝剥茧后可以发现受害的不仅仅是上述两方，被牵扯的还有负责装修和维保的第三方、提供租金贷的金融机构等。令人心生疑惑的是，平台方要求每位租客必须先期缴纳一年的租金方可入住。那么，租客缴纳的钱到底去了哪里？

众所周知的几家大型互联网企业，无一例外都做起了消费金融、投资理财的业务，似乎不玩点金融不足以证明大企业的实力。当然更重要的是，金融背后的利益与自身业务相比更为诱人。以租金贷为例，其本质是要求租户与金融机构签署长达一年的借款合约，由金融机构代为支付房租。然而，租金并未如期支付给房东，而是到了平台手中。各类消费金融产品层出不穷……杠杆之高触目惊心，但“透支”背后的风险鲜有触及。

事实上，产品和模式的创新从来不令人畏惧，真正令人惶恐的是“监管无力”。首先，平台本身的属性到底是信息产业、商务服务业还是金融业？找不到对应的上级单位，监管便无从谈起。其二，目前，职能部门监管方式手段偏传统，虽设立了严格的准入门槛，但对于过程监管，依然以“打补丁”为主。其三，监管依据无法与时俱进。我国现行的有关法律法规不论是条目还是惩戒方式都有一定滞后性，小惩小罚，不足为戒。其四，平台跨界运营，治理条块分割难以形成合力，企业总有漏洞可钻。

当下，针对互联网平台的特殊性，亟需明确行业属性，“归位”

* 本文系作者 2020 年 12 月 10 日发表于《全球智库动态》研究报告第 234 期的文章。

刻不容缓。从事金融业务的相关平台必须符合金融机构的准入要求，"持证上岗"，让专业的人干专业的事，守好道德底线、严把风险关。银行必须为金融平台开立相关监管账户，确保款项的安全性。通过构建跨部门联席会议制度，打通底层数据，强化联防联控。

米哈游：以创新驱动游戏工业化*

文 / 钟伟

导读：近来，“原神”这款游戏和它的制作方米哈游，逐步走进大众视野。凭借2020年9月28日发布的游戏“原神”，米哈游一跃成为中国游戏行业收入第三名的厂商，也成为上海2021年百强企业之一，位列第88名。米哈游作为国内第一个靠创新驱动成为行业龙头的游戏公司，“原神”是其开启“游戏工业化”的序章。

有人认为，“原神”就是一款普通的，或者稍微优秀点的游戏；当然也有人认为它厉害，但并不知道它厉害在哪里，未来会发展成什么样子。作为一个“原神”的玩家，同时还在体验米哈游旗下其他游戏的人，我的结论是：“原神”是中国开启“游戏工业化”的序章。

我为何能如此肯定？因为米哈游是国内第一个靠创新驱动成为行业龙头的游戏公司。

以往中国的游戏产业，主要是通过做海外游戏的中国代理、收购大IP改编游戏、收购海外游戏公司、委托全球工作室研发等方式来营运的，做的是终端环节。在中国游戏行业，收入排名前列的公司严格来说并不是游戏公司，而是有着其他业务的投资公司。而米哈游是首家通过游戏盈利，从而反哺技术提升、有所小成的游戏公司。米哈游和同行的主要区别在于，米哈游会把大部分资源投入到游戏制作环节所需的设备和人才上，企业技术水平和员工能力持续提升，从而造就了爆款游戏。

游戏工业化，如字面意思是用流水线、多团队协作、稳定产出

* 本文系作者2022年6月30日发表于《全球智库动态》研究报告第122期的文章。

等工业化思维方式来制作游戏产品。它的好处是，可以在游戏的“制造”过程中，积累大量的经验和技术，并形成良性的效率产出。依托“游戏工业化”，米哈游的“原神”能够以“42 天”为一个版本周期，在全球多个平台稳定发布，在新冠肺炎疫情影响下“原神”2.7 版本才首次延期，这在全球游戏厂商中也是绝无仅有的。优秀的美工、剧情、动画和音乐，结合稳定的内容更新，成就了“原神”这款游戏的独特竞争力。而“原神”这一商业模式的成功，将成为经典案例，吸引更多资本投入到自主研发的精品游戏制作中。

当然，“原神”的成功离不开上海丰富的人力资源优势和较为完备的内容产业链配套。上海依然具备极佳的游戏产业创业“土壤”和创新“地基”。关于如何培育出下一个“米哈游”，我有以下三点建议：

—— 鼓励加强针对游戏产业链中前端环节的投入。部分城市高调喊出了发展电竞产业、建设“电竞之都”的口号，但仅锚定电竞产业，未免是把游戏产业做窄了。电竞、游戏直播等是面向最终用户的后端环节，更强调流量、渠道、运营，而非研发创新。游戏制作环节中需要用到最前沿的 3D 绘图等工业软件技术，其中最具代表性的如 UNITY、虚幻引擎等，这些技术除游戏产业外，还可被广泛运用于汽车设计制造、影视动画、建筑工程中，故这些创作开发工具才是创新之源。建议政府积极引导，强化对游戏内容制作等产业链中前端环节的扶持。

—— 积极举办具有全球影响力的展会活动。建议相关部门与游戏龙头企业、游戏行业协会协同，以“1 + N”的形式提升中国游戏的国际影响力。如：“1 节”，设立上海游戏“嘉年华”，学习“西南偏南”模式，开设会议（Conference）、节庆（Festivals）、展览（Exhibitions）、奖项（Awards）等板块，诚邀游戏厂商和玩家共同参与，给中国游戏和上下游供应商提供首发、首展的专业化平台，逐步提升中国在游戏领域的话语权；策划“N 场展会”，积极招引全球顶级的游戏展会，在上海设立分会场（包括 E3 游戏展、GC 科隆国际游戏展、TGS 东京电玩展等），中国游戏厂商与国外游戏厂商交流合作，吸引全球游戏玩家的目光，持续提升上海在游戏产业领域的全球影响力。

—— 创新设立针对游戏从业人员的评定标准。游戏作为综合文学、戏剧、电影、音乐、绘画等各类艺术的集大成载体，常被称为“第九艺术”。因此，游戏公司的人才需求多样，所涉专业领域多元。除游戏制作的 IT 人才外，美术、产品策划、编剧、音乐、配音等环节的人才需求同样不容忽视。建议职能部门协同游戏企业、行业协会等创新制定游戏人才认证机制，并推动相关游戏人才政策积极纳入国家及上海市人才政策目录。

第九章

浦东的事不是普通的事

在“开发开放”的旗帜下，行更稳，致更远！*

文 / 何万篷

导读：最近围绕庆祝浦东开发开放 30 周年，前滩综研访问了很多人士。本文在尽量保持原汁原味的基础上，将他们的观点加以提炼和集成。我们坚定地认为，对过去浦东开发开放 30 年的成就，给予怎么高的评价都不为过。面向未来 30 年，我们“鸡蛋里挑骨头”，不为批评，只为更好地再出发，愿浦东在“开发开放”的旗帜下，行更稳，致更远。

浦东的崛起，既有点上的突破，也有面上的变革，又有块上的创新，更主要的，它是系统性的崛起。整个 1 210 平方公里是混序发展的。浦东充满各种元素，元素之间的关系是生动的、具象的、多元的。

极点思维政策，催生拐点路径和效应。各种各样新奇的、颠覆型的、突破型的东西都来到了浦东。浦东完美地组合了三个逻辑：市场逻辑（塔基）、政策逻辑（塔身）和政治逻辑（塔尖）。

根据联合国的工业产业划分标准大致估算，浦东的工业产业完备率超过 80%，是国内工业门类齐全性最优的区域之一，这也是浦东系统性崛起的印证。浦东不仅有这些先进制造集群，还有自由贸易集群、科技创新协同体系和共同的美好生活，这些成功，是中央和地方两个积极性叠加的成果。

此前的规划，多是物质层面的规划；新的规划，应当包括心理层面、精神层面的规划。面向下一个 30 年，浦东要有开发开放之初的气魄和担当，要考虑新生代的业态、心态、生态和形态，可以率

* 本文系作者 2020 年 4 月 18 日为浦东开发开放 30 周年而作。

先实施“全球伙伴计划”；应当包容性发展，容“错”、容“缺”、容“低”、容“小”、容“慢”，因为这是一个混序型生态，不能只要高大上，不要中小微。临港新片区要成功，需要同步和同频。同步就是要和高标准贸易规则同步，同频就是要和浦东同频，二者不能分割。

总而言之，浦东已经是中国的“头部地区”，正在向世界级头部地区铿锵疾进。

一、也许有的“三个现象”

——“闹钟”现象：2013年9月29日，中国（上海）自由贸易试验区正式成立，可是我们把闹钟一拍，睡了个回笼觉，但吵醒了两个邻居——日本和新加坡。日本提出国家战略特区，其用意是“打破像岩石一样坚硬的管制”。新加坡提出了《研究、创新与企业计划2020》（*Research*，*Innovation and Enterprise 2020 Plan*，RIE2020）。新加坡的产业迭代，“快进缓退”。自形成国家以来，新加坡所有的产业门类都保留着，没有一个消失的，且都往中高端方向发展。

——“手电筒”现象：拿着手电筒不照自己照别人，看深圳哪些方面不好，杭州哪些方面不好，武汉哪些方面不好。在开发开放30年这个关键节点上，浦东需要多看看自己的不足。

——“美男子”现象：浦东的发展，确实有可圈可点、令人津津乐道的地方，但是不能躺在成就上“吃老本”。浦东新区是两个积极性的叠加，人们肯干活，中央肯给政策，二者结合在一起成就了浦东。

二、也许有的“三个困难”

——“合成谬误”：每个部分从自己角度出发都是对的，但未必拼合出一个利益最大化的集合。浦东板块太多，国家牌照也太多，要合并同类项，系统集成。

—— 路灯下的醉汉：路灯没照到的地方，一步都不敢走。浦东现在不太敢冒险。

—— 幸存者偏差：第二次世界大战时期盟军战斗机都是机翼中弹，没有油箱中弹的。大家以为该加固的是机翼，实际上油箱中弹，战斗机就飞不回来了。浦东凭过往的经验，走向未来，是走不过去的。

三、面向未来亟需激发的“五大动能”

“五大动能”包括：消费社会、开放经济、科技创新、多元文化和智慧治理。

浦东的开放是最高能级的。临港新片区力度很大，因为有“6 + 2”政策，“6”即 5 个自由和 1 个便利，包括投资自由、贸易自由、资金自由、运输自由、人员从业自由，以及信息便捷联通；“2”即 2 个制度，包括税收制度和风险管理制度，这些政策创新是不以复制、推广为前提的。

临港新片区的发展，可以用未来引领的方法来进行规划，用 2049 年的愿景来引领当今的发展过程。2049 年的临港新片区，在国际竞合中要处于什么样的新地位？再倒推到 2035 年，要达到什么程度？然后再倒推到 2025 年，“十四五”期末要做到什么程度？必须倒着推，必须从未来回到今天。

四、对下一个 30 年的若干建议

—— 打造治理现代化示范区。浦东新区如何从制度优势到治理效能再到系统性的竞争力？浦东新区制度成型已经具备，但要把制度优势转变为治理效能还有很多工作可以做。

—— 从本地化、区域化、国际化到全球化。浦东新区国际化做得不错，但全球化刚刚迈开半步。

—— 招商引资和招全球组织、引国际活动并举。招商引资在浦东新区的表现特别突出。浦东应该搞“双招双引”，特别是招全球组织、引国际活动。国际组织越集聚，说明营商环境越好。特斯拉、星巴克烘焙工坊入驻上海都说明上海的营商环境好，但这些案例并不符合世界银行对营商环境的定义。大企业议价能力高，不存在生意难做的问题。真正好的营商环境是让中小企业没有难做的生意。把“开企业和关企业便利”作为营商环境的主要环节，这是不对的。企业的全生命周期不只注册、注销，企业运营、运作的中间阶段也至关重要。此外，浦东可以制定一个“全球伙伴计划”，促进浦东新区的招商引资。

—— 浦东新区从要素驱动，转变为效率驱动，再转向创新驱动。要推动城市更新和城市创新并举。要素驱动是便宜，效率驱动是便利，创新驱动更多的是知识赋能。

—— 做实廊道。生产力空间布局上，浦东新区做得比较完整，有尖峰、高原、廊道和网络。市场经济是流量经济，要流动起来，流动是需要物理载体的，没有廊道，就非常难流动起来。

—— 加强全球资源配置。全球资源配置是“在全球，为全球”，这个配置的枢纽或者机制是以浦东为基础的，但不是所有动作都在浦东完成。即头脑中心在浦东、开票在浦东、结算在浦东、运营在浦东，其他各种流动可以不在浦东，尤其是物流。全球资源配置是创新动能，是基础设施。基础设施不仅指有形的市政、地铁，还包括信息化。浦东新区的基础电信、增值电信业务应该开放。

—— 建设“浦东大学”或者“一带一路大学”。新冠肺炎疫情之后“一带一路”倡议肯定会有很多新举措。上海又是“一带一路”倡议的桥头堡。但浦东新区的大学太少，要面向全球，把大学建起来。

—— 分解对标。浦东已经找不到一个可以完全系统、全面、严丝合缝对标的地区，临港新片区更没有可以对标的对象。因此，我们应当分解对标。比如产业公地方面，可对标东京，尤其是大田区，大田区是东京湾生产性服务业公地、先进制造业公地、服务业公地；文化和商业可以学伦敦；科技创新可以学特拉维夫、波士顿、奥斯汀；但是整个面上只能是学纽约，纽约已经全面超越了硅谷，成为独一无二的全球科创中心，纽约硅巷模式把硅谷的元素导入到大街小巷，以城市更新促进产业创新；吸引年轻人方面，可以学奥斯汀，1987 年奥斯汀首次举办“西南偏南”音乐节，2019 年该音乐节吸引了 40 多万人口，创造了超过 3.56 亿美元的营收，全美的年轻人带着想法、带着创意、带着激情在那里交易、交换、交流，就地转化，所以它变成了美国科技创新的“第三极”。

—— 浦东新区应该做成具有全球影响力的战略物资支援中心、支援基地，不光是为上海、为长三角，更应该面向全球。可以设置多种场景，有战时、有急时、有平时。“战时”场景并不多见；“急时”场景下这些战略物资倒是更为常见；在“平时”场景下大家一般也不会想到这些战略物资。在这方面，美国、日本、欧盟都做得非常好。战略储备应该产业化，但目前这个阶段更多是零散的、碎片化的。战略储备可以是一种资源、一种产能、一种网络。如果把战略储备上升到这个高度，它将成为引领性、牵引性的产业。

—— 发展科技金融和金融科技。浦东的科技金融和金融科技发展还较弱，因为浦东的金融生态还不是创业友好型的，这方面可以学习纽约。纽约非常重视小企业，提出了“小企业优先”计划。纽约、伦敦、巴黎和东京这四个城市都在积极地拥抱中小企业。

—— 考虑基于自由贸易制度，促进资源要素在全市域接力型流动和布局，引领长三角更高质量一体化，建设国内大循环的中心节点，打造国内和国际双循环的战略链接。

—— 坚持“以极点思维，谋拐点效应”。未来不是当下的线性趋势外推，提高准备度，不一定全是以复制推广为前提，应该大胆试、大胆闯、自主改。

—— 把开放经济、消费社会、科技创新、文化赋能、智慧治理这五大关键驱动力作为新动能，去建设世界一流、有中国特色的自由经济区。这其中，开放是第一位的，而且是五个开放，对内开放、对外开放、对未来开放、高水平开放、主动开放。

—— 到 2025 年要实现倍增目标，浦东尤其要关注哪些方面？根据前滩综研自主研发的“前研区域洞察系统”推演，第一是科技，尤其是发展专利密集型服务业和打造科技创新氛围；第二要高度关注风险管理，帮助企业提高反脆弱能力；第三是年轻人导入，这方面杭州的一些做法值得学习。

浦东再次被赋予新的重大改革任务*

文 / 何万篷

导读：《中共中央国务院关于支持浦东新区高水平改革开放打造社会主义现代化建设引领区的意见》（以下简称《意见》）的发布，标志着特殊经济功能区从临港新片区扩大到浦东全域，浦东再次被赋予一系列重大改革任务，再度迎来新的黄金时代。“引领区”不同于“示范区”，一定程度上是不以可复制、可推广为前提的，它指向全方位、深层次、根本性的制度创新变革。

“国之重器，澎湃有成。全球典范，舍我其谁。璀璨明珠，未来可期。”《意见》确定了浦东开发开放对于我国改革开放向纵深推进的历史意义，要求浦东在新征程上引领带动上海“五个中心”建设，更好服务全国大局，带动长三角一体化发展战略实施，既有高瞻远瞩的“大写意”，又有实践导向的“工笔画”。纵观《意见》，深层次改革、高水平开放的逻辑主线贯穿文件。同时，六个“坚定不移”也跃然而出。

一、坚定推进改革，扩大对外开放

浦东开发开放 31 年，从过去“宁要浦西一张床，不要浦东一间房”，到现在用全国 1/8 000 面积创造 1/80 的 GDP，浦东改革开放一直是体现政策方向和强度的矢量。也正是基于浦东开发开放的巨大成就，中央进一步赋能浦东，让浦东来引领中国式现代化新道路。根据《意见》所确立的战略定位，浦东首先要成为“更高水平改革开放的开路先锋”。以此为目标，浦东要在全域打造特殊经济功能区，加大开放型经济的风险压力测试；同时，自贸区和临港新片区

* 本文系作者发表于《浦东论坛》杂志 2021 年第 5 期的文章。

要对标最高标准、最高水平，实行更大程度的压力测试。此外，根据《意见》，浦东还将率先建立与国际通行规则相互衔接的开放型经济新体制，率先构建高标准国际经贸规则体系，以服务共建“一带一路”为切入点和突破口，积极配置全球资金、信息、技术、人才等要素资源。这些表述集中、权威地展现了对时代潮流的顺应，是系统性、高强度地赋能浦东这个全球竞争合作单元，将极大地有利于我国参与构建和引领高标准的国际投资贸易新规则。这充分表明中国深度融入全球经济发展和治理的决心坚定不移。

不仅如此，《意见》的公布，让亿万市场主体和社会主体都吃了“强效定心丸”。比如，《意见》提出，浦东要强化竞争政策基础地位，做到两个“全面依法”，即全面依法平等保护民营经济产权和全面依法平等保护外商投资合法权益。同时，《意见》还提出一系列部署，不断凸显市场在资源配置中的决定性作用。比如，提出要积极稳妥推进国有企业混改、整合、重组；全面落实外商投资准入前国民待遇加负面清单管理制度；逐步放开专业领域境外人才从业限制，对其在浦东完全市场化竞争行业领域从业视同享受国民待遇；研究探索放宽电信服务、医疗健康等服务消费市场外资准入限制等等。这充分表明我们深入推进市场化改革的决心坚定不移。

二、系统完善制度，提升治理效能

注重系统观念，强调改革系统集成，是《意见》的一大特点。此举有助于推动各项改革向更完善的制度靠拢，以解决“合成谬误”，填补“制度缝隙”。《意见》提到“从要素开放向制度开放全面拓展”。制度型开放表现为基于规则、规制、管理、标准的“三高”——高水平制度供给、高质量产品供给、高效率资金供给，目的是更好地参与国际合作竞争。具体来说，《意见》要求浦东坚持系统观念，加强改革举措的有机衔接和融会贯通；探索开展综合性改革试点，从事物发展全过程、产业发展全链条、企业发展全生命周期出发，谋划设计改革，加强重大制度创新充分联动和衔接配套；加强各部门、各领域协同放权、放管衔接、联动服务……率先建立与国际通行规则相互衔接的开放型经济新体制。这充分表明我们从要素开放向制度开放全面拓展的决心坚定不移。

改革注重系统集成，浦东的城市治理也需要构建系统完备、科学规范、运行有效的体系，从而落实《意见》中关于打造“现代城市治理的示范样板”的战略定位。浦东的生产、生活、生态丰富多彩，既有高度都市化的区域，也有半城半郊、亦城亦郊的街镇和社区，还包括与市中心相距 70 公里的南汇新城。未来，按照《意见》要求，浦东要提升治理科学化、精细化、智能化水平，推动治理手段、治理模式、治理理念创新，延续城市特色文化，打造时代特色城市风貌，构建和谐优美生态环境，探索与经济社会发展需要相适应的人口管理机制，推动社会治理和资源向基层下沉。这无疑都宣示了浦东实践“人民城市人民建，人民城市为人民”的决心坚定不移。

三、链接内外市场，释放发展潜能

围绕长三角一体化大局，《意见》对浦东更好发挥龙头辐射作用进行了一系列部署。在产业领域，《意见》要求浦东同长三角地区产业集群加强分工协作，突破一批核心部件、推出一批高端产品、形成一批中国标准、建立一批科技成果转化中试孵化基地。在扩大开放、促进内需方面，要求浦东加快同长三角共建辐射全球的航运枢纽，提升整体竞争力和影响力；强化上海港、浦东国际机场与长三角港口群、机场群一体化发展，加强“江海陆空铁”紧密衔接。在提升居民生活品质方面，要求浦东与长三角地区统筹布局教育、医疗、养老等公共服务资源。这充分表明在连接周边、链接全球的进程中，浦东基于自由贸易制度，提高资源要素的“可贸易性”、服务长三角一体化的决心坚定不移。

围绕扩大内需，不断以高质量供给适应、引领、创造新需求，浦东也将扮演重要角色。《意见》提出，浦东要发挥先进制造和贸易航运枢纽优势，推动消费平台和流通中心建设；要着力创造高品质产品和服务供给，不断提升专业化、品牌化、国际化水平；要培育消费新模式新业态，促进服务供给体系升级，建立完善服务性消费标准体系。这充分说明，依托超大规模国内市场，发挥大国经济体优势，促进内需提质扩容升级，建设国际消费中心的决心坚定不移。

2020 年 11 月 12 日，习近平总书记在浦东开发开放 30 周年庆祝大会上指出："新征程上，我们要把浦东新的历史方位和使命，放在中华民族伟大复兴战略全局、世界百年未有之大变局这两个大局中加以谋划，放在构建以国内大循环为主体、国内国际双循环相互促进的新发展格局中予以考量和谋划，准确识变、科学应变、主动求变，在危机中育先机、于变局中开新局。"浦东建设"引领区"，这是由历史方位和浦东使命决定的。浦东要抓住机遇、乘势而上，挑最重的担子、啃最硬的骨头，成为新发展阶段、新发展理念下，新发展格局的开路先锋、排头兵和实践范例，向世界展示中国理念、中国精神、中国道路。

“引领区意见”解读中最容易被忽视的部分*

文 / 何万篷

导读：《中共中央国务院关于支持浦东新区高水平改革开放打造社会主义现代化建设引领区的意见》（以下简称《意见》）发布后，相关解读文章“喷薄而出”，帮助大家透过字里行间，深入把握《意见》的精神精髓。不过，有几项内容，如强化竞争政策基础地位、把“三个区分开来”要求落实、坚持正确的发展观和现代化观，似乎被各界忽视，值得进一步关注。

《意见》在第三部分“加强改革系统集成，激活高质量发展新动力”的（八）当中，强调“强化竞争政策基础地位”。

党的十四届三中全会指出，要着重创造平等竞争环境，形成统一、开放、竞争、有序的大市场。党的十八届三中全会再次重申，建设统一开放、竞争有序的市场体系，是使市场在资源配置中起决定性作用的基础。党的十九届四中全会强调，强化竞争政策基础地位，落实公平竞争审查制度，加强和改进反垄断和反不正当竞争执法。竞争，是市场经济的灵魂和本质特征。马克思认为，社会分工使得独立的商品生产者不承认任何别的权威，只承认竞争的权威……公平的市场竞争有利于人的发展。

《意见》提出，浦东将强化竞争政策的基础地位，提出两个“全面依法”——全面依法平等保护民营经济产权，全面依法平等保护外商投资合法权益。同时，积极稳妥推进国有企业混改、整合、重组。全面落实外商投资准入前国民待遇加负面清单管理制度。逐步放开专业领域境外人才从业限制，对其在浦东完全市场化竞争行业领域从业视同享受国民待遇。研究探索放宽电信服务、医疗健康等

* 本文系作者 2020 年 7 月 22 日至 8 月 10 日发表于《全球智库动态》研究报告第 140、146、153 期的文章汇编。

服务消费市场外资准入限制。

这是再一次公开、权威地宣示市场在资源配置中的决定性作用。对公平竞争政策的强调，充分说明我们推进市场化改革的决心坚定不移，给不同类型的企业主体和社会主体吃了“强效定心丸”。

《意见》在第九部分“加强组织实施”的“（二十五）坚持和加强党的全面领导”中提出，“完善落实精准考核、奖惩分明的激励约束机制，把‘三个区分开来’的要求具体化，建立健全干部担当作为的激励和保护机制，大力营造敢担当、勇负责、善创新的良好氛围”。如果说“强化竞争政策基础地位”，给企业主体吃了“定心丸”，那么，以上对“三个区分开来”的强调，是给公务人员吃了“定心丸”。

“引领区”是更高水平改革开放的开路先锋，推进各项工作需要“大胆试，大胆闯，自主改”。前方，可能是深水区、风险集中释放区、无人区、无坐标区……但不能因此停下探索和创新的步伐。如何容错、免责、鼓劲、激励，本身就是探索和创新。证伪也是实证的一种，破是立的起点。即便有“小失”，若能规避“大错”，也是值得的。

人们要区分，是公心还是私利，是无心之失还是有心之过。最怕在明哲保身的小格局中，高高举起、轻轻放下。最怕因为没有“破”，导致始终没有“立”。在约束条件下，建设性地找到解决方案，是难能可贵的美德。

为担当者担当，为干事者撑腰，为改革创新保驾护航，《意见》传递出来的信号强烈而清晰。

理念是行动的先导，发展实践是由发展理念引领的。发展理念是否正确，从根本上决定着发展成效乃至成败。浦东要打造“社会主义现代化建设引领区”，首先要坚持正确的发展观和现代化观。

习近平总书记在省部级主要领导干部学习贯彻党的十九届五中全会精神专题研讨班开班式上发表重要讲话时提出，只有坚持以人民为中心的发展思想，坚持发展为了人民、发展依靠人民、发展成果由人民共享，才会有正确的发展观、现代化观。

具体到浦东新区建设引领区，我们认为，要在生产方式现代化、生活方式现代化、交易方式现代化和治理方式现代化等领域创新突破、统筹并进。既有模块上的单兵突进，又有系统性的共同发力。没有明显的发展短板，是最低要求。全面焕发中国道路、中国模式、中国方案、中国自信的全球竞争力，体现制度优势和治理效能，更是应有之义。

在新的现代化观指导下，浦东打造引领区，具有大场景、新场景、全场景的优势。《意见》激活了很多过去想做、但是没条件深入广泛去实践的方案，集成了其他地区小试有成的开创性成果，借鉴了国外先进经济体的经验（但绝不是亦步亦趋的“西化”）。更关键的，是以市场为本，以社会为本，以满足人民对美好生活的向往、推动人的全面发展为依归，面向未来、面向全国、面向全球。

这些场景，指向本地居民、企业公民、外来“游”民；指向生产、生活和交易；指向更大范围、更宽领域、更深层次；指向市场化、法治化、国际化；指向生态、形态和心态；指向对人和自然、人和人、中国和地球村其他成员的关系调节。

可以想见，在新的发展观、现代化观的指引下，未来浦东乃至上海的发展，必将是动态的、积极有为的，将始终洋溢着蓬勃的生机活力，为构建现代化的影响力、控制力、话语权、定价权而“只争朝夕”。

“引领区”建设要以实在动作解决实际问题*

文 / 前滩综研专家组

> **导读：**浦东的“引领区”和深圳的“先行示范区”不一样。最直观的是，在浦东“引领区”文件中出现“试点”的次数，比深圳“先行示范区”文件中的次数翻番还不止，这是浦东作为改革开放排头兵的使命担当。

——《关于支持浦东新区高水平改革开放打造社会主义现代化建设引领区的意见》中未提及的“国际经济中心”概念被具象化为“双特”——特殊经济功能区和特殊综合保税区。尤其是后者，是特中之特。

——“引领区”发展，无疑要超越税收优惠驱动的招商引资，指向“面向全球、面向增量”的各种创新，包括但不限于规则、规制、标准等。唯有如此，方能持续保持对高能级资源要素的吸引力，也唯有如此，才能在对接、接轨、衔接中，提高我们主动构建的权重。有存量、增量、流量，主动性就出来了。

—— 浦东建设国际消费中心，是新要求。要加密、提级，形成世界级地标商圈，导入国际优质消费资源，还要带动、优化长三角地区的资源共享。

—— 上海推进科技创新的综合基础优越。但是也必须看到，我们在物理、数学、化学等若干基础学科的建设上，空间大、时间紧、任务重。研发成果转化、创新要素交易、科学氛围塑造等，皆任重道远。

—— 数据交易所，引发各界热议。我们希望它能尽快挂牌，能实现企业化运作，能突破地域限制，能整合国内目前数量不少但效

* 本文系 2021 年 8 月 19 日前滩综研召开的浦东引领区建设内部研讨会部分观点集锦。

能不高的类似平台。关于难点，大家目前想得比较多的是确权、定价、交易和保护，其实更难的是金融属性和功能的加载。

—— 场内贵金属储备仓库也让人充满期待。希望能科学选址，科学配套，为期现货联动交易提供基础设施。

—— 对于油气交易中心的需求实实在在摆在那里。中国的市场主体贡献了新加坡大部分的油气交易量。新加坡的优势，目前是系统性的，便利、成本、风险管控等都是其强项。我们要做的事情还很多。

—— 为了加快关键技术研发，“引领区”文件作了不少创新安排，含金量很高。这些安排都是奔着场景去的，比如对临床研究用的药品免征进口环节税，允许自制体外诊断试剂，建立进口微量耗材管理平台等，都是以实在动作响应企业创新需求。

加快“引领区”行政管理体制改革*

文 / 何万篷

导读：浦东立足“引领区”要求，需要深化行政管理体制改革。行政管理的竞争已经成为国家竞争的“高边疆”。竞争什么？竞争总体行政效率，如同之前竞争总体经济效率一样。

“引领区”背景下的行政管理体制改革，这个题目有意义，包含了几个关键词。一是正确的现代化观。地区发展要有基本的增速，速度和质量一样重要，相辅相成，绝不是非此即彼的关系，没有了基本增速的发展，一定不是高质量发展，所谓“兵贵神速”。二是行政管理体制的框架，人们说把权力关进笼子里，这个笼子是手段（制度框架）、任期（时间框架），还有地域（空间框架）——以浦东为例，至少要处理好“1 + 1”（浦东新区和临港新片区）、“1 + 15”（浦东新区和上海其他 15 个区）、“1 + 40”（浦东新区和长三角其他 40 个城市）的关系。还有场景框架，应基于场景可靠和风险可控，进行动态权变。

在上海讨论行政管理体制，还要增加一个关键词——“冷和平”下的全球竞争合作。“接天气”“接地气”还要“接洋气”。主要经济体不约而同都在进行以下行动：

（1）积极的区域发展政策。法国竞争力极点——工业版图；英国自贸区；日本国家战略特区；美国也开始反思联邦和州的关系。

（2）积极的产业政策。硅谷怎么来的？“政府坚定不移地投资、投资、投资，直到某个时候，潇洒转身离去。”二战后，美国对知识

* 本文系作者 2021 年 10 月 18 日在“引领区”背景下浦东行政管理体制改革与探索专家座谈会上的发言要点。

产权的保护并不是很积极、很严苛，但当它站上全球制高点、掌握话语权之后，却开始厉行知识产权保护政策。

(3) 积极的企业政策。美国实行支付成长挂钩原则（pay as you grow），补贴大企业、快企业，同时直接减免“小微”企业的成本，目的是让它们活下来。

(4) 激进的信息化基础设施政策。后 5G、后 6G 时代，“星链”的重要性逐渐凸显。

行政管理，是最现实的做法，甚至可以说它是功利的。也正因为如此，它不是刻舟求剑、一成不变的，而是多变的。也正因为多变，它才能始终咬合发展和竞争的需要。行政管理不只是管理、治理，也是给市场和社会主体保驾护航、提供安全的“金钟罩”。

如果说国际上是“冷和平”“切香肠”（都在不断挑战对手的底线），国内则是“紧平衡”（有序用电就是“紧平衡”的体现）和“高质量”。全世界的竞争，就二十个字：“绝对便利、相对便宜、本质公平、全面安全、持续开放”。

中国特色、面向全球的综合管辖，亟待理论和实操层面的突破和持续开放（对内开放、对外开放、对未来开放、高水平开放、主动开放）。上海这个大都会的开放水准，应该远高于全美的平均水平。具体到特殊经济功能区，更应该锁定方向，打破天花板，形成可持续、不可逆的态势。

最近前滩综研在做全球对标研究。对标，不是为了简单地对接，而是为了创新衔接和率先构建。现有的国际投资经贸规则的“旧衣裳”，已经包裹不住日长夜大的中国“个头”，也适应不了全球生产力布局的最新调整，包括数字化带来的冲击。

所以，各大经济体都在对行政管理进行调整，以提高总体行政管理效率。要改变经济治理和行政治理一脚高、一脚低的局面。行政管理要发挥兜底、策动、防风险的作用，同时规避束缚、掣肘、迟滞化的情况。

他山之石，可以攻玉。对标研究让我们学到的最大经验，是发达经济体行政管理体系对企业“情绪”的智敏感知和高效响应，最典型的，是新加坡的“全球贸易商计划”。职能部门不扰企，有限接触，制度是刚性的，服务是柔性的，甚至可以提前在“红绿灯”和“拐角处”等企业，给企业赋能、增值，提高他们服务全国、服务全球的效能，帮助他们创新、创业，成长、成功。围绕资源要素的“流—留—转”，做到全要素、全过程、全链条、全生命周期。

理想状态是，企业有需要了，还没来得及“吐槽”，还没开口抱怨，或者没想好怎么说，“企业服务”就自动激活，从待命状态转为工作状态。所以我的核心建议是开发“企业情绪感知平台”。

至于其他的具体、细节问题，比如建立与“五个新城”建设相适应的行政管理体制，我个人的建议是原则上不成立新部门，不能再“搭阁楼”。可以考虑“虚置实转”的做法。如果要下放市级事权，那一定是下放到区里，而不是下放到新城。新城很难接得住。放，是简单的；接，是困难的。

我心目中有个上海域内城市群的梦想，“都会区＋持续深度城市化的五个新城”。其中，南汇新城未来可能是“准都会区”。其独立、综合、节点，实际上已经具备二级市的特征，不求有其名，但求有其实，上统（统合为共同体）、下活（地方创生/地方经济活化）。

关于浦东“引领区”综合性改革的思考*

文 / 何万篷

导读：当中国特色的改革探索行进到新世纪深水区，单项式、条块型、碎片化的动作，正越来越多地引发不平衡、不配套、难衔接、难协同等问题。往深层次讲，就是合成谬误和制度缝隙。改革要进一步推进，必须进行综合性改革。综合性改革不是综合配套改革的升级版、加强版，它是“引领区”的要义，也是看点。

一、人们曾经挂在嘴边的综合配套改革到底是什么？

国家相关部委牵头的制度供给，逐渐把兴奋点和聚焦点转移到综合配套改革，乃至今后的系统集成上。

有领导说，“现在就全国来看，单项的改革，单兵突进已经不行了，关系到‘打断骨头连着筋’的事情，你动了这项，那项不动都不行，所以一定要搞综合的、配套性的改革。”智敏的浦东在第一时间向部委建言，“我们愿意先行先试，浦东本来就是改革开放的产物，改革是浦东开发的一个根本属性。”部委的反馈是，“希望浦东不要把注意力放在优惠政策上，一定要做一个综合配套改革的方案。”

浦东所拟的国家综合配套改革试点预案，以“3 + 6”的形式深深打动了部委。“3 不要”：不要政策，不要项目，不要资金；“6 个化”：经济运行市场化，商务环境国际化，功能开发区域化，增长方式集约化，公共事务社会化，政府管理法治化。2005 年 6 月，国务院常务会议批准浦东进行综合配套改革试点。

截至 2021 年，全国已有 12 个“国家综合配套改革试验区”，分别是上海浦东新区（2005. 6）、天津滨海新区（2006. 5）、重庆市（2007. 6）、成都市（2007. 6）、武汉城市圈（2007. 12）、长株潭城市

* 本文系作者 2021 年 9 月 1 日至 3 日发表于《全球智库动态》研究报告第 169 至 171 期的文章汇编。

群（2007.12）、深圳市（2009.5）、沈阳经济区（2010.4）、山西省（2010.12）、义乌市（2011.3）、厦门市（2011.12）、黑龙江省“两大平原”（2013.6）。

若对上述试验区进行“分层分类”便可发现：有的偏顶层，更宏观；有的偏专项，更鲜明。比如重庆、成都的综合改革试验，侧重城乡统筹；武汉和长株潭侧重“两型社会”；沈阳侧重新型工业化；山西侧重资源经济；义乌侧重国际贸易；厦门侧重两岸交流；黑龙江侧重现代农业。除此以外，我国还有金融改革试验、华侨经济文化合作试验、陆海统筹试验、沿边开发开放试验等。

理解综合配套改革，要结合我国治理能力和治理现代化的时间线，找准它的坐标，感知它的方向、强度和节奏。

回顾改革开放40多年的历程，我们先是“补课”——补市场经济课（从党的十一届三中全会到加入WTO），然后是“赶考”——赶全球化之考（从加入WTO到提出“一带一路”倡议、设立自由贸易试验区），再是“领路”——领中国式现代化新道路（从浦东建设引领区、深圳建设先行示范区、浙江建设共同富裕示范区开始），贯穿其中的主线就是在“大胆试、大胆闯、自主改”的同时，越来越强调要素集合、系统集成、改革联动。国家据此选择有关区域，开展综合配套改革试点工作，解决试点地区的属地性、阶段性、功能性矛盾和问题，通过局部示范、以点促面，为有效解决面上共性问题提供借鉴。

从纵向的角度看，是尽量放权的问题；从横向的角度看，是充分集成的问题；从经济学的角度看，是帕累托改进（Pareto Improvement）的问题；从政治学的角度看，是“整体政府（小政府）建设”的问题；从管理学的角度看，是复杂适应系统功能涌现的问题；从社会学的角度看，是更加以人（自然人、法人）为本的问题；从法学的角度看，是市场运转和政府作为的正当性问题。

二、远远超越综合配套改革，综合性改革要打造新的比较优势

从综合配套改革到自贸试验区再向引领区、综合性改革迈进，

改革一直在路上，改革是进行时。但是包括笔者在内，很多人难免迷糊，犯一些认知错误，亟待厘清概念。

综合配套改革试点，是“立地”的，地方综合，中央配套，以地方改革为主。浦东综合配套改革时比较强调浦东有着完整的经济社会形态和比较完整的综合性改革试验空间。浦东要通过自费改革、自觉改革和制度创新，实现经济体制转轨、经济增长方式转变、城市发展模式转型，大胆推动根植于上海和浦东实际的、具有原创性的体制建设，保持制度设计的先进性，体现重点攻坚的先发效应。

而综合性改革试点，是“顶天”的，通过国家批量化、清单式授权，赋予地方改革空间，以上为主，地方落实。这和深圳经济特区建立40周年庆祝大会上宣布的支持深圳实施综合改革试点一样，是新时代推动浦东改革开放再出发的重大举措、关键招数。

有资深专家友情批评、提醒：不能认为综合性改革试点是综合配套改革的升级版、加强版。二者没有关系，否则，就是理解不准确，站位太低。

当然，综合配套改革和综合性改革，都有改革系统集成的内容，前者更强调“属地化”，就地、横向集成更多；后者更强调“属权性”，纵向、横向、斜向，应该是全息、全维地集成。这也正是“从事物发展全过程、产业发展全链条、企业发展全生命周期出发谋划设计改革”的要求，努力实现“办成一件事”“做强一个产业”，率先构建经济治理、社会治理、城市治理统筹推进和有机衔接的治理体系。

浦东综合性改革试点方案，应该围绕落实引领区意见，呼应之，对应之，打造新的比较优势。

三、“引领区”的综合性改革，可以怎么改

企业家说：“一业一证”耳熟能详，这是好东西，关键是要彻底。如何“彻底”？真正“一”到底，不要证外有证、证下有证、证上有证。

生活家说，美好生活就是工作不耽误生活，生活不影响工作，工作生活一体化，场景交融。不能规定某个空间载体只能干这，不

能干那。未来弹性工作、非正规就业、灵活就业越来越多，已经不是之前兼职（part-time job）的概念了，而是零工经济（Gig Economy）。

理论家说，经济社会是复杂巨系统，综合性改革就是优化它的动力机制，现在还是管得太多。在真实世界里，职能部门的管理者是经济社会实践者的学生，没有能力大包大揽地管理和评判，怎么办，只有还权（不仅仅是放权）给社会主体、市场主体，更多地推动自律和共管。

有人说，最重的担子，有的时候是自己想象出来的，哪有那么多"清规戒律"（担子），就是自己想多了，以为这不行那不行，于是到了自己这一关真不行了，从而不让市场主体和社会主体通行。

有人说，最硬的骨头，就是职能部门。市场主体和社会主体要生存发展，都是极尽变通之能事的"软骨头"。

综合性改革的源头、原点，是人民群众具象而多样化的需求。职能部门要识别这些需求的结构、趋势和场景。规则、规制、管理、标准，既是对外的，也是对内的。职能部门要到群众中去，以人为本，不能以本部门为本，以本人为本，不能靠想象，也不能简单地靠对标。

浦东建设"引领区"，推动综合性改革的最大特点，是场景丰富，地域大、领域多、纵深广、要素全、关系复杂、服务国内要求高、参与国际斗争局面紧迫。在这一点上国内无出其右者，包括深圳和海南。

举一个国家很重视、实操中需强化的综合性改革案例——国资国企综合改革试验，这无疑是符合"基础性和具有重大牵引作用"要求的。营商环境好不好，关键看国资国企是"打遍本地无敌手"，还是"双向渗透，国引民进"。人们担心，把骨干国企"圈"在1 200平方公里内，走不出去，必然导致"内卷"，大家做来做去，都是房东和物业管理公司的各种组合和变形。人们期盼，尽早把"实行与经济发展水平相适应的薪酬制度"红利落实给国企高管。

综合改革、改革综合，是"引领区"的要义，也是看点。

四、"引领区"的综合性改革要点建议

首先，处理好"大1和小1"（浦东新区和临港新片区）的关系；

处理好“1和15”（浦东新区和上海其他区）的关系；在长三角一体化发展中，更好发挥龙头辐射作用；促进长江经济带高质量发展和“一带一路”建设的深度融合；为更好利用国内国际两个市场两种资源提供重要通道，构建国内大循环的中心节点和国内国际双循环的战略链接，打造现代化国家窗口。换言之，要通过综合性改革，为推动上海和长三角兄弟地区双向赋能、构建“尖峰—高原—廊道—网络”的生产力布局开辟道路、保驾护航，以浦东这个明证和写照，更好地向世界展示中国理念、中国精神、中国道路。

其次，在“对标”（最高标准、最高水平）和（与国际通行规则相互）“衔接/接轨”中，率先构建高标准国际化经贸规则体系，从要素开放向制度开放全面拓展，率先建立开放型经济新体制，在浦东全域打造特殊经济功能区。换言之，我们不是简单地对接、机械地服从传统规则，而是既有诚恳学习，也有系统性创设，在国内外良性交互中，建立新体制、构建高规则。

再次，创新政府服务管理方式，各部门各领域协同放权、放管衔接、联动服务，宽准入、深改革，实行“（商事登记）确认制+（市场准营承诺）即入制”“综合许可+综合监管”，保障和强化竞争政策基础地位。换言之，管制、约束的力量在收缩，公平竞争的市场动能被激发，民营经济产权和外商投资合法权益被全面依法平等保护，国企混合所有制改革和整合重组积极稳妥推进。当然，这尚是“大写意”，后续还需要更多的“工笔画”。

最后，是完善落实精准考核、奖惩分明的激励约束机制，把“三个区分开来”的要求具体化。这个表述，同样出现在《深圳建设中国特色社会主义先行示范区综合改革试点实施方案（2020—2025年）》中。换言之，要强化正向激励，对“敢担当、勇负责、善创新”的改革者大胆提拔、热情呵护，试错容错、纠错避错，营造综合性氛围。坚决反对“乱打小报告”“遇事绕着走”“总是放空挡”“不肯踩油门”等不良文化。

国资国企要继续成为浦东“引领区”建设的“尖兵”*

文 / 周学强

导读：国资国企改革，是浦东在新时代打造“社会主义现代化建设引领区”的题中应有之义。向新国资、新国企跃迁，需要结合新场景，制定新的战略目标，重视企业文化软实力提升，推进国有企业治理能力现代化。

浦东，正迎来第二个“1990 年 4 月 18 日”。更准确地说，浦东在迎接第二个“1992 年”。43 年改革开放，31 年开发开放，当好深耕浦东开发的拓荒者，始终是浦东国资国企的使命所在。

对浦东国资国企来讲，“变革年代”已经到来，要转型跃升变成新国资、新国企，而不是传统、经典、常规的国资国企。新在哪里？新在国引民进、动态权变、与时俱进、迭代演化；新在不强调资本属性，而强调其对国家战略、区域经济、产业发展的落实和配合。

国资国企的改革发展，至少受四大因素的影响，即市场经济基本规律、改革开放渐进逻辑、全球博弈竞争形势和国内政情社情民情。要考虑《全面与进步跨太平洋伙伴关系协定》（*Comprehensive and Progressive Agreement for Trans-Pacific Partnership*，CPTPP）等高规格投资贸易新规则的复杂影响，比如竞争中性、政府采购等。

浦东新区的有些国企，仍是大拼盘，需要在“引领区”建设的背景下，政治站位再高一点，市场逻辑再稳一点，战略思考再远一点，通过资源整合、资产整合和管理整合，成为系统集成者、要素集聚者、改革联动者。

骨干国企治理架构中的某些模块（比如监事会），要评估（规划

---

* 本文系作者 2021 年 7 月 14 日发表于《全球智库动态》研究报告第 134 期的文章。本书收录时略有修改。

和计划的）实现度、保证（人财物的）安全度、提高（面向未来的）准备度、拓展（经营团队的）自由度，为经营团队保驾护航、增值赋能。

治理者，就是要在冲突、矛盾中，找到阶段性的均衡和适配，这是被实践广泛证明的中国特色治理之道，对国企同样适用。治理是有梯级的，企业治理、经济治理、社会治理、城市治理、全球治理。企业治理，虽然颗粒度小，但它是治理之基。治理方案，要合情、合理、合法、合规、合身，还要形成“和声”。

产品质量的两大影响因素，一是技术（机器、材料和工艺）；二即人（操作者、班组长），其中“人”重要得多。产品质量靠工作质量来保证，而工作质量的好坏主要受人的影响。挖掘人的积极因素，健全质量管理和约束机制，是质量工作的重要环节。规范人的行为、规范人与人的关系、规范人与物的关系，使质量管理不再是技术、检验等少数人的管理，而要形成一种企业文化，成为多数人共同参与的管理活动。

企业文化不能照搬照抄、不能纸上谈兵，广大基层员工不会认同虚伪的企业文化培训。真正的企业文化是在企业家的长期教育、引导下形成的团体意识、集体行为。全面质量管理的真谛是提高企业整体素质，是全员进步。企业发展要谨防战略与执行脱节——决策者战略欲望高到无人能有效遏制，而执行层员工素质又不高、跟不上节奏。

国企不是被动地背包袱，而是稳盘子、趟路子、扛担子，要当好稳定器和压舱石。关于国资国企改革的研究，要秉承“实用主义”，不能从理论到理论，不能搞上下一般粗，不能过多地搞现状递延类研究，要面向未来、定义未来。要让国企硬实力更硬，需要软实力支撑。有些国企太硬，柔性不足，软实力欠缺，得加快补课，或应先从企业文化开始。

招投标的本质是“有管理地充分竞争”*

文 / 周学强

导读：招投标制度自 20 世纪 80 年代被引入国内，至今已 40 年有余，虽然我国招投标相关法律法规一直在不断完善，但仍滞后于实践发展的需要。探索形成一套符合国家法律法规、接轨国际通行规则、契合企业发展实际的招投标管理制度，是“率先建成市场化、法治化、国际化的一流营商环境”的应有之义。

最近，我参与到一项十分有意义的课题“企业的招投标管理制度研究”中。领命后，课题组诚惶诚恐。该课题看似微观，实则宏观。招投标制度是重要的国际经贸规则，也是最富竞争性的采购方式，被世界各国政府和企业所遵循。长期以来，世界各国都在不断完善本国的招投标法律制度，中国也不例外。

招投标制度自 20 世纪 80 年代被引入国内，至今已 40 年有余。其发展可大致分为前后两个 20 年：前 20 年是萌芽期，进行各种探索、尝试，处理各种风险、问题；后 20 年是发展期，以 2000 年国家《招标投标法》的实施为标志，中国招投标制度进入不断健全的法制化轨道，形成了以《招标投标法》为统领，《招标投标法实施条例》、相关部门规章、地方性法规和标准招标文件为支撑的制度规范体系。

法制虽然在不断完善，但仍滞后于实践发展的需要。调研中，委托单位领导的一句话令课题组深思：“一个负责任的、建设项目体量大的、招投标活动频次高的国企，事先与投标单位不接触，可能吗？直接把建设项目交给公招平台，能放心吗？”

课题组没有直接回答，而是通过实证调研找到了答案：如果没

* 本文系 2022 年 3 月“基于高标准经贸新规则的国资国企改革发展研究”阶段性成果。

有合格供应商制度、内部推荐比选工作等前置保障，直接进入公开招投标程序的话，无异于“开盲盒”。目前公招制度所存在的“制度缝隙”，将会在这一过程中暴露出来，项目建设的节奏、效率、风险和质量等可能会较难把控。因此，招标单位和投标单位事前完全不接触是一种理想假设。对于大体量、高频次的招标单位来说，直接进入公开招标程序，不进行前置把控，则是另一种懒政或不作为，很容易导致国有资产的流失。

这个答案不正印证了“引领区”文件中的两句话吗？——“从要素开放向制度开放全面拓展，率先建立与国际通行规则相互衔接的开放型经济新体制”“从事物发展的全过程、产业发展的全链条、企业发展的全生命周期出发谋划设计改革”。

课题组坚定地认为，坚持系统治理、依法治理、源头治理，实行“有管理地充分竞争”，探索形成一套符合国家法律法规、接轨国际通行规则、契合企业发展实际的招投标管理制度，恰是有效填补“制度缝隙”、扎实控制开发成本、持续提升开发效能、强化防范廉政风险的创新之举，值得复制推广，并可为国家未来修法、立法提供第一手经验。

课题组建议，对暂无法律法规明确规定的领域（如“合格供应商制度”“内部推荐比选”等前置保障工作），应当支持市场主体大胆试、大胆闯、自主改，适时以部门规章等形式固定下来。行政主管及行业监管部门应秉持包容审慎的监管理念，“先看一看、先放一放、先让市场多跑一跑”，相信市场、鼓励创新，同时更加重视加强事中事后监管。这也是“率先建成市场化、法治化、国际化的一流营商环境”的应有之义。

最后，我又想起了三句话：要把干部在推进改革中因缺乏经验、先行先试出现的失误和错误，同明知故犯的违纪违法行为区分开来；把上级尚无明确限制的探索性试验中的失误和错误，同上级明令禁止后依然我行我素的违纪违法行为区分开来；把为推动发展的无意过失，同为谋取私利的违纪违法行为区分开来。

希望这“三个区分开来”能够落实、落细、落地，真正为担当者鼓劲、为干事者撑腰。

“自由临港”是最好名片*

文 / 何万篷

导读：新片区是特殊经济功能区，是全球风尚自由城。在理想主义的分析框架中，它面向未来、面向全球，是自由经济、自在生活。要秉持极点思维，谋求拐点效应，赋予新片区尽可能高、尽可能新的“自由度”。

早在 2002 年挖滴水湖的时候，前滩综研就开始跟踪研究临港这片热土。2017 年，当临港发展处于某种低谷，面临一些不确定性时，我们呼吁要将临港建设成为“自贸临港、科创先锋、智造高地、美丽新城”。过去一年，更是密集地往这里跑，感受临港的卓越成长之张力和动感。最近，访谈过不少市场主体，大家对临港都有极好的评价和期盼。不过大家对特殊经济功能区等定位的理解，还有一定困难。对《中国（上海）自由贸易试验区临港新片区总体方案》的解读能否增加让企业和市民听得懂、抓得住、融得进的表述版本？当然，最好是三个版本：政治家版本 + 企业家版本 + 老百姓版本。可以说，临港新片区已经成为一个“矢量”或者“向量”，代表着改革开放的方向和强度。“矢量”的最大特点，是可放大，不变形，这也是新片区的特点。

一、一个核心建议与一个核心愿望

我想提一个核心建议。上海市对临港新片区提出“政策从优、自动适用”八个字的制度供给原则。这个原则的适用能否扩大、提升到全国层面，让全国各地已经出台、将要出台的政策，新片区都能“政策从优、自动适用”。因为新片区是新时代深改革、新开放、高质量再出发的首席担当，尤其是开放方面，肩负着对内开放、对

* 本文系作者 2020 年 8 月 27 日在临港新片区一周年座谈会上的发言要点。

外开放、对未来开放、高水平开放、主动开放的重任。

我还想提一个核心愿望，就是能把“自由临港”落落大方地喊出来。2019 年 8 月 6 日，中央媒体采访我时，我说了“自由临港”这四个字，没想到被媒体刊登出来了，可见国家对开放的坚定决心。新片区总体方案里规定了五个自由（投资自由、贸易自由、资金自由、运输自由、人员从业自由）+ 一个便捷（信息便捷联通），其实就是要往充分的便利化、高级的自由化方向去。符合中国国情、符合国际惯例的“自由临港”是新片区最好的广告词，非常适合在全球传播。这张名片推出去，国际招商就没有难度了。

二、关于评估工作

评估工作至少有以下两个维度：

一是实现度。从总体方案分解出的政策和制度创新，任务完成情况良好。好的营商环境（绝对便利、相对便宜、本质公平、全面安全）正在构建中。产业公地正在加快建设。特殊经济作业化，是第一步；特殊经济功能化，是第二步。特殊经济功能化到位了，产业公地对周边地区的产业策源、增值赋能等作用就能发挥出来。产业公地是公共平台，是能力网络，也是产业生态。这个概念，最早由美国哈佛大学提出，日本经济产业省专门出台了“区域未来牵引企业”相关政策，发展“日本制造”“日本研发”“日本服务”“日本生活”，值得我们学习借鉴。

二是准备度。就历史的尺度而言，全球化在逻辑重构中将重新加速，中国准备好了吗？中美完全“硬脱钩”是不可能的，但是如果不提前采取动作，有可能会在全球投资贸易规则，如《全面与进步跨太平洋伙伴关系协定》和《美墨加三国协议》（*The United States-Mexico-Canada Agreement*，USMCA）等的“急升维”中陷入被动，甚至阶段性掉队。区域一体化在深度融合中已空前加速。新片区如何识别“尖峰—高原—廊道—网络”的生产力布局，并在其中发挥突前牵引之功能？要从更大范围、更宽领域、更深层次上，提高准备度。

规划思路，不外乎三种：现状递延，未来引领，机缘把握。新片区一定要多一些未来引领的思维。以 2049 年新片区在全球竞合中的地位，倒推出 2035 年必须达到的境界，以此设定 2025 年必须完成的硬指标，并由此得出 2020 年必须采取的行动。要不断以此倒推、倒逼。

前不久，前滩综研面向未来，坚持“约束条件、情景模拟、循证决策、柔性合成”的原则，基于开放经济、消费社会、科技创新、多元文化、智慧治理等关键驱动力，模拟了新片区 2035 年的四个可能性：第一个是“众所关注的开发园区”，第二个是“要素集成的产业新城”，第三个是“以科创为特色的独立新城”，第四个是“开放创新的全球风尚自由城”。这是大家对新片区的共同理想。

三、关于海南自由贸易港和临港新片区的比较

我个人认为，海南自由贸易港是精聚焦，主要聚焦在服务业的三大重要模块（旅游、医疗和教育）以及其他一些场景。海南自由贸易港面向东南亚（“远亲不如近邻”），高水平复制，向全球开展柔和性宣示。

而临港新片区是全场景的——包括但不限于消费促进、贸易服务、综合营运、科技创新、智能制造、授权赋能、公共活动……临港新片区面向全球，尤其是面向发达经济体；侧重于高水平创设；在无人区，要趟出一条新路；牵引全球供应链，疏通双循环。就市场逻辑、政策逻辑和政治逻辑的综合匹配程度而言，临港新片区是优于海南自由贸易港的。就跟金字塔一样，政治逻辑在塔尖；塔基是市场逻辑（这是新片区的最大优势）；中间是政策逻辑，既要咬合政治逻辑，也要对接市场逻辑。

这里我想再次强调一个想法：极点思维，拐点效应。新片区不是自贸区的“拷贝”。新片区之新，是以极限式措施、特殊化政策，完成专项使命，谋取拐点突破。新片区一定不是“现状、现行、现有”的线性趋势外推，一定不以可复制、可推广为前提。这是新片区的核心要义。

四、关于临港新片区下一步工作的建议

—— 举全市乃至全国之力，建设具有全球影响力的“新片区大学”，或者叫“临港大学”“一带一路大学”。同时引进海外高校，在这里建设新工科大学。选取合适的地方，建设主场外交场馆，强化新片区的国际交往功能。

—— 实施全球链接计划（Global Connect Programme，GCP）。它的原型是新加坡 2001 年开始实行的全球贸易商计划（Global Trader Programme，GTP），此计划的中国版是静安区发布的全球服务商计划（Global Service Programme，GSP）。新片区是离世界最“近”的地方，方方面面都要让全球合作伙伴喜闻乐见。

—— 开展“5 + 2”对标行动。新片区要精准地学习美国的对外贸易区（最大特点是主分区制度）、块状的新加坡自贸（园）区、点状的迪拜自贸（楼）区、中国香港全域的自贸城等。这些例子都要学，但要精准地学。汉堡当年为什么“自废武功”？英国在脱欧之际，为什么要重新建设自贸区（园区、港区）？背后都是有原因的。建议新片区学习纽约、伦敦、巴黎、东京、迪拜这五个城市，瑞士和新加坡这两个国家。这些标杆，能给临港新片区很多启示。比如日本制定的国家战略特区制度，国内决策研究领域对此关心甚少。再比如瑞士，为什么那么多的金融机构、医药公司注册在那里？因为那里能让个人自由地执业、法人自由地拓展业务。瑞士为何能做到？因为那里有自由的劳动法律、极少的规章制度、包容的就业氛围等。另外，瑞士确保企业只在一个国家缴税，严格保护知识产权和数据安全，标准互认，法律稳定，融资渠道丰富。据“瑞士全球企业”（官方的国际贸易和投资促进机构）数据显示，瑞士吸引了 850 家跨国公司和机构，其中 3/4 来自北美和欧洲，其他的来自中国和日本等亚太国家和地区。

——“双积极 + 双接力”。2019 年，新片区非常精彩地实施了积极的产业政策（人工智能、集成电路、生物医药、民用航空等）以及积极的企业政策。接下来，建议在政策接力（职能部门的协同，克服“合成谬误”）和空间接力（从 119.5 平方公里的先行启动区到 386 平

方公里的临港新片区主城区，到 873 平方公里的临港新片区，到 1 210 平方公里的浦东新区，到 6 340 平方公里的上海全域，到 35.8 万平方公里的长三角，到全国，到全球）上，围绕连接周边、链接全球，做更多文章。当务之急，是处理好新片区和浦东新区的关系。这是绕不过的。越早明晰，对各方越是有利。还有，要前瞻分析长三角地区自由贸易集群的联动问题。浙江自贸区离我们这么近，一定要研究联动的抓手、平台和制度安排。还要考虑江苏等其他自贸区。

—— 知风险，识风险，止风险。风险来源有二：第一，来源于物的不良状态、人的不良行动、制度的不良结构。市场经济是流量经济，我们要关注异动和例外，也就是不正常的“流”和“留”；第二，来源于不敢试、不敢闯、不敢改，因为怕风险而不往前走，这是最大的风险。要摸索基于不侵入、不干扰的原则，实施非接触、少毁损的创新监管。

—— 尽快改变新片区的交通条件。目前新片区的交通是“世界一流”（海港 + 空港 + 信息港），“国内二流”（高速 + 轨交），“上海三流”（路网密度太低）。这种局面，极大地抵消了新片区的政策红利，必须在最短时间内做出根本性改变。

总而言之，锚定“五个重要”[①]的重要指示要求，把握“人民城市”的根本属性，打造开放型产业体系，把融合（产业融合、产城融合、功能融合、区域融合、时序融合、国内外融合、制度融合等）工作做到位，临港新片区将是我国稳健突前、参与和影响国际竞合的一个重要战略单元。

注释：

①“五个重要”，指 2019 年 11 月 3 日，习近平总书记考察上海时，对临港新片区提出了“五个重要”的重要指示要求，即：集聚海内外人才开展国际创新协同的重要基地、统筹发展在岸业务和离岸业务的重要枢纽、企业走出去发展壮大的重要跳板、更好利用两个市场两种资源的重要通道、参与国际经济治理的重要试验田。

对临港新片区国际数据港的抽象理解*

文 / 宋杰封

导读： 求新求变，向上向前。临港新片区这片土地，虽处于上海"东南一隅"，但热力不改，热情不退，在全球化重新加速、区域一体化空前加速的大背景下，它完全可能成为"东亚一极"。

临港新片区的创新发展，既要落实早期收获，又要谋划基于"趋势—优势—准备度"的制度创新供给，务实地把握对标、目标、指标、坐标。从硬核科技和"软要素"的角度，推动新片区打造"要素流动型"开放的极致版，制度性开放的突进版。

关于新片区的产业门类，根据目前的项目梯度看，2025 年前的制造业发展变数不大，2020 年即便被新冠肺炎疫情干扰，依然有喜人进展。但服务业发展，在充满想象空间的同时，也充满挑战。跨境金融、新型贸易、现代航运、专业服务等，宏观地讲，原则上讲，都是阳光大道；微观地讲，实操地讲，抓手是什么？需要从综合营运、消费促进和贸易服务、赋能授权、公共活动、美好生活等领域，进行"凌空畅想"和"贴地研究"。

新片区在双循环中的卡位至少有四个层次：国际外循环、东亚大循环、国内主循环、长三角更高质量小循环。我们希冀新片区成为国际化超级"公地"。"公地"需要要素的自由流动、跨境市场的有效组织、科研协同体系和载体集群等。这里应该是新生产、新交易、新生活的集大成者。当然，更应该是新治理的高产试验田。

从 119.5 平方公里的先行启动区，到 386 平方公里的主城区，再到 873 平方公里的新片区，是一个"优配—突变—涌现—蔓延"

* 本文系作者 2020 年 9 月 18 日发表于《全球智库动态》研究报告第 179 期的文章。

的过程。这个过程其实也是生产力布局成型的过程。我们最期待的，是它的基因突变和功能涌现，更倾向于集中力量、重点突破，不轻易稀释政策红利的浓度。

让人非常感佩的是，有关领导意识到一定要前瞻识别风险。知风险、识风险、止风险。面对汹涌而来的投资项目线索，既要考虑时序和空间顺序，科学布局，更要防范不健康的商业模式，还要平衡资源出让速度、资源导入效率、财政贡献效能等。“欣喜之余，尚有隐忧”。最大的隐忧，是供地过快。

情景模拟是一种有效的政策分析工具。前滩综研曾参考“东京2035”，对新片区的未来做了四种情景模拟。其中最令人向往的有两种情景：一种是连接和链接能力超群的独立辅城，另一种是“自由自在的全球化临港”。最令人担心的也有两种：一种是众所关注的大型开发园区，另一种是以国内要素集聚为主的产业新城。

关于临港，要研究的话题实在很多，面临的挑战也实在不少。唯有大胆突破，才有临港美好的未来。从“大写意”到“工笔画”，唯有走近临港，走进现场，才能找到扎扎实实的路径。

建设国际数据港的四个层次*

文 / 宋杰封

导读：2019 年 8 月 6 日，国务院印发《中国（上海）自由贸易试验区临港新片区总体方案》，首次提出了“6 + 2”制度创新。其中，在“信息快捷联通”方面，《总体方案》提出将重点“实施国际互联网数据跨境安全有序流动”。

建设国际数据港，不仅是上海全面推进城市数字化转型的核心承载，更是临港新片区发挥制度、区位、产业优势，强化数据要素资源配置能力，提升上海在数字经济领域影响力和话语权的重要抓手。

通过对标国际先进的数据枢纽港建设，临港新片区建设国际数据港，至少应把握四个层次的工作任务。

第一层次，建设适度超前、国际高标准的数据基础设施。新加坡目前在亚太地区拥有最高容量的数据中心。上海虽然已拥有两个海底光缆登陆站，但和国际数据枢纽港相比，海缆连接数量少，国际传输能力有限。上海亟需实施相对超前的信息基础设施策略，扩大国际海底光缆容量，建设国际互联网专用通道，加快布局 5G、物联网、工业互联网和新型互联网交换中心、公共算力中心等新型基础设施，提升国际互联互通、高效链接能力。

第二层次，营造全域、全领域、全行业的应用场景。当前，上海城市数字化转型重点在于从经济、生活、治理三个维度推动城市整体性转变，各区也相继公布了一批数字化转型的应用场景，但总体而言，应用场景仍较少，生活类、政府服务类场景多于产业应用场景。临港新片区作为上海科技创新策源、高端产业引领的战略性

---

* 本文系作者 2021 年 7 月 15 日发表于《全球智库动态》研究报告第 135 期的文章。

空间，更应发挥数据赋能作用，聚焦“7 + 5 + 4”产业领域[①]，开放更多应用场景，成为全球高科技企业、最新技术应用的试验场、竞赛场。

第三层次，加快新一代信息技术、下一代通信技术等前沿技术领域突破，打造数字经济产业生态。重点围绕数字经济与实体经济的深度融合，聚焦集成电路、生物医药、智能汽车、海洋装备等先进制造业领域，攻克一批“卡脖子”的关键核心技术。同时，积极吸引全球顶尖的数字科技公司、数据中介机构，加快培育本土高成长、高能级的数据企业，打造具有世界影响力的数字经济产业生态圈。

第四层次，加快构建数据自由流动的制度和政策环境。主动对接欧盟的《通用数据保护条例》（*General Data Protection Regulation*，GDPR）、APEC的《跨境隐私保护规则》（*Cross-Border Privacy Rules*，CBPR）和全球高标准多边、双边贸易规则中“数据自由流动”等相关条款，在国家法律允许的条件下，积极探索重点产业领域和个人的跨境数据流动，适时推动国际数据交易所落地，建立健全跨境数据流动的事前、事中、事后的监督管理机制，构建数据跨境流动、数据要素全球配置的综合治理体系。

以上四个层次的工作任务层层递进、相互影响、共同促进。当务之急是尽快梳理新片区内不同所有制、不同行业市场主体的普遍性、规模性、持续性跨境数据需求，在《智能网联汽车和车联网数据跨境流动操作指引》的基础上，进一步拓宽数据跨境流动的行业领域，加大压力测试，逐步形成可复制可推广的数据跨境流动制度体系，打破常规、扩大开放、创新突破，为上海建设国际数字之都贡献力量。

注释：

①“7 + 5 + 4”产业领域中“7”指集成电路、人工智能、生物医药、民用航空、智能新能源汽车、高端装备制造、绿色再制造等前沿行业；“5”指新型国际贸易、跨境金融服务、现代航运服务、信息服务、专业服务为代表的高能级服务业；“4”指以离岸经济、智能经济、总部经济、蓝色经济为特色的开放创新经济业态。

国际数据港建设杂谈*

文 / 前滩综研专家组

> **导读：**2022 年将是场景式改革的窗口期，也是高水平开放的酝酿期，更是科技创新突破的关键期。城市发展进程中，我们对如何从“马力”过渡到“电力”想得比较多，但对如何从“电力”到“算力”想得比较少。

中国货物贸易在全球贸易中占比很大，而在数字贸易（尚未有统一的定义）中的占比还有待提升。中国数据流入多、流出少，且总量远不及欧美国家。美国运营商向中国收取高额费用，导致信息流量的不对等。

新加坡政府是强政府，通过政策推动运营商数据的共建共享，其信息基础设施每 5 年就有一个大的飞跃。新加坡成功的诀窍在于，宁可让基础设施等流量，也绝不能让流量等基础设施。目前，新加坡主要在两方面卡别人“脖子”：马六甲海峡和亚太信息枢纽。

上海要依托国际数据港的建设，培养大量国际化的数据服务商，带动先进算法和商业模式发展。规则往往跟着规模跑，要以丰富的应用场景倒逼规则的建构。上海可率先落实《区域全面经济伙伴关系协定》（*Regional Comprehensive Economic Partnership*，RCEP）中的相关开放举措，推动国内外标准互联互通。

打造国际数据港一定要产业驱动，数据与产业是“皮与毛”的关系，数字化是传统产业转型升级的“催化剂”。数据交互的背后是系统之间的交互。

数字经济的基础设施包括网、云、数。国际数据港的平台架构

* 本文系 2021 年 12 月 20 日前滩综研召开的“对标新加坡模式，推动临港新片区打造国际数据枢纽功能”课题专家研讨会部分内容摘要。

不同于传统模式，它是分散式的，在多国间形成数据联盟体系。这就要求其具备更强大便捷的数据调度能力，更多可供选择的数据模型，更高级的数据算法。

国际数据港的建设可以提“毫秒圈”概念，将目前网络延时从百毫秒级压缩到十毫秒级，从而更好地服务于工业互联网、港口信息化、智能网联车发展。

安全可信是核心驱动力，要做好平台公共服务，构建覆盖数据全生命周期的安全治理体系。

本章拓展阅读

何万篷：“引领区”指向全方位深层次根本性创新变革

听！90后和外籍人士怎么说？

中国特色自由贸易港政策制度体系创新的基点与内涵探讨

第十章

为了更高质量的跨区域联动

跑上海四条环线有感*

文 / 何万篷

导读：新冠肺炎疫情肆虐，外头车辆稀少，道路畅通，于是抓住机会，驾车跑完四个“闭环”——内环、中环、外环、郊环（G1503）。内环线，让人感受到都市生活的烟火气。中环线，让人感受到生长的生机和朝气。外环线，让人时时有因拥堵而“路怒”的怨气。而郊环线，迫切要从无奈和泄气中，大踏步走出来。

本人实测下来，内环线全长 48 公里，中环线长 70 公里，外环线长 98 公里，郊环线长 210 公里。这和通过百度搜索到的数字有点小出入。如果把四个环分别看成四个圆，知道了周长，是可以很方便地大致求出其各自围合面积的。但是这里我不打算做这个计算，部分原因是有同事提醒，当下的上海不应该强调内向围合，而应该更多地考虑外向辐射，就像一只大手，掌根厚实，手指粗壮，既能握成拳头，也要能舒展成手掌。

“圈层（N 环）+放射”，对内对外相互赋能、“流”和“留”相得益彰，似乎是超级城市①生产力布局的共同特征。也有专家呼吁，是时候放弃“环线思维”了，应该多一些“全域思维”和“市域一体化思维”，不能让“环线等级意识”再持续下去了。

不知道大家是否有同感，现在舆论对大城市病的讨论明显减少了。人口膨胀、交通拥堵、环境恶化、住房紧张、就业困难等问题，实事求是地讲，随着技术进步和治理变革，得到了很大的缓解。而城市（尤其是中心城区）让生活更美好的观念，更加地深入人心。城市化，应该说压过了逆城市化，至少是阶段性地。

* 本文系作者 2022 年 3 月 30 日发表于《全球智库动态》研究报告第 59 期的文章。

参加工作以来，我先后作为徐汇、虹口、杨浦、嘉定、浦东（包括“老浦东”和“老南汇”）等区的“常住人口”的一员，曾经居住在内环内，后来搬迁到内中环间，然后是中外环间，随后在外环外“安营扎寨”。这几天我一边“闭环”跑，一边忆往昔，一边想未来，感触良多。

内环线，是上海最早的城市快速高架道路，始建于 1993 年。沿线两侧非常“稳定”（其实就是陈旧），很多年都没有大变化。城市更新得很慢，当然也很难。据说，在内环线规划建设初期，有的区县曾经主动提出，本区范围不要上下匝道，别让高架上的交通压力“下沉”到地面上。后来自然是后悔莫及，另外花重金架设匝道，重新“链”入交通网络。我因曾在内环线高架工地上做过一段时间的监理工作，所以有机会在竣工前开过一段路，当时穿梭在高楼大厦之间，建筑物扑面而来的震撼感，让我至今难忘。

令我印象深刻的还有一点，内环线是全国首个获得世界银行贷款的市政交通工程项目。上海内环内区域，总是被比作巴黎的“小巴黎”区域——大致是巴黎环城道（第二圈）以内的市区，但也不能完全按此“圈”出来。埃菲尔铁塔、卢浮宫、巴黎圣母院等著名景点，均位于“小巴黎”。

如果说，内环线越来越凸显它服务于市民日常生活的功能，那么中环线则灵动鲜活，生机盎然，分明就是一条“专业服务金腰带”。它既享有大都市高密度优质公共服务的便利，又有足够的物理空间，不像老城区那么“螺蛳壳里做道场”的逼仄。它串联起上海最有成长性的几大功能板块，比如“漕河泾”“桃浦智创城”“市北高新”“江湾—五角场”等。尤其是浦东段的“金色中环”，亮点纷呈（沪东、金桥、张江、杨思、前滩等），被规划为世界级的“产城融合示范区”“科技创新标杆区”“新基建和新理念实践区”。

我希望中环线的作用不是围合，而是缝合，能促进上海经济活动在政策上接力、在空间上接应、在动能上接续。当然，还得提一下，2020 年 11 月起，中环全线施行新的限行措施，给外省市机动车来沪增加诸多不便，对此有没有更合理的解决方案？

外环线（一度被命名为 S20），是上海的物资补给生命线。因为塞满了重载卡车，被司机们视为畏途。上海的主城，基本上就是被外环线所“包裹”的。外环，还是上海燃放烟花爆竹的分界线。同时，外环线也是沪 C 车辆的禁入线。各界对此政策见仁见智，一直有争论。

进了外环线，机动车喇叭禁鸣。根据国际经验，从市中心原点出发，以约 15 公里为半径画圆，应是产业勃兴之地，但是上海外环线两侧的产业发育是有点问题的，服务业过不来，制造业退得太远。外环线周边目前主要是绿化林带，还有个情况，外环、中环在有些地方挨得太近，最近处不到 1.5 公里，已经快要叠合在一起了。因此，有不少人提出，将外环线外移。外环线两侧，不能只有绿化林带，还应该迎接制造业回归。

而上海的郊环线，则离得太远。郊环线车流量虽然不小，但拥堵主要发生在几个经济节点。郊环线两侧最能反映上海发展的非均衡性。观者来此地，会情不自禁地感慨：没想到上海郊区的发展仍有些不尽如人意，和改革开放四十多年的成就不匹配，和长三角高质量一体化不匹配，和现代化国际大都市的综合水准不匹配。

在郊环线的西线，尚能看到一些工厂车间。尤其是在宝山段，因为宝钢的原有布局，也能看到不少企业，但是能明显感觉到它们的经营状况是在走下坡路，迫切需要提振。再往东北角走，郊环和外环并线，进入浦东，过了外高桥，基本上是一马平川，只有片林和农居。进到南线奉贤部分，生产单位更显稀稀拉拉。很多非常现实的问题，不容回避。比如，新片区的奉贤部分（面积占到新片区一半以上），何时实质性启动?

于是我很自然地联想到，上海的郊环线相当于北京的六环。两者都在求解如何建设国际大都市农村地区的问题，恐怕不能套用新农村建设或者乡村振兴的一般路径。美国建筑师弗兰克·劳埃德·赖特（Frank Lloyd Wright）的“广亩城市”（Broadacre City）规划思想，跃入脑海。赖特认为，没有把一切活动都集中于城市的必要，分散（包括住所和就业）将成为未来城市规划的原则，城市是“无所不在，又无所在的”。

上海要素丰富，包括产业用地、优质项目、优秀人才、先进政策等，现在要做的，可能是空间上的分工协同。前文提到的“空间接应”实际上是“布局优化”和“系统集成”的问题，既要把资源要素吸引过来、集聚在一起，又要将其分拨、配送出来。今天冒冒失失把这个问题提出来，抛砖引玉，恳请更多人关注它，前滩综研将进行更多精细、严谨的田野调查，希冀能有一些收获。

注释：

① 根据美国国家经济研究局的定义，人口超过 2 000 万的城市是超级城市。人口规模越大，越集聚，总体经济效率越高。

对上海各区对接“引领区意见”的若干建议*

文 / 宋杰封

导读：2021 年 7 月 15 日，《中共中央国务院关于支持浦东新区高水平改革开放打造社会主义现代化建设引领区的意见》发布，一石掀起千层浪。当浦东努力成为社会主义现代化强国的璀璨明珠之时，上海其他十五个区不禁扪心自问：“那我们呢？我们的位置在哪里？我们该何去何从呢？”

当下上海各个地区的发展早已不是单兵突进的模式，今日“引领区”建设更是如此，互促共进方能彼此成就。在此，我特别呼吁浦东新区尽好地主之谊，发挥好主体作用，其他各区可结合区域特征、产业、人文要素等优势，主动对接，“各美其美、美人之美、美美与共”，形成与浦东“引领区”同频共振之态势。

一、静安区

静安区应进一步延伸、拓宽国家服务业综合改革试点的政策优势，在服务业市场准入、政府服务管理创新等领域加大改革力度，加强改革系统集成协同效能。依托市北高新园区在大数据领域的先发优势，率先探索数据确权、数据共享等重大改革措施。同时，发挥南京西路、大宁等市级商圈的优势，持续增加高品质商品和服务供给，打造面向全球的新品首发地，引领消费潮流的风向标。

* 本文系作者 2021 年 10 月 21 日发表于《全球智库动态》研究报告第 201 期的文章。

二、黄浦区

黄浦区应重点推进“外滩金融集聚带”建设，依托“外滩大会”这一具有世界影响力的公共活动，聚焦更多银行、证券、保险等金融机构和金融科技企业，完善金融生态体系。发挥区域人文资源优势，加大力度引进国际性、专业性的演艺活动，做实、做高以人民广场为核心的演艺大世界，打造上海文化消费新地标。

三、徐汇区

徐汇区应发挥央视长三角总部的优势，持续增强上海金融信息的话语权和资源配置能力。加大力度培育本土金融信息龙头企业，以金融信息作为生产力，与浦东陆家嘴、外滩金融带、临港新片区等共同构建起上海国际金融中心产业生态圈。发挥好高校科研院所、历史文化街区、高科技产业园、高品质文化场馆等资源富集的优势，加快推动资源集成创新。积极探索复制浦东“引领区”人才引进“直通车”等制度，吸引海内外领军人物、创新创业团队和青年才俊集聚，提升徐汇在科技、文化、产业等优势领域的辐射力和带动力。

四、长宁区

长宁区应重点围绕虹桥国际开放枢纽建设，加大在离岸贸易、跨境服务领域的开放力度。发挥国家第一批“城市一刻钟便民生活圈”试点的政策效应，依托携程、美团等互联网龙头企业，推动线上线下相结合、平台与重点商圈合作的在线经济新模式，率先营造可达性强、服务精准、功能复合、开放安全的宜居社区。

五、普陀区

普陀区应以城市更新和产业更新为抓手，结合真如城市副中心、桃浦智创城等重点板块，积极探索土地混合使用、复合利用的政策创新，充分激活区内产业、科创、文化、生态等资源，推动资源集聚要素集成，打造超大城市中心城区城市治理的生动样本。

六、杨浦区

杨浦区应依托高校资源富集和国家创新型试点城区的政策优势，在科技创新体制改革、科技成果转化等领域加大探索，如公司型创业投资企业所得税优惠政策等，提升杨浦区中小企业创业成功率、成长率，打造全国创新创业升级版。

七、虹口区

虹口区应重点推进北外滩地区开发，加大力度布局金融科技、高端航运服务等高附加值业态，集聚一批有全球影响力的企业总部、国际组织和功能性机构，提升区域全球资源配置力。与浦东陆家嘴、黄浦外滩合力打造上海核心中央商务区的“金三角”。

八、闵行区

闵行区应围绕“上海南部科创中心”建设要求，在基础研发、成果转化、创新创业等方面加大改革力度。重点推动科技成果转移转化体制改革，优化科技成果转移转化和企业创新创业过程中的体制机制问题，为创新源头突破、引领产业变革提供有力支撑。

九、宝山区

宝山区应积极探索重大科技基础设施建设的投入机制创新，加强地方政府、高校、龙头企业合作，提升区域整体科创氛围。同时，以系统集成、协同高效的理念，加快区内多层次、多类别园区的整合，形成产业集群化优势。

十、松江区

松江区应持续推进 G60 科创走廊建设，以“科创 + 产业”为抓手，加强与长三角其他地区的分工协作。加大力度探索自由贸易账户（Free Trade Account，FTA）改革、内销选择性征收关税政策等高水平制度型开放。依托综保区优势，探索复制“引领区”方案中建立企业研发进口微量耗材管理服务平台的相关做法，降低企业研发成本。

十一、青浦区

青浦区应重点对照“引领区”打造世界级创新产业集群的要求，依托华为上海研发基地、美的全球创新园等龙头企业和重大载体，对内加强与浦东、闵行等区的资源共享，加快集聚终端芯片、信息服务业等高科技企业，完善产业生态；对外联通苏州、嘉兴等地，推动产业链水平分工协作，共同打造世界级通信产业集群。

十二、嘉定区

嘉定区应持续放大智能新能源汽车领域的产业优势，扩大“世界级汽车产业中心”在长三角的辐射作用，提升全球资源配置能力。同时积极培育智能传感器、高性能医疗设备等产业，增强区域竞争力。

十三、奉贤区

奉贤区应积极开展国资国企混合所有制改革试点，提升奉贤区属骨干国企在城市建设、产业发展、文化培育等方面的综合竞争力。依托奉贤综保区和“东方美谷”品牌优势，探索美妆类危险品仓库审批、“非特”备案等制度创新。主动推动“张江药谷”与“东方美谷”联动，探索跨区域产业联动、人才交流等合作机制。

十四、金山区

金山区应通过与清华大学天津高端装备研究院、浙江清华长三角研究院、中国科技开发院等重点科研机构的合作，进一步推进科技创新、体制创新。积极开展与平湖、嘉善等杭州湾北岸地区的产业协作，促进区域资本、信息、人才等要素的自由流动。

十五、崇明区

崇明区应围绕“具有全球引领示范作用的世界级生态岛”的发展定位，着眼生态治理，率先开展生态产品价值实现试点，探索政府主导、企业和社会各界参与、市场化运作、可持续的生态产品价值实现路径。

上海大都市圈是系统集成的区域高质量发展共同体*

文 / 何万篷

导读：上海大都市圈是产业共同体、科创共同体、区域共同体、发展共同体和命运共同体。在上海大都市圈规划与建设中，上海应当发挥“领头雁”作用，要在人才、生态、文旅、交通和公共安全等领域加强合作，促进各类要素在不同规模和功能相异的城市间流动，提高资源配置的效率，合力书写上海大都市圈发展的美好画卷。

1. 国家“十四五”规划纲要将都市圈定位为城镇化空间格局战略的重要组成。当前，各类资源向都市圈集聚的特征愈发明显。在“双循环”新发展格局背景下，受新冠肺炎疫情影响，您认为上海大都市圈和长三角经济产业一体化发展将会带来什么样的变化？未来应采用什么样的区域经济发展模式？

何万篷：从全球范围来看，国际竞争合作，越来越多地由超级城市群或者超级都市圈承载。作为非国家主体，城市群或者都市圈在全球生产分工体系和价值网络中的地位，决定着国家的竞争力和话语权。

长三角一体化发展正成为新时代上海落实国家区域协调发展战略的重要任务。《上海市城市总体规划（2017—2035 年）》提出，充分发挥上海中心城市作用，加强与周边城市的分工协作，构建上海大都市圈，打造具有全球影响力的世界级城市群。把长三角建设

* 本文系作者 2021 年 5 月 24 日受上海大都市圈规划研究中心之邀以笔谈形式针对都市圈相关议题进行的探讨。

成为贯彻落实新发展理念的引领示范区、在全球有影响力的世界级城市群、能够在全球配置资源的亚太门户，是长三角一体化发展的目标。而都市圈在其中扮演着重要的“超级联系人”作用，其建设的核心要义是基于自由贸易制度，实现资源要素的便利化流动，建设发展强劲的活跃增长极。其内涵是连接周边，链接全球；是向下兼容，向上迭代；是硬实力支撑，更是软实力引领。

上海大都市圈是产业共同体、科创共同体、区域共同体、发展共同体和命运共同体。从短期看，虽然新冠肺炎疫情对长三角经济产业一体化带来一定影响，但是经此一“疫”，上海大都市圈将进一步增强产业链供应链的韧性和弹性，在全国统一大市场建设中发挥示范引领作用。本轮疫情发生以来，给人最直观感受的是来源于长三角地区乃至全国各地的保供物资，在我们看不到的背后，有五大海关共同保障长三角地区产业链供应链的安全畅通，有上海大都市圈九座城市的重点产业链供应链“白名单池”的共享互认。

在一个城市群和都市圈中，每个城市产业的发展升级都不是孤立进行的。上海大都市圈要用好产业发展的牵引作用，加快构建“长三角产业生态圈”，形成国际先进、安全韧性的产业基础体系，协同构建人才、物流、信息、金融、创新生态圈，从而加强长三角产业协作，形成更多跨区域产业协同创新中心，助力破除阻碍资源要素顺畅流动的各种藩篱、壁垒，使产业发展与统一市场建设相得益彰。上海大都市圈和长三角经济发展的增能、提速和扩容，将推动区域内各城市的产业组链、成群，形成高效协同的生态系统，包括“研发—产业化”的协同、“整机—零配件”的协同、“生产—展示—销售”的协同和“制造—服务”的协同。许多产品和服务会在长三角不同城市节点间发生高频互动、形成紧密链接，大家将一起分享高能级产业的价值红利。

国际经验表明，都市圈建设能够促进各类要素在不同规模和功能相异的城市间流动，提高资源配置的效率，并加强中心城市和周边区域的经济联系，形成相对合理的城市体系格局。世界主要都市圈都围绕区域协同开展了诸多探索与实践。例如，东京都市圈探索构建起以东京为中心的“广域治理模式”，其核心协作机制是自20世纪70年代起形成的“九都县市首脑会议”，主要职能是合力谋划顶层设计，积极向中央政府及相关职能部门申请“展都”“分权”等重大战略提案，为都市圈发展争取了更大的自主空间（图1）。又如，巴黎都市圈在巴黎市及毗邻的7个地区之上，另设更高级别的管理机构——大区，大区具有较高的行政自治权，便于进行全局的统筹谋划。成熟的都市圈必然在区域内形成了等密度、均质化的公共服务体系和交易机制。同样，上海大都市圈面临的重大课题之一就是在坚持市场主导、尊重客观规律的基础上，引导资源在“引力场”的不同“点位”间实现最优配置，在系统内部形成有序、良性的竞争与合作。

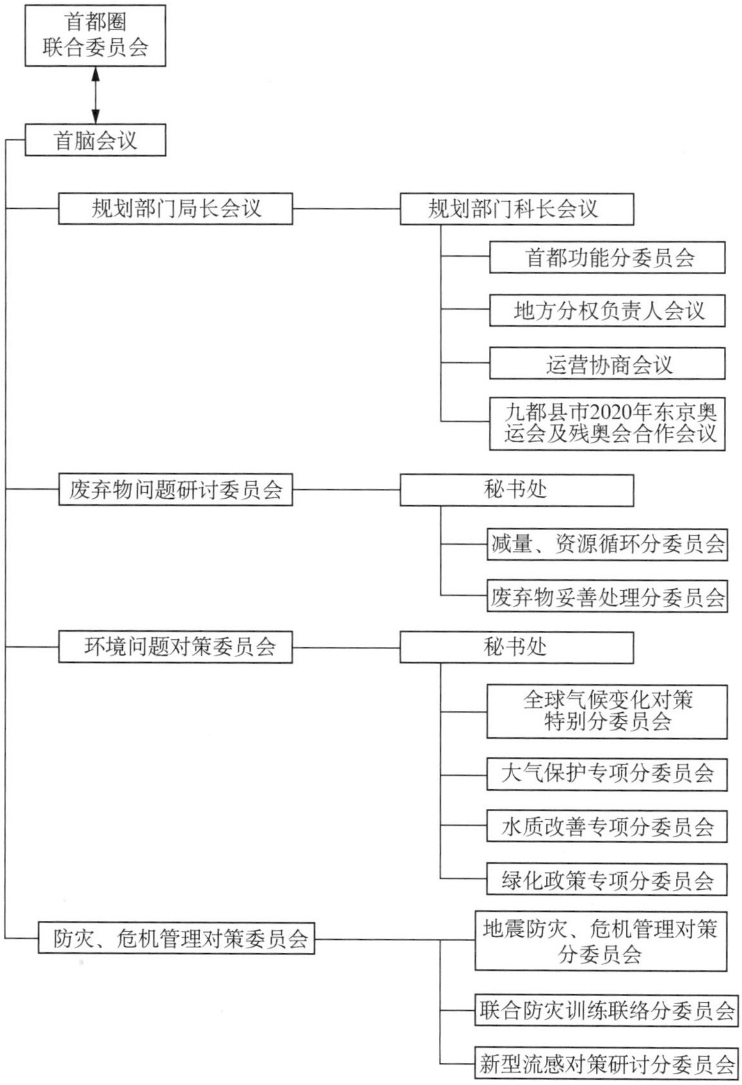

图1　东京都市圈九都县市首脑会议

来源：九都县市首脑会议，http：//www. 9tokenshi-syunoukaigi. jp/.

2.《上海大都市圈空间协同规划》提出上海大都市圈将打造全球领先的创新共同体。作为长三角的经济核心，您认为上海大都市圈的创新网络和产业集群具有什么特点？上海应发挥什么作用，带动上海大都市圈和长三角创新链和产业链融合发展？

何万篷：产业集聚如果跨过了某个要素和关系的“临界值”，就会催生不可逆的产业创新。打造长三角科技创新共同体，旨在将产业集群升级为创新集群，从以成本优势为主导走向以技术优势为主导的新集群。它是一个复杂适应系统（Complex Adaptive System，CAS），具有聚集、非线性、流、多样性等特性。

纵观世界各主要城市群或地区经济带，其首位度最高的核心城市往往也是创新中心，如纽约、伦敦、巴黎和东京等，它们都作为各自所属城市群的中心，发挥着全球资源配置、科技创新策源、高端产业引领、开放枢纽门户的作用。上海大都市圈的创新网络建设就是要让创新要素“流留结合、以流促留、共建共享、互联互通”，进而牵引带动覆盖整个长三角区域的创新网络。要素产生流动的前提是客观落差。落差产生势能，势能转化为动能。创新要素在流动中突变，功能在传导中涌现，垂直分工和水平分工兼而有之的新混合分工体系得以建立。

上海大都市圈内充满了自由流动的创新要素，最关键的是做好动能接力、产业接续、空间接应这三篇大文章。“共同体”的前提是兼顾各方利益，协同共赢，提升原来各自有的，创造原来都没有的。所以，上海作为最大的“加油站”责无旁贷，要使人才、技术、资本、信息等要素得以便利化流通，让兄弟城市通过上海“下海”和“出海”，让创新要素“流”起来，造就科技创新节点，使节点之间共建共享、互联互通，进而组建起覆盖长三角领域的创新网络，拼接出符合总体利益的最优版图。

在上海大都市圈创新网络建设中，中心城市发挥着重要的组织者作用。可以探索由上海发起、建立都市圈全产业链开放创新的模式。上海的产业转移，不是单向的转出，而是双向的互动；不是简单的平移，而是全新的再造；不是被动甩掉包袱，而是主动让出空间。要超越梯度转移的一般逻辑，避免产业低端锁定的弊端，促进都市圈各大城市在承接产业转移中不断实现升级改造，实现在转移中转化，在转化中赋能，在赋能中共赢。依托虹桥国际开放枢纽、长三角 G60 科创走廊、环太湖科创圈、沪浙合作示范区等平台，聚焦集成电路、生物医药、新能源汽车、人工智能、高端装备等产业，打造产业高度协同、供应链高度集约、创新要素高度集聚的世界级产业集群，有力提高上海大都市圈产业集群在城市群生产网络中的专业化水平和生产效率。

值得关注的是，上海大都市圈的创新网络建设，对各地的职能部门也提出了全新要求：既要顺着场景积极作为，又要守住边界避免“占道堵路”，还要系统集成整体智治，更要火眼金睛防范风险。这就要求我们对待技术创新，宜相对“宽、松、软”；对待纯商务模式创新，应该相对“窄、紧、硬”；对待那些以高科技、新基地、大投资为幌子，游走在各地，占资源、套补贴、骗扶持的不良模式，尽早建立黑名单制度，最大程度地防止因为信息不对称，而出现耽误产业和区域经济发展时间窗口的情形。

3. 根据第七次全国人口普查数据，上海大都市圈的人口老龄化率远高于粤港澳大湾区等地区，可能影响区域整体竞争力的提升。您是如何看待这个问题的？后疫情时代，上海和上海大都市圈在人才培养和吸引方面应如何发力？

何万篷：上海人口老龄化程度高和城市人口发展历史变化密切相关。老龄化程度高也可以被视作一个城市发展到一定阶段后，社会保障、福利和医疗水平持续提升的重要指标之一。全球各顶尖城市（纽约、伦敦、巴黎、东京等）都已迈入老龄化社会，但它们对国际人才的吸引力却丝毫不减，老龄化程度并不会妨碍城市对人才的吸引力，相反，将被理解为可“安居乐业”的驱动力。上海始终重视人才的引进与培养，近年来人才落户、技能培养、考核评价等领域的政策不断推陈出新，具备由依靠人口红利转向发挥人才红利，实现经济社会高质量发展的优势和潜力。

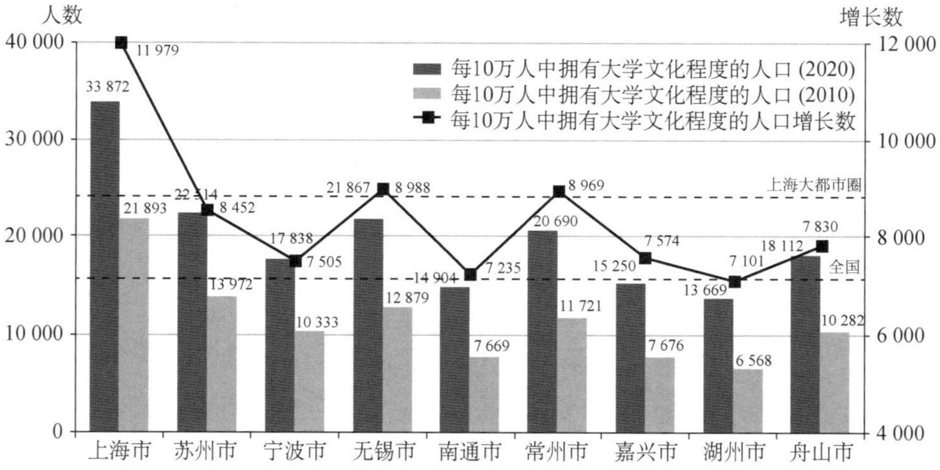

注：数据来源自各城市2010年第六次全国人口普查公报和2020年第七次全国人口普查公报。

图2 上海大都市圈各城市每10万人拥有大学文化程度的人口情况

数据来源：上海大都市圈各城市第七次全国人口普查主要数据公报

受当前全球新冠肺炎疫情和国际竞争局势的影响，人才流动出现了阻滞局面，但全球人才流动和迁徙大趋势仍旧存在。全球科技企业的大迁移、大动荡将促使相当一批科技精英和投资人才回流中国市场。在工业经济时代，哪里有企业，哪里就有就业（people follow business）；在服务经济时代，哪里有人才，哪里就有产业（business follows people）。在“双循环”新发展格局下，随着开放格局的不断深化，需进一步破除国际人才来华工作、生活的体制机制约束，集聚更多世界顶尖的技术和人才要素。

上海大都市圈需秉持“国际视野，未来引领”“重视青年，社交驱动”“市场配置，需求驱动”“系统集成，改革联动”等原则，吸引天下各领域英才。以人才为核心，实施积极的人才政策，突出前瞻性、综合性，精准化、常效化，聚焦高科技、面向新经济，精准施策。孕育新经济就要加大年轻人才的培养、吸引、选拔的力度，“本科生经济”约等于新经济（图2），所以导入更多的本科生至关重要。同时，上海要保护年轻人的闯荡精神，给年轻人搭建更多平台。按照趋势场景化、场景项目化、项目企业化、企业证券化、证券社会化，强化应用场景创新，营造人才喜闻乐见、熟悉、追逐的场景和氛围，要保护企业家的创业激情，要给企业家以希望。可开展

“回形针”行动（吸引留学生和华裔科学家回流）、“吸铁石”计划（吸引友华的外籍科学家、工程师来华），把人才引进来、留下来，使要素流起来、效益产出来，让上海成为集聚人才的孵化器、转移输送人才的枢纽。

如何让人才在上海大都市圈一体化中发挥最大价值？自由流动仍是核心。在一体化下，工作与生活的时空是可分离的，更是具有弹性的。要发挥好上海作为中心城市人才蓄水池的作用，促成长、助流动，将人才“分拨”到各地，在转移中转化，在转化中赋能，在赋能中增能。探索建立人才、企业双向流动机制，探索试点“共享员工”等新型用工制度。共建新型的人才培养平台（比如建设长三角大学，本部设在长三角生态绿色一体化发展示范区，各专业分部设在需求场景最密集的地方）。优化创新人才培养模式，开辟拔尖创新人才培养“绿色通道”，构建教育与产业统筹融合发展的格局。探索建立户口不迁、关系不转、身份不变、双向选择、能出能进的“季节型”“假日型”“候鸟型”“契约型”人才柔性流动机制；打破户籍、身份、人事关系等限制，实行专业技术任职资格、技能等级、继续教育证书、外国人工作证等互认互准制度；实行企业登记无差别办理，建立企业自由迁移服务机制等。

4. 城市发展正经历生产、生活、治理方式的全面创新，从物质消费进入精神消费、体验经济的新阶段。对于都市圈来说，您认为都市圈的软实力包括哪些方面？上海大都市圈应如何整体提升软实力？

何万篷：城市之间的竞争，主要围绕着影响力、控制力，话语权、定价权展开。“两力”和“两权”的表征和呈现方式中，让人敬畏甚至恐惧、不得不遵照执行的，就是硬实力；润物无声、让人憧憬向往、愿意追随仿效的，就是软实力。软实力和硬实力一起，构成都市圈的综合实力，如同DNA双螺旋，相互赋能、相互触发、相互牵引。

软实力就是通过善治而培育和迸发出来的，由内而外的，对资源要素的一种自然感召、吸引，使人们认同、喜欢、参与、享受，采取自觉行动。所以，都市圈软实力的内核，是基于本区域精神品格和文化特质的共识。没有共识就没有软实力，共识牵引共同行动。软实力这个“场域”的最外边界是文化，以文化人，以文化物，文化是人类全部精神活动及其产品。这种“内核”和“外延”的关系，有点像恒星及其周边的星际物质。恒星，相当于共识，是强大的、广泛的、清晰的、高质量的；星际物质是延展的、杂糅的，不断组合调整的。

当前，上海大都市圈正从“容器建设”进入“内容运营”的新阶段，从“物的现代化”进入“人的全面发展”的新阶段，从“物质消费”进入“物质消费和精神消费、体验经济并轨”的新阶段，生产方式、生活方式、交易方式、治理方式创新齐头并进，提升整体软实力更加紧迫，需要我们拿出可操作的行动方案。

一是提升“综合善治”水平。比如，率先推进都市圈基本公共服务均等化，协同推进都市圈生态环境保护，完善重大疫情联防联控体制机制等。要克服“合成谬误”，填补“制度缝隙”，破除隔断化、碎片化、板块化，更不能板结化。要提升都市圈跨部门、跨层级的协同，促进高能级资源要素的便利化流动，尤其是数据和信息的互联互通，为提升“综合善治”水平夯实数字治理底座。

二是讲好营商“共同语言”。软实力的渗透和扩散，在很大程度上是激活软要素、实现软联通、营造软环境的过程。营商环境好不好，都市圈的市场主体最有发言权。他们对营商环境的感知是生动的、具体的、多样化的。最朴素的感知就是整体便利、相对便宜、本质公平、全面安全、更加开放。多讲都市圈的“共同语言”，就能消除营商环境中的“微障碍”和“程序门”，构建具有系统性竞争力的营商环境。

5. 《长江三角洲区域一体化发展规划纲要》提出“推进都市圈协调联动。加强都市圈间合作互动，高水平打造长三角世界级城市群”。您认为长三角都市圈之间在交通、生态、文化旅游等方面，尤其是在应对重大公共安全事件方面，应如何协同合作？

何万篷： 都市圈在“中心城市—都市圈—城市群”的区域空间格局中，起着重要的承载作用。当前，上海大都市圈内交通体系日臻完善，“内联”“外通”格局不断优化：沪苏湖、南北沿江城际铁路等重点工程正有序推进；上海—南通、上海—宁波舟山—南通等世界级机场群、港口群正在建设，虹桥国际开放枢纽的辐射效应日渐显现；临港新片区国际数据枢纽建设主动提速，将进一步提升国际数据交互能力。“通”是实现都市圈协调联动的坚实基础，既要提高在轨道、港口、航空等方面的硬联通，加速建设“轨道上的长三角”，打破路网交通“界限”，又要注重规则、规制、管理、标准等方面的软联通，让都市圈变得“更紧密”。

从全球看，各主要都市圈都在“通”上下功夫，构筑起“人畅其行、物畅其流”的多层次、多元化的廊道网络。纽约都市圈素以区域内交通密度、出行方式多元化著称，都市圈内的新泽西州、康涅狄格州直达纽约的公交线路达 100 余条、铁路班次达 30 余班，还有 20 余条轮渡航线，日通勤客流量超过百万人次，占全美通勤人口的 5%。巴黎都市圈对外交通枢纽由 20 余座机场、近 10 个高铁车站、60 多个港口组成，2 小时经济圈覆盖欧洲 5 亿人口，其中戴高乐机场旅客、货物吞吐量分别位居欧洲第二和第一。凭借便利的对外交通，每年到访巴黎都市圈的客流量达 5 000 万人次以上，超过 400 场大型贸易展会在域内举办，助推巴黎成为全球重要的对外交往中心之一。

长三角都市圈之间在生态方面的合作，重中之重就是高水平建设长三角生态绿色一体化发展示范区，这充分体现了生态文明的建设要求。一方面，要建立严格的生态保护体系，推进生态环境协同防治：加强区域生态廊道建设，扎实推进水污染防治、水生态修复，切实加强跨区域河湖水源地保护，建设世界著名湖区；建立示范区统一的生态红线管控制度，统一划分生态空间管控单元；推进标准、监测、监管“三统一”，建立协调高效的一体化环境管理体系。另一方面，构建绿色发展的产业体系和低碳发展先行区，统筹产业发展方向和重点领域，优化整合生产要素的存量和增量，建立绿色生态系统生产总值（Gross Ecosystem Product，GEP）核算和跟踪评价体系，创新绿色金融等投融资机制。

后疫情时代，人们的出行和旅游已发生质的变化，周边游可能更加受欢迎。有风景的地方兴起新经济。长三角各大都市圈文旅资源富集，农创、电商、职业培训、养殖、医疗、康养、“互联网+”等新兴市场十分广阔。区域一体化可能始于旅游和商贸，但绝不会发展于走马观花式的“到此一游”，需要高密度的文化旅游资源注入，需要拥有极大影响力的头部文化旅游企业总部入驻或聚集，需要知识提升劳动价值，需要技术提升产品价值，需要市场实现更高级的资源增值。要提高站位来谋划推进长三角文旅合作，共同营造安心、舒心、放心的长三角文旅市场环境，催生大量的经济行为和经济场景，提高经济效益。不妨多开发一些旅游景点一票通、文化旅游廊道、长三角品质旅游产品等。

长三角都市圈之间的合作还有一条底线，那就是公共安全。城市公共安全涵盖自然灾害、事故灾难、公共卫生事件和社会安全事件等多种类型，涉及生产安全、交通安全、消防安全、食品安全、建筑工地安全等多个领域，事关人民群众生命财产安全，事关区域改革发展稳定大局，是一个不可分割的安全体系。要牢固树立和践行总体国家安全观，构建平战结合、智敏韧性的突发公共事件应急管理工作机制。未来可运用数字技术进行风险预测，打造长三角都市圈的一网治理信息技术平台；制定都市圈标准，完善综合性的防灾和应急管理法规体系；建立都市圈贸易物流保通保畅协调工作机制，全力保障长三角地区产业链供应链的安全畅通；建设物资保障和应急中心载体（包括国家级应急产业基地、综合性区域应急物资储备库、跨区域卫生防疫应急储备中心等）。

6.《上海大都市圈空间协同规划》已经由上海、江苏、浙江两省一市政府联合审定发布，后续规划实施机制和协调合作机制需进一步完善，也需要对接长三角区域一体化发展机制。对此，您有什么好的建议？

何万篷：可以预见，随着《上海大都市圈空间协同规划》的发布，通过协调、协同、协作生成新的动能，都市圈一体化空间治理将更加成熟且完善，两省一市间的联系将愈加紧密。上海大都市圈的协调合作机制要做到上下承接，建立与长三角一体化相容、统一规范的制度体系，包括都市圈政府间定期协商机制、信息共享互通机制、市场高度协同分工机制，也需要营商环境的无缝对接。比如做蛋糕，每个人带着自家蛋糕，拼在一起，总量没有变化，但是如果大家都带着独家酵母、优质菌落，帮着对方把蛋糕“发”得更大更香，增量就出来了。

落实好《上海大都市圈空间协同规划》，可能需要依托一个强大的公共平台，它可以是有形、有限空间（更多的产业公地）的，可以是无形、无限市场（基于共同标准的统一大市场）的，也可以是充盈的资金池、开放的项目库、灵敏的“消息树”（资讯共享）。最关键的，是制度供给的合成性。同一屋檐下，分家分工不吵架。公共平台的使命，就是让你、我、他调频适配，少些干扰，多些共情，激励大家把“酵母菌落”贡献出来。

都市圈各城市需由原来的碎片化到模块化、集成化，以系统观念克服“合成谬误”（如目标同构、战略雷同、政策相似、措施拷贝）。要避免低水平、低能效的重复建设，要把长板拉得更长，在更大范围、更多领域、更深层次上，培育更多高级新功能和新竞争力。比如，加快上海大都市圈内标准及规则的互认互通，探索建立上海大都市圈标准化联合组织，鼓励市场主体之间建立自组织或联盟。

要充分调动“业界自律自治”的创造性和积极性，实现“共建共管共享，互联互通互利”，推动都市圈统一市场的形成，以应对全球市场的碎片化挑战。强化“局部让渡/托管”“双向飞地”“孵化—

转化—转移”“国引民进、双向渗透”和“次区域融合、跨区域联动”“同城—成链—并网”等意识，共同优化本区域的生产力布局，提升产业基础能力和产业链水平。

7. 上海大都市圈包括上海、无锡、常州、苏州、南通、宁波、湖州、嘉兴、舟山9个城市，这9个城市各具特色又能形成统一共识。对于上海大都市圈规划与建设，您有何寄语或期望？

何万篷：上海大都市圈高质量一体化由共同的美好生活、区域协同创新体系、现代产业集群、智慧治理格局构成，服务本地居民、企业公民、外来“游”民，体现为高转化率、高存活率、高成长率和高成功率。但同时，“一体化”不是一样化、一致化，而是基于自由贸易制度的要素流动便利化。最难的是“以项目化推动一体化”，难就难在谋划生动而具象的项目，因为要素流动是通过项目来承载和实现的。

未来上海大都市圈需促进高能级资源要素的便利化流动，尤其是信息资源，加强要素集聚的入口型平台建设，保障和提升要素流动的水平和能级，培育动态的、系统性的控制力，提升影响力，树立话语权，确立定价权。同时构建国际传播新方式，润物细无声地传播广泛、清晰、强烈的“共同意识”，把“独有”变成“共有”，让受众看得懂、有感受，接得住、能参与。建议对外提高叙事传播能力，借鉴新加坡“全球贸易商计划”和“致全世界的一封公开信”，讲好企业家和民众都能听得懂的都市圈故事。

在上海大都市圈规划与建设中，上海无疑应当发挥“领头雁”作用。要在更高水平的开放上提升“领先度”，主动参与国际竞争与合作，增强全球影响力，争取定价权和话语权；要扩大改革的示范作用，做强“码头”、激活“源头”、勇立“潮头”，同时增加资源要素的可贸易性，带动上海大都市圈成为一个基于自由贸易制度、促进要素便利流动、持续提升“可贸易性”的开放大市场。上海还需从要素开放向制度开放全面拓展，敢闯敢试，率先建立与国际通行规则相互衔接的开放型经济新体制，有效发挥平台和跳板功能，为都市圈内的其他城市高质量发展赋能。此外，各个城市都有自己的特色，要发挥各自的比较优势，互相补充，互相成就，合力书写上海大都市圈发展的美好画卷。

推动长江经济带和共建“一带一路”融合发展*

文 / 何万篷

导读：战略支点，就是战略性的竞合单元。战略支点以前多面向区域，现在要面向全球、面向未来。有支点，就有杠杆，有杠杆就能发挥赋能作用，而且是双向赋能。推动长江经济带和共建“一带一路”融合发展，要秉持系统观念，克服“合成谬误”，填补“制度缝隙”，融合对内开放与对外开放。

长江经济带被称为“中国经济脊梁”，覆盖沿江 11 个省市，横跨我国东中西三大板块，面积超过全国总面积的 1/5，人口规模和经济总量占全国“半壁江山”，拥有全国 53%的货运量、44%的进出口、44%的工业总产出，生态地位突出，发展潜力巨大。

三次重要的长江经济带发展座谈会，分别于 2016 年、2018 年、2020 年，在长江上、中、下游的重庆、武汉、南京三座城市召开，会议题目从“推动”“深入推动”演进到“全面推动”，内涵越来越丰富，立意越来越高远。背后体现出：

—— 清晰可辨、贯穿其间的系统观念：从生态系统整体性和流域系统性出发，追根溯源、系统治疗，防止“头痛医头、脚痛医脚”。要克服“合成谬误”，填补“制度缝隙”。

—— 总体判断：长江经济带生态环境保护发生了转折性变化；经济社会发展取得历史性成就；长江经济带从引领我国经济高质量发展的生力军（2018 年的定义），升级成了主力军（2020 年的定义）。

—— 新的要求：发展是硬道理（关于黄河流域，一开始是生态

* 本文系作者 2021 年 7 月 16 日发表于《全球智库动态》研究报告第 136 期的文章。

保护，后来增加了高质量发展），对内开放和对外开放的融合。

—— 上海领衔的制度型开放是桥头堡，相关城市是不同能级的支点；保障整个长江经济带的商品和要素流动型开放，要推进上中下游协同联动发展，要引导下游地区资金、技术、劳动密集型产业向中上游地区有序转移，留住产业链的关键环节，构建统一开放有序的运输市场；制度型开放是服从于商品和要素流动型开放的。

—— 全球竞争合作单元的颗粒度，从县域经济渐次扩容增能为中心城市、都市圈、城市群、经济带。系统化了的全球竞争合作，是“流”的竞争合作。上海要勇立“流”的潮头，当“流”的源头和码头。我们要推动的，是“互联互通，共建共享，流留结合，以流促留”。

—— 我想到曾经和国际管理协会前主席的一次对话。他是意大利人，他说他本人和他的国家都打心眼里理解和接受“一带一路”倡议。我说我帮你分析一下原因，“一带一路”倡议内在地和市场经济的要义叠合在一起，与当年意大利领衔的地中海式自由贸易有异曲同工之处，即互为“加油站”，而不是“收费站”。

构建新的“中华对角线”
——关于打造“长三角—中原—西北产业走廊”的粗浅建议*

文 / 李帅、周雨霏

导读：1935 年，胡焕庸先生率先提出“瑷珲—腾冲线”，它是中国人口地理分界线，是农牧分界线，是干旱与湿润生态分界线，是 GDP 的分界线。这一条符合中国综合国情的顶级分界线，至今仍“岿然不动”。如何突破“胡焕庸线”，在贯彻新发展理念、构建新发展格局的时代背景下，不妨换一个角度思考。

“胡焕庸线”是一条分界线，相对来说是静止的，在市场经济高级化的今天，流量经济、循环经济成为核心要义，从东北到西南，在“胡焕庸线”上没有体现经济流动，“隔开感”相对强烈。以超大城市为核心的超级城市群、超级经济带成为经济发展的基本单元，我们需要一条向全世界展现中国推进东中西区域协调发展最新成果的超级经济带。“长三角—中原—西北产业走廊”可以说是首选。

这条走廊具体走向为：从上海出发，沿沪宁线经苏州、南京、合肥等长三角重点城市，直接从合肥的近邻河南信阳、南阳穿过，沿着古时“商於古道”的线路接入西安，然后途经河西走廊和 G312 国道到达乌鲁木齐，终点站为霍尔果斯。由此，这条走廊基本上覆盖了长三角、中原、西北的重点城市。

数学上看，这条走廊与“胡焕庸线”交叉，共同构成了“中华

* 本文系作者 2021 年 12 月 24 日发表于《全球智库动态》研究报告第 247 期的文章。

对角线”，给人以几何空间稳定之感，是体现东中西协调发展、展现市场经济新内涵、最有可能突破“胡焕庸线”的一条线。这条线有以下三大特征：

—— 市场逻辑强驱动。近年来资金、人才、物流等资源要素向中西部加速导入，以郑州、西安两个中西部代表城市为例，二者有近 10 年人口增速均突破 50%，特别是郑州，人口增量排名全国第五；机场货邮吞吐量郑州、西安已分别升至全国第六和第十位。特别是长三角和中西部正呈现资源要素双向流动态势，如 2020 年陕西、河南两省来自长三角的实际到位省外资金占比已提升至四成；《中国城市人才吸引力排名：2021》显示，上海、杭州等长三角重点城市流向郑州、西安的人才数量，已反超郑州、西安流向上海、杭州的人才数量。这表明中国要素流动的新要义，已经超越传统的产业转移理论，更多地是双向互动、相互赋能。

—— 政治逻辑强牵引。它是推动长江经济带发展、长三角一体化发展、黄河流域生态保护和高质量发展等国家战略深度融合的新发力点，可进一步优化全国“尖峰（上海）—高原（长三角）—廊道—网络”的生产力布局，更好地落实党和国家要求“上海服务全国发展大局，更好地为其他地区赋能”的新使命。

—— 政策逻辑强支撑。它是以上海为龙头的长三角积极连接周边、向下兼容（中西部兄弟省市）、持续迭代的政策落实新抓手。安徽省提出“支持安庆建设联动长三角与中部地区的区域重点城市”，河南省提出“积极打造中原—长三角经济走廊”，许多城市也纷纷出台各类常态化、精准性的招财引智政策，积极承接长三角的存量资源外溢，从国家到地方，各类政策保障有力。

因此，这条横跨东中西的超级经济走廊必须务实启动，高举高打，建议下一步可从以下九个方面加以推进：

—— 争取上升为国家战略，做好顶层设计。目前各地对接长三角的方式五花八门，各省内部呈现点状散发、松散协作的特征，多数立足于“挖”和“抢”，基于“流”和“留”的少之又少，对产业转移的认识仍然停留在传统思维层面。部分地区躺在国家战略红利的“锦囊”上，盲目乐观，不思进取，认为只要是长三角不要的，照单全收。因此，要重点建立要素“流”和“留”的系统性决策、组织、机制，真正实现资源要素在长三角和中西部对流、循环，为探索更大范围的“跨区域联动”新机制提供“生动样本”。

—— 借鉴美国 128 号公路，重点打造 G312 国家超级产业走廊。G312 国道起点为上海，终点为新疆霍尔果斯口岸，是“长三角—中原—西北产业走廊”的重要交通支撑。目前“南京—镇江段 G312 产业创新走廊”正在崛起，“合肥—六安 G312 快线”加速推进，到了中西部后，G312 国道仅局限于交通功能，产业功能薄弱，整体上看整个走廊是片段化、不连续的。因此需要充分发挥上海、南京、合肥、西安等几个科创节点城市的资源优势，在科创平台、技术转化等方面建立协作机制，使中西部城市融入长三角科技创新共同体，打造美国 128 号公路的升级版。

—— 以宁西高铁加快推动“硬联通”。宁西线是连通大西北、中原和长三角距离最短的铁路线路，但目前迟迟未见启动，因此目前西北和豫南出行都须绕经郑州，通过郑合高铁和商合杭高铁接入长三角。不从根本上提高资源要素出入的便利性，将使得本来有意愿涌入的资源要素极有可能“蛙跳”（island hopping）到别处。通过宁西高铁的建设，可直接串联起“关中—天水城市群”、中原城市群与长三角城市群，进一步拉近中西部和长三角的空间距离。

—— 培养并壮大链主型企业。长三角城市目前已经在产业链上实现高效有序的垂直分工体系，而中西部因为缺乏头部企业，导致有产业集聚，而无产业协作。建议走廊上各城市积极培育本土链主型企业，使其借助长三角的平台、网络和通道，实现大跳变、拥抱大市场、融入大循环，从而更好地赋能企业，反哺本土上下游企业，逐渐建立中西部跨区域的产业配套协同机制。

—— 打造产业走廊的若干竞争力极点。明确产业走廊特别是中西部段的若干节点及其定位，如服务型（兰州、乌鲁木齐等）、科创型（西安等）、制造型（酒泉等）、生态型（信阳等）、文化型（咸阳等）、农业型（张掖等）、枢纽型（南阳等）……基于场景导向，实现上海研发、孵化，长三角加速转化、转移，走廊极点率先承接落地，实现以点带面、从线到面，逐步形成区域大合作。

—— 开展营商环境对标行动。目前长三角正推进营商环境一体化行动，目标是让市场主体感受到“出了上海一个样”。中西部各地要对标找差距、补短板，在自身能力范围之内加速改革，推动与长三角规制的“软联通”。不能落地的，基于可靠场景第一时间向上争取。莫让企业到了中西部，心理距离越来越远，因“营商环境”差异大而留不住。

—— 防范过剩产能和不良商务模式。在长三角生产力布局优化调整的过程中，出现了一些所谓的“奶牛”企业、领军人才，打着“四新”“世界级”“大投资”的幌子，游走在中西部各地政府之间，实则是用过剩产能骗取土地资源和财政补贴。建议产业走廊相关省市建立共建共享的市场动态数据库，对人的不良行为、企业的不良状态进行精准识别，监测不正常的“流”和“留”。

—— 实施人才伙伴计划。“浮云游子意，落日故人情”。乡土情感人皆有之，关键是政府要通过硬设施建设、软服务优化来为人才回乡创造条件，解决企业到中西部碰到的人才匮乏问题。此外，应积极探索新型人才制度，如顾问指导、挂职兼职、联合攻关、灵活用工等，“不求所有、但求所用、不求所在、但求所为”，实现聚人才、增人流、添人气、通人心。

—— 热启动“中原—长三角经济走廊”。上汽、宝武、阿里等长三角龙头企业已先后入豫投资，也有江苏省产业技术研究院到驻马店转化，合肥产业基金注入南阳现代中医药基金等生动案例。这背后不仅体现了河南省与长三角产业的对接性强、关联度高、联系紧密，更代表着河南有生动具象的全场景、大场景、新场景、多跨场景。中原大地，不仅有国家中心城市，也有创新中核、交通中枢……各类中间产品、中型企业（高成长性）、中坚服务等充分诠释了河南文化“中”的内涵。“中原—长三角经济走廊”的先行启动，必能打造跨区域合作和国内循环示范样本，进而连接大西北，为全国发展大局作出更大贡献。“豫”先启动，我看“中”！

好风凭借力，扬帆正当时。“长三角—中原—西北产业走廊”的启动，定能谱写新时代区域协同发展的华丽乐章。

本章拓展阅读

长三角一体化示范区在生成、合成与分分成中实现融合联动

第十一章

迈向治理现代化

“十四五”期间城市地下空间开发与利用大有作为*

文 / 刘文富

导读： 城市地下空间作为城市的第二空间，是城市未来发展的重要方向。《中华人民共和国第十四个五年规划和 2035 年远景目标纲要》中明确提出：“统筹地上地下空间利用”“推动城市空间结构优化和品质提升”。地下空间作为城市土地空间资源的重要组成部分，在城市建设中起着越来越大的作用。将新城打造成创业之城、宜居之城、未来之城，上海要从一开始就统筹谋划好地下空间整体开发。

一、国外城市地下空间整体规划开发形成了很多成功案例

日本对地下空间的探索经历了 80 多年历史，围绕着建设地下商业街展开，形成了由地铁、地下城市综合体、共同沟[①]以及大深度地下空间开发等组成的地下空间开发模式。

加拿大蒙特利尔市地下设施齐全，拥有各种服务业发展的载体，包括面积不等的商业中心、大学城、体育中心、酒店、博物馆、医院，以及交通运输载体，包括地铁站点、轻轨车站以及长途客运站等。

美国开发利用地下空间也历史悠久。洛克菲勒中心的地下综合性空间，功能内容尤其丰富，除了商业、办公、娱乐空间外，还有旅馆、酒店、影院、溜冰场、舞厅和休息厅以及地下公共散步道、

* 本文系作者 2021 年 4 月 6 日发表于《全球智库动态》研究报告第 65 期的文章。

地下停车库等。

二、国外地下空间的规划开发形成了很多有益的经验

—— 建立相应的领导机构。新加坡成立了国家地质办公室，并修订法律，使政府得以在地下30米深度范围内开发地下空间。这些立法使新加坡更容易发展地下公共项目。新加坡正在开发该国地下空间的三维地图，包括每个地区公用设施的具体位置和用途，以帮助业主和土地开发商起草地下空间的利用方案。

—— 确立科学的整体规划。伦敦、纽约、巴黎、东京等全球城市地下空间开发利用总体呈现出地上地下统筹协调发展（科学化），资源节约环境友好（生态化），地下功能综合利用（综合化），深度开发分层规划（深层化），智能建造智能管理（智能化），用户至上、以人为本（人性化）等特点。国外地下空间的开发利用，历经从大型建筑物向地下的自然延伸发展，到复杂的地下综合体（地下街），再到地下城（与地下快速轨道交通系统相结合的地下街系统）的过程。

—— 构建明确的法制体系。日本的地下空间立法体系较为完善，《道路法》《共同沟建设特别措置法》《地下街的使用》《关于地下街的基本方针》《大深度地下公共使用特别措施法》等一系列法律法规的颁布实施，促进了日本地下空间的规范合理发展。

—— 关注地下空间的综合利用。日本开展了地下空间资源的综合开发利用，尤其是大深度开发利用研究。通过地下轨道交通系统、地下道路系统、地下防灾安全系统、地下物流系统、地下市政设施系统的综合、分层布局，形成高效、多维的城市基础支撑系统，有效提高了城市综合承载能力，释放了更多地面建设空间。

—— 开展深入的科学研究。法国开展了五个专项研究：地下空间资源保护与可持续利用，地下空间利用的可行性评价，地下空间

整体空间品质，地下空间数据共享与可视化，地下空间产权与管理。通过经济、环境、社会、认知的综合视角，探讨了地下空间作为城市可持续发展先决条件的重要性。

—— 发动民众积极参与。城市地下空间的开发，要提前主动地向公众、媒体等进行告知。制定更多居住和办公等综合性地下空间规划。保证城市间交通网络效率需求。通过节约能源，保留洁净的环境和开敞的地面空间，赋予土地多重用途等优势，促进环境保护和可持续发展。

三、国外积极开展新业务新模式的探索

围绕建筑智能化及可持续发展的方向，国外地下空间开发正大力利用现代技术积极探索。《隧道与地下空间技术》（*Tunnelling and Underground Space Technology*）杂志中的有关文章介绍了国外地下空间综合开发的设想：浅层地下空间（地下 0～50 米）可通过协调空间布局看到不同类型的地下公共基础设施（例如交通和民防）集中；中层地下空间（地下 50～500 米）可用于建设地下宜居城市，发展地下农业、地下医学和地下生物圈以及存储战略物资；地下深处（地下 500 米以下）可用于科学研究和能源开发。

四、上海的地下空间开发利用大有作为

上海地下空间开发利用取得了一定的成绩，但开发的深度和广度还很不够，需要解决体制产权、规划质量、建设管理、综合效益、技术标准等方面的相关问题，另外还有许多模糊区域，立法相对滞后，民众参与度也不够。

“十四五”期间，上海迎来地下空间开发的高峰时期，亟需统一科学规划，合理开发利用。未来上海地下空间的建设与开发，应从单一功能走向复合功能，建设集交通、商业、市政、娱乐等多种功

能于一体的大型地下综合体。物联网、人工智能、机器人、自动驾驶、大数据将在地下空间建设与运营中得到广泛的运用。

注释：

① 指城市地下管道综合走廊。

城市建设的五个关键问题
——谈谈未来城市发展的潜在驱动力*

文 / 刘文富

导读：当全世界都在城市化，我们究竟应该如何理解和定义城市？又该如何创造未来城市中的一切？英国伦敦大学建筑学教授迈克尔·巴蒂（Michael Batty）在《创造未来城市》（*Inventing Future Cities*）一书中对此进行了深刻的阐述。享誉全球的复杂性科学研究中心——圣塔菲研究所前所长杰弗里·韦斯特（Geoffrey West）提出了城市发展的法则《规模》（*Scale*），这些都对我们当前的城市建设具有很强的启发意义。

郊区新城是城市重要的增长极。国内外城市的发展史表明，大城市的两极分化已经变得更加突出。大城市的核心区变得更加密集，但是郊区的范围也更广了。爱德华·格莱泽（Edward Glaeser）称之为“现代都市的悖论”。随着长距离运输成本的下降，邻近性的价值反而上升了，也就是说，郊区的价值越来越高。在向城市数字世界迈进的进程中，城市的物理边界正被迅速侵蚀。在数字世界里，位置正失去它的力量，而交互变得越来越重要。

韦斯特认为，在城市发展过程中，几乎所有国家都遵守相同的规模法则：城市规模增加一倍，公共设施只需要增加85%。这对于城市而言是个好消息，也是城市如此具有吸引力和诱惑力的原因。一座城市的许多部分都是由其规模决定的。

—— 一个城市的发展，关键是人从哪里来，容纳多少人。巴蒂教授认为，在定义城市的时候，有三个关键指标一再出现。第一个

* 本文系作者2021年3月12日发表于《全球智库动态》研究报告第48期的文章。

指标是密度，用每公顷的人数来衡量。美国布鲁金斯学会的研究表明，密集的城市会持续保持竞争力。第二个指标衡量任何两个地区之间相互作用或者相互依赖的程度，例如上班的人流。第三个指标与地理上的邻近度有关，构成城市的所有单元，不管是个人、家庭、社区、还是地区，在某种意义上，都必须彼此接近。这三个关键指标，即从密度、相互作用、邻近度或邻接度对城市进行界定。

—— 城市主要的变化将是人口迁移带来的增长或衰落。未来的人口迁移，有从较落后地区向较发达地区转移的，也有各种各样的人类活动形成不同类型的流动，包括在全球化程度不断加深背景下的商业贸易、科技服务等。美国研究表明，人口达到 120 万左右的城市才能建立强大的科技产业。

—— 城市的运转方式是流体的。城市把人们联系起来，但是城市的运转方式并不像机器，更像有机体。随着城市的发展和变化，人们不断地建立和断开联系。城市表现出一种新的流动性，一种关于速度的融合，并最终成为一个流体城市。在这里，物质欲望、面对面接触和数字思考提供了新的创新纽带。支持城市的物理特性的是流、网络和联系，而不是惰性结构。与此同时，基础设施开始体现这种建立在层层流量和流之上的新流动性。所有这些都为新时代的城市设计——将城市视作一个将物质与数字融合的自组织系统提供了巨大机会，并为社会和经济活动提供了新的机遇。

—— 城市是巨大的社会孵化器。一座城市并不仅仅是构成其物理基础设施的道路建筑管道和线路的结合体，同样也是所有公民的生命和彼此互动的累积，城市只有通过人与人的沟通和交流，才能不断成长；只有推动人与人之间的互动，才能激发活力和精神，才能成为创新的源泉，也才能为城市经济和社会领域的韧性和成功，做出重大贡献。如果只把注意力集中在建筑物和基础设施上，没有社区的感觉，也没有有机质量，这样的新城市将会是没有灵魂的“鬼城”。

—— 城市的多样性是城市的灵魂。如同韧性和创新一样，多样性也成为一个被频繁用于形容成功城市的热门词。商业服务、社会活动的集合和不断变化，是城市生活的典型特点。英国相关研究表明，每一座城市的企业总量和城市人口规模呈线性比例关系，比值一直都是 21. 6，城市规模增长一倍时，企业数量也会增长一倍。这意味着无论城市规模如何，一座城市中大约每 22 个人便会有一家企业。数据还显示，在这些企业工作的雇员总数也与人口规模呈线性比例关系，无论城市规模大小，平均而言，每家企业只有 8 名雇员。由此看来，城市的多样性，首先要抓好“市”的多样性。高品质的生活服务，高水平的专业服务，高档次的人文环境，成体系的生产体系，是一个城市发展的关键要素。

总之，城市的社会活动越丰富、机会越多、工资越高，多样性越丰富，居民享受好餐馆、音乐会、博物馆和良好教育的机会也更多，居民参与感也越明显。个人利益和集体利益随着城市规模的增大而系统性增加，这已经成为全球城市持续爆炸式增长的潜在驱动力。

加快构建智敏动态的新城高质量发展统计监测体系*

文 / 宋杰封

导读：新城是上海国际化大都市系统性崛起的重要竞争单元，是上海未来经济增长的发动机和增长极，是最现代、最生态、最便利和最具活力的未来之城。高质量发展需要高质量统计服务，为推动新城高质量发展，当务之急是要加快构建智敏动态的统计监测体系。

新城建设的当务之急，除了要加快建设、完善新城高能级的基础设施和公共服务外，还应运用数字化手段，尽快构建智敏动态的新城发展统计监测体系，使未来之城更具象、可度量，成为上海数字化转型的试验场、实践地。

首先，要发挥传统统计方法的优势，形成新城尺度的社会经济统计制度和标准，并结合新城特点创设未来产业、智慧城市、科技创新、人才发展等领域的功能性指标，加强与国外先进城市、地区的系统性对标。

其次，按照非接触、非干扰、非破坏的思路，探索运用大数据手段，针对新城内的人流、物流、资金流、信息流、技术流进行实时分析、动态监测，构建新城发展监测系统，实现以流定形、以形定位、以位识人、以人聚业，为提升新城治理水平现代化和创造人民城市数字化美好生活体验提供支持。

* 本文系作者 2021 年 5 月 28 日发表于《全球智库动态》研究报告第 102 期的文章。

最后，精准识别新城面向未来面向全球发展的关键驱动力，模拟新城可能出现的不同情景和相关社会经济指标对其的影响，科学应变、主动求变，在未来区域竞争合作中赢得主动权，实现更高质量发展。

新城的“新”是更新的“新”，创新的“新”、迭新的“新”，数字创新、统计创新将成为新城点燃上海未来发展新动能的重要支撑。

城市数字化转型的创新探索
——以美国纽约消防局的 FireCast 为例[*]

文 / 陈萌萌

导读：消防大数据风险预警是城市数字化公共安全治理的重要组成部分，其对于有效利用消防资源，推动消防模式转变，树立防灾减灾理念等具有重要意义。消防部门根据风险因素建立大数据系统，排查隐患，将风险消除于未然，这就是消防大数据风险预警系统——FireCast。

海恩法则（Heinrich's Law）强调了严重事故的发生是大量隐患积累的结果。每一起严重事故的背后，往往有 29 次轻微事故、300 起未遂先兆以及 1 000 起事故隐患。要防止一起严重事故发生，必须提前消除 1 000 起事故隐患。对于传统人工排查来说，1 ∶ 1 000 是难以用素质和责任心抹平的。得益于数字化技术的发展与应用，原本微不可查的一次电弧放电、一次消防管道水压波动、一种小型啮齿动物的增多，甚至天气变化、人的活动等因素，如今都会被录入大数据库。大数据模型依据这些因素进行火灾风险评估。

FireCast 最早诞生于美国纽约消防局。2013 年 3 月，纽约消防局联合纽约数据分析市长办公室启动了 FireCast 的研发，根据火灾诱发因素的有效性，搭建了基础数据平台。同年 7 月，消防专家和数学家筛选出最为关键的 13 个指标，并结合历史火灾数据构建数据模型。伴随研发的不断深入，2015 年初，FireCast 具备了机器学习能力，可实现模型自我更新。最新版本的 FireCast 数据处理能力更强，预警更加准确，提前发现存在火灾隐患建筑的比例由最初的 21%提升至 70%。

---

* 本文系作者 2020 年 11 月 2 日发表于《全球智库动态》研究报告第 206 期的文章。

根据墨菲定律，如果你担心某种情况发生，“那就找到它，让它消失于萌芽”。相较传统消防隐患排查手段，FireCast 显示出客观、实时、多维的优势，推动了消防工作重点从“消”到“防”的转变，真正实现了从消除隐患出发的消防治理模式。

消防大数据风险预警是城市数字化公共安全治理的重要组成部分，尤其对于人口密度高、高层建筑多、火灾警情多、消防隐患大、消防部门工作压力大、消防资源消耗大的超大城市具有重要的现实意义。

消防大数据风险预警有助于推动消防监督管理向消防安全治理转变；推动包揽式消防向指导、服务型消防转变；推动盲目式、被动式消防向主动式、精准式消防转变；推动火灾驱动型消防向风险驱动型消防转变。

消防大数据风险预警有助于化解传统消防监督管理中消防力量配备不足的问题；化解人力成本高、隐患查获不完整、不及时的困难；改善传统作业手段相对落后、低效的状况；改善尽职监督困难，监管方法客观性、完整性、时效性不足的问题。

消防大数据风险预警有助于落实火灾风险管理和综合减灾的理念，强化火灾风险隐患排查，提升火灾风险治理能力，最终实现“减少火灾发生”。

推动港产城人湾融合发展*

文 / 李帅

导读：在内外双循环背景下，港产城融合发展成为高频词汇，强港建设成为城市未来发展的硬核力量，港口经济向湾区经济转变趋势更加明显。新时代要实现港口经济向湾区经济转型发展，需要推动“港—产—城—人—湾”一体化发展。

前滩综研梳理了名古屋、汉堡、迪拜等全球港口城市的最新动态。港口，既是贸易物流集散地，也是综合营运管理中心；既是先进制造新引擎，也是科创载体新平台；既是现代金融活力区，也是品质生活社交城。港口总体上实现了贸易、制造、科创、文化、金融、人口等多元要素融合交织、特色多元的湾区经济。

新时代如何实现港口经济向湾区经济转变？港口是引擎，产业是纽带，城市是保障，人才是关键。以港兴产，以产兴城，以城促产，以城引人，以人促产，“港—产—城—人—湾”融为一体。因此，有必要明晰若干细化方向：

—— 平台创新，强化极核驱动。发挥港口城市海关特殊监管区“创新极核”作用，基于自由贸易制度，促进创新要素资源高频流动、便利交易、高效配置、高效增值。由基于平台创新的要素集聚，继而升维到系统集成，创新改革，充分释放综合绩效。

—— 产业迭代，打造产业新集群。贸易是基础产业，更是“药引子”，关键是如何在基础产业之上提升并放大背后的增值作业部分。挖掘背后具有产业控制力、市场话语权和税基税源的龙头企业，培育新经济，如绿色经济、海洋经济、数字经济等。同时在产业土地功能利用上，坚持应用场景导向，提高土地通用性，混合使用，

* 本文系作者 2021 年 12 月 14 日发表于《全球智库动态》研究报告第 236 期的文章。

复合利用。

—— 通道优化，实现互联互通。双循环背景下重视各种有形通道组织（如智慧集疏运体系）和无形通道组织（如信息通道）的优化升级，打造各类要素“流—留—转”的平台枢纽，由“大进大出”到“优进优出”，实现从流量经济到增量经济的跃迁。

—— 消费驱动，融入全球消费网络。港产城融合，首先是要推动港城贸融合。突出贸易升级，让城市可以研发制造高技术产品，有更好的产品服务可供人员消费。因此，应积极关注更多的质量型流通（如可溯源认证的品质商品）和体验型贸易（如康养旅游、文体交流）等。

—— 以人为本，打造高品质湾区。高品质生活，既是港产城融合发展的原点，也是最终诉求。要通过安全的生活环境、智能畅通的运输系统、多元活力的商业文化氛围、高品质的教育医疗资源集聚，让人们不约而同地选择在这里工作、生活。

本章拓展阅读

基于国际对标的上海新行动——构建智敏、韧性的应急物资保障体系（一）

基于国际对标的上海新行动——构建智敏、韧性的应急物资保障体系（二）

基于国际对标的上海新行动——构建智敏、韧性的应急物资保障体系（三）

第十二章

海外城市观察

美国人口普查结果面面观*

文 / 刘文富

导读：人口数据背后反映出的是教育、就业、社会、经济、财富、家庭、移民等方面深层次的情况，也是研究美国未来发展的重要视角。2020 年美国人口普查的首批结果表明，过去十年，美国人口增长率处于历史上第二低水平。与因大萧条导致的人口增长放缓不同，这次的放缓是长期趋势的一部分。本文结合美国人口普查局的各类统计报告，就美国人口相关情况做一个简单剖析。

一、美国的人口普查为什么如此重要

人口普查非常重要，关系到每一个在美居民的政治权利和经济利益，其获得的数据将为所有部门的决策者提供信息，并影响政治权力和财政资源的分配。人口普查还决定每年美国联邦政府超过 6 750 亿美元的分配——道路交通、教育、社区发展和公共资源等。

在接下来的几个月和几年里，美国人口普查局将发布额外的数据集，这些数据集将成为社会科学研究、商业决策和无数其他用途的核心。

人口普查的结果决定每个州在美国国会众议院的席位数。"太阳带"[①]各州人口现在占美国人口的 62%。这一变化将直接导致美国政治版图变化。虽然长期以来人们一直认为"太阳带"各州的重新分配有利于选举团中的共和党候选人，但未来的总统选举有可能改变这种情况。

* 本文系作者 2021 年 6 月 15 日发表于《全球智库动态》研究报告第 113 期的文章。

二、美国成年人的教育水平不断提高

随着越来越多的大学毕业生继续深造，获得硕士和博士学位，美国成年人的教育水平不断提高。

自 2000 年以来，25 岁及以上获得硕士学位的人数翻了一番，达到 2 100 万；拥有博士学位的人数则增加了一倍多，达到 450 万。截至 2021 年，大约 13.1%的美国成年人拥有高级学位，高于 2000 年的 8.6%。

与早期移民或本土出生的人相比，新来到美国的移民更有可能接受过大学教育。在 2000 年以后抵达的移民中，38.8%拥有学士学位或更高学历，而本土出生的移民中这一比例为 35.2%。入籍公民是大学学历较高的群体之一（38.4%的人拥有学士学位或更高学历），移民的后代也可能拥有学士学位（39.6%）。

三、学习 STEM[②] 专业者可以取得较高收入

根据美国人口普查局 2019 年的“美国社区调查”，在 2019 年 5 000 万名 25～64 岁的受雇大学毕业生中，37%的人拥有科学或工程学学士学位，但只有 14%的人从事 STEM 职业。这意味着实际从事 STEM 工作同时受过 STEM 教育的劳动者不到 1/3（28%）。STEM 工作包括计算机职业从业人员、数学家和统计学家、工程师、生命科学家、物理学家和社会学家。2019 年，大约一半的 STEM 工作是计算机职业，另有 29%是工程职业。受过 STEM 教育的计算机职业从业人员的年收入中位数最高，为 105 300 美元；工程师紧随其后，年收入中位数为 102 200 美元。

外国和本地出生的员工有不同职业路径。全球对美国经济的贡献在 STEM 劳动力方面尤为明显：29%受过大学教育的 STEM 劳动力是外国出生的。这在科技行业最为显著，外国出生的计算机工人中约有 1/3 拥有学士学位，大约一半拥有硕士学位。担任这些职位的劳动者往往能够赚取高薪，导致外国出生劳动者的收入中位数高于本国出生者。

女性占美国劳动力的近一半，但女性在 STEM 劳动力中的人数仍然严重不足，仅占 STEM 劳动力的 27%。

四、美国家庭财富不平衡情况加剧

高等教育与较高的家庭财富中位数有关。家庭成员最高学历是学士学位的家庭财富中位数为 198 000 美元，而家庭成员仅拥有高中文凭的家庭财富中位数为 34 460 美元。拥有硕士学位的家庭财富中位数为 396 900 美元，是学士学位持有者的两倍多。

房主和租房者之间的财富不平等在 2017 年仍然非常明显：房主的财富中位数几乎是租房者财富中位数的 89 倍，但这也并不完全是因为房屋净值。2017 年，仅房屋净值和退休账户这两项资产就占家庭财富的 61. 7%，但 38. 2%的家庭没有房屋，42. 7%的家庭没有退休账户。正是这两种关键资产的所有权差距导致了财富不平等。

五、美国的家庭情况反映出美国社会多样性变化的特色

历史上，18 岁以下青少年及儿童与父母同住是美国最常见的安排。1968 年，大约有 6 000 万（85%）美国 18 岁以下青少年及儿童与父母住在一起。但这个数字在 1968—2020 年有所下降。到 2020 年，与父母同住的青少年及儿童人数已下滑至 5 130 万（70%）。亚裔青少年及儿童最有可能与已婚父母住在一起，其次是白人和青少年及儿童。监测这些趋势很重要，因为青少年及儿童的生活安排会影响他们的学习成果，例如学业成绩、内化问题和外化问题。

夫妻养育孩子的方式有很多种，美国家庭及其与孩子的关系也有很多不同的定义。这就是人口普查局收集和显示报告的亲子关系的原因。今天的美国家庭有着广泛的多样性。大多数与夫妻一起生活的孩子是其亲生子女，但他们也可能是夫妻一方或双方的继子女或收养子女。

总体而言，同性已婚夫妇的家庭收入中位数高于异性已婚夫妇：分别为 107 200 美元和 96 930 美元。2019 年，同性已婚夫妇仅占美国已婚夫妇家庭的 1.0%。领养子女和继子女在同性伴侣中尤为常见。2019 年，与异性伴侣同住的 18 岁以下青少年及儿童中，有 10.5%是这对夫妇中至少一人的领养子女或继子女。

当今美国大约有 1 360 万单亲父母，这些父母负责抚养 2 240 万孩子。这个数字代表了当今美国大约 27%的 21 岁以下青少年及儿童。在作为监护人的母亲中，40.6%处于已离婚或在分居状态，42.6%从未结过婚。在单亲家庭中长大的孩子通常没有与在双亲家庭中长大的孩子拥有相同的经济或人力资源。与双亲家庭的孩子相比，在单亲家庭长大的孩子更容易辍学、怀孕以及成年后离婚。

六、美国的人口普查与美国的对外关系紧密相关

过去十年间，东北部和中西部的增长相对较为缓慢。区域变化还反映了经济发展趋势的延续，例如大西洋中部和“锈带”地区工业和制造业工作岗位的减少。美国的政治地理在变化，代表农业和制造业的力量在不断削弱。在这次人口普查数据的背后，隐藏着美国不会轻易改变对华强硬贸易政策的部分缘由。不同的州有不同的经济支柱，国会席位的调整意味着有些产业的声音在华盛顿被放大，有些产业的声音则相对减弱。美国的贸易战政策一经开启，越来越多的议员和政府都已经被政策“绑架”，难以脱离四年前议员当选和政府成立时设定的路径。

七、美国的移民政策将决定未来十年的人口发展

从过去十年美国人口的年龄和种族群体发生的变化来看，随着婴儿潮一代继续步入老年，可以预见在美国大部分地区都将出现人口老龄化。随着移民速度放缓，该国种族也可能变得更加多样化，尤其是在儿童和年轻人中。有美国专家指出，美国正在成为一个人

口增长趋近停滞的国家，如何在新冠肺炎疫情大流行后在生育、跨州流动以及移民政策方面进行调整，将决定美国未来十年的人口和经济发展。

注释：

① 指美国南部北纬 37°以南的地区，这些区域日照时间较长。

② STEM 是科学（Science）、技术（Technology）、工程（Engineering）、数学（Mathematics）四门学科英文首字母的缩写。

英国“平白经济”战略及其启示*

文 / 吴昀华

导读：2018 年，数字经济在英国多了一个极其文艺的新名字——“平白经济”(Flat White Economy)。它借用了伦敦东区咖啡馆流行的一种鲜奶浓缩咖啡(flat white coffee) 的名字，涵盖媒体、互联网以及电影、音乐、广告等多个数字创意产业。

在数字经济领域，英国全国范围内集群效应显现，除伦敦打造的全球科技中心外，还形成了雷丁和布拉克内尔、布里斯托尔和巴斯、曼彻斯特和伯明翰等数字产业集群，南安普敦、康沃尔和邓迪的新兴集群。英国经济与商业研究中心的数据显示，2018 年，英国数字经济增速超过 4. 6%，占经济总额的 14. 4%，超越了工业部门，成为英国最大的经济部门。

2008 年，面对金融危机的冲击，英国主动转变发展思路、积极研究应对，于 2009 年推出了《数字英国》(*Digital Britain*) 这一数字改革的纲领性文件，它被誉为英国政府的“自省”战略。

当然，任何改革都需要立法的保障和支撑。2009 年，英国政府便提交了《数字经济法草案》(*Digital Economy Bill*)。这份《草案》的诞生在全球范围内引起了轰动，从而巩固了英国在欧洲数字法的地基，全球也因此迎来了数字经济立法潮。2012 年，为着力推进政府服务在线能力建设，英国公布了《政府数字战略 2012》(*Government Digital Strategy 2012*)。2016 年，英国政府发布《国家网络安全战略 2016—2021》(*Government Cyber Security Strategy*

* 本文系作者 2020 年 3 月 11 日发表于《全球智库动态》研究报告第 45 期的文章。

2016—2021)，目标至 2021 年，国家基本维持网络安全，对网络威胁有较强的应对措施，在数字化世界中建立安全体系。

2017 年，“脱欧”事件发酵，为提振本国竞争力，英国发布了《英国数字战略》(*UK Digital Strategy*)，目标将数字部门的经济贡献值从 2015 年的 1 180 亿英镑提高到 2025 年的 2 000 亿英镑，从而打造世界一流的数字经济。英国数字战略由七大战略组成，涵盖连接战略、数字技能与包容性战略、数字经济战略、数字转型战略、网络空间战略、数字政府战略和数据经济战略。

第一，连接战略，目标是打造世界级的数字基础设施。要求英国固定互联网流量每两年翻一番，移动数据流量每年以 17%的速度增长。为此，英国的数字基础设施必须能满足流量快速增长的需求。此外，还提出了进行有效监管、与当地社区展开合作、打造更好的网络连接基础、加强全光纤和 5G 等未来网络建设等措施。

第二，数字技能与包容性战略，目标是为每个人提供所需的数字化技能。为建设世界领先的数字经济体，要求每个人都具备必要的数字技能和数字素养，便于融入现代社会；为此提出培养数字能力，将数字技能融入教育当中，促进数字劳动力的多元化，各界通力合作、提升数字技能等措施。

第三，数字经济战略，目标是大力推动数字经济创新发展。提出若干财税及人才举措，着力支持创新、支持数字企业发展，并扩大政府采购等。

第四，数字转型战略，目标是帮助每家英国企业成为数字化企业。通过数字化转型有效提升各领域企业的生产效率。

第五，网络空间战略，目标是让英国拥有全球最安全的网络空间。通过增强网络安全能力抵御蓄谋入侵系统与数据的不法分子，并确保网络空间在物理与虚拟层面的安全性。

第六，数字政府战略，目标是推动政府数字化转型，打造平台型政府，服务民众。将数字技术贯穿到政府各个部门，提升政务数字化水平，有效加强领导在项目管理方面的能力等。

第七，数据经济战略，目标为释放英国经济中的数据潜力，提升公众对数据的信心。着力构建数据基础设施，强化数据分享，并有效维护数据的安全和合理使用。

英国的数字经济有了改革和立法的双重保障，确保了各类建设的快速推进，也为其他国家发展数字经济提供了借鉴。

新加坡的“五型消费经济”*

文 / 金颖婷

导读：“花园城市”新加坡，有集结时尚潮品的乌节路、有与大自然邂逅的滨海湾花园、有全世界第一个为夜行动物建造的动物园等，全球十大酒店集团超过半数的地区总部落户于此。新加坡樟宜机场数次获得“全球顶尖机场”的殊荣，链接全球 100 多个国家、400 多个城市，而其本身就是一个值得一游的目的地。在新加坡的每一天，都使人心旷神怡，收获宾至如归的体验。

新加坡的消费经济有着丰富的应用场景，包括商圈经济、旅游经济、会展经济、夜间经济和数字经济，共同擎起这座国际消费中心城市的腾飞。不论是购物、旅游还是美食，新加坡足以让人流连忘返。现在，就让我们一同领略“消费天堂”——新加坡的风采吧！

一、商圈型消费经济：永远的新业态

《蒂芙尼的早餐》（*Breakfast at Tiffany's*）中清晨时分的纽约第五大道，《穿普拉达的女王》（*The Devil Wears Prada*）中繁华又梦幻的香榭丽舍大街，这些瞬间都成了美好生活的最佳写照。

与之相比，新加坡的乌节路（Orchard Road）毫不逊色，它云集了 90 多个大中型以上百货商店，从国际奢华品牌、新加坡本地时尚品牌到高街潮品，无论是初来乍到的游客，还是经验丰富的血拼达人，都能找到专属自己的购物乐趣。

当然，作为新加坡的“老牌”商业街，乌节路也经历着不明言说的阵痛。上涨的租金不断劝退各类接地气的小商铺，而空余奢华品牌的购物街无疑是没有灵魂的。2019 年，新加坡旅游局

* 本文系作者 2021 年 9 月 13 日发表于《全球智库动态》研究报告第 177 期的文章。

(Singapore Tourism Board)、市区重建局(Urban Redevelopment Authority of Singapore)和国家公园局(National Parks Board)开启“重振乌节路计划”，打造时尚生活目的地，通过植物美化实现“昔日果园·乌节再现”。

东陵(Tanglin)、乌节(Orchard)、索美塞(Somerset)和多美歌(DhobyGhaut)等区域提供了完全不同的游玩体验，彰显了每个街区的独特风情。

—— 东陵·艺术和手工区，举办各类艺术和文化活动，对外展示该区强烈的艺术和文化气息。

—— 乌节·零售核心区，组织更多个性化的街头活动，让人们不经意间驻足停留。

—— 索美塞·青春活力娱乐区，提供面向青少年的多种娱乐体验，举办各类前卫时尚活动，紧紧抓住青少年群体的眼球。

—— 多美歌·家庭休闲时尚区，作为众多家庭的休闲娱乐目的地，内设包容性游乐场、嬉水设施等，定期举办如美食展、时装展等大型活动。

二、旅游型消费经济：创新消费供给

新加坡同样是一个令人心驰神往的旅游胜地。在这座城市，你经常会发现新的视角、新的景观，永远都有惊喜。

新加坡旅游品牌不断推陈出新，从“非常新加坡”(Wonders of Singapore)到“我行由我·新加坡”(Your Singapore)，再到现在的“心想狮城”(Passion Made Possible)，让游客的心之所想和心之所向都可以在新加坡成为可能。《2019年全球目的地城市指数报告》显示，2018年新加坡过夜国际游客数量为1 467万人，人均消费1 129美元，仅次于迪拜和纽约(图1)。

新加坡政府定期开展“旅游加速器”项目(一般周期为4个月)。在实施期间，创新企业将获得70%的资金支持，最多可获得25 000新元，以测试创意方案的可行性。同时，国外企业将获得4 000新元的一次性搬迁至新加坡的津贴。

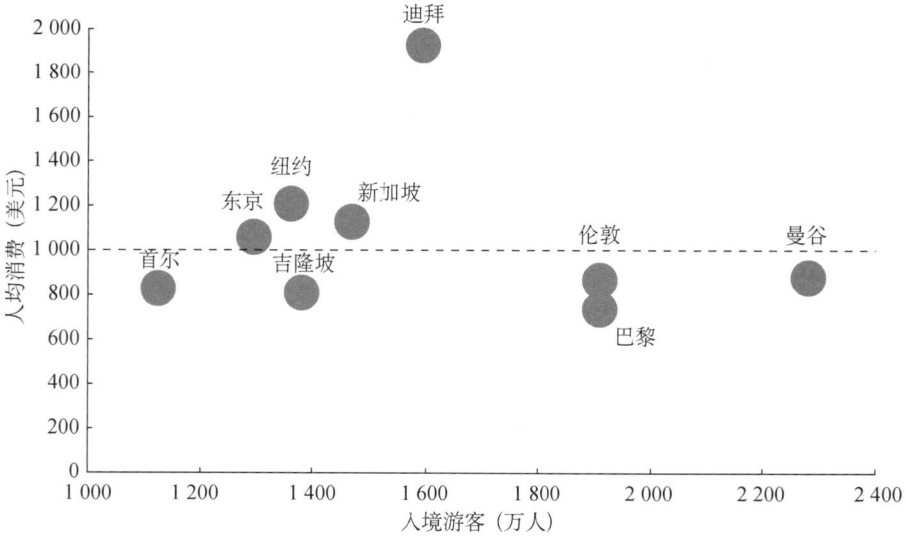

图 1　2018 年全球主要城市入境游客数量及人均消费额

资料来源：全球旅游城市指数 2019

同时，新加坡旅游局配套推出了以下一系列旅游开发基金项目：

—— 旅游产品开发基金（Tourism Product Development Fund, TPDF）：支持新旅游产品的创建、开发，或现有旅游产品的重大更新。

—— 商业提振基金（Bussiness Impromen Fund, BIF）：鼓励旅游业的技术创新和采用、重新设计商业模式和流程，以提高竞争力。

——"新加坡故事内容基金"（SG Stories Content Fund）：旅游局拨款 200 万新元以更好地吸引新加坡本地和全球的创意人士，并提供优秀的宣传资源，以进一步讲好新加坡的故事，同时通过线上展示和可持续推广来提升新加坡的良好形象。

当然，受新冠肺炎疫情影响，新加坡 2020 年 1 至 9 月国际游客人数仅有 270 万，同比下降 81%。为此，新加坡旅游部门专门出台了一系列政策"组合拳"：如迅速推出价值 3.2 亿新元（约合 16 亿元人民币）的"重新探索新加坡"（Singapo Rediscovers）消费券；从 2020 年 12 月 1 日至 2021 年 12 月 31 日，所有年满 18 周岁的新加坡公民都能领取 100 新元（约合人民币 500 元）的消费券，可在新加坡五大网络平台上预订酒店、景点或旅游配套服务等。

截至 2021 年 4 月 30 日，超过 100 万新加坡人至少使用过一次"重新探索新加坡"消费券，实现约 130 万笔交易，为旅游相关业务贡献了超过 2 亿新元，包括大约 1.47 亿新元的旅游预订代金券和现金支付（表 1），以及 5 500 万新元用于零售、餐饮和运输等行业的额外支出。

表 1　新加坡消费券使用情况

行业	交易收入（万新元）	交易次数（次）
旅游导览	1 140	124 000
景点预订	5 160	793 000
酒店预订	8 030	292 000
综合配套	370	35 000

来源：新加坡旅游局（Singapore Tourism Board，STB），数据截至 2021 年 4 月 30 日。

对国际游客而言，最大的困扰是各国的防疫隔离政策。新加坡为进一步便利商务旅客入境，2021 年 8 月 25 日至 2021 年 9 月 17 日，移民与关卡局将为已经完成新冠肺炎疫苗接种的商务旅客提供可防止篡改的“疫苗贴”，无需再做新冠肺炎相关检测。

三、会展型消费经济：文旅融合促消费

新加坡被称为“东方十字路口”，其全球贸易枢纽的地位令会展业大放光彩，具备得天独厚的发展基础。新加坡连续十多年被国际大会及会议协会（International Congress & Convention Association，ICCA）评选为亚洲顶级会议城市，拥有新加坡博览中心、樟宜展览中心、金沙会展中心等多个专业会展场馆，举办了新加坡工业展览会、新加坡金融科技节、新加坡通讯展览会等极具国际影响力的知名展会。

2018 年，新加坡迎来近 300 万名 BT - MICE[①] 访客，会展业产值达 38 亿新元，占新加坡国内生产总值的 0.8%。新加坡重视提升会展商务旅客的衍生消费，将会展设施与休闲服务相结合，为商务旅客提供瑜伽课程、烹饪学堂等多种定制化体验项目。

为进一步推动商务和会展旅游的发展，新加坡旅游局不断优化奖励政策，提供覆盖各类客群的激励性方案，如：

—— 实行双重税收减免（Double Tax Deduction for Internationalistation，DTDi）激励，允许会展企业从其应税收入中扣除参加国际博览会

(Approved International Fuir，AIF）而产生的两倍符合条件的费用（场地租赁、展台装修、活动宣传、展品保险等）。

—— 商务活动财政补贴（Be in Singapore，BEiS）计划，旨在提供个性化的商业活动支持，如帮助预订场地、介绍主要政府机构和商业合作伙伴、营销和宣传等。

—— M & I Star 会奖之星，旨在嘉奖优秀的会展从业者，鼓励从业者不断提升服务品质，开发新的旅游体验。

——“惠聚狮城”奖励计划，针对会展团队提供定制化、个性化的政策，提升新加坡作为会展旅游目的地的吸引力。

四、夜间型消费经济：点燃消费新“夜”态

新加坡的夜经济发展也经历了循序渐进的过程。1984 年，新加坡当地就有人呼吁政府向日本东京和中国香港等地学习，给城市装上霓虹灯以吸引游客。但直到 2003 年，新加坡政府才完全放开对街头霓虹灯的管控。

近年来，新加坡更加重视通过推出夜间“亮点”项目以吸引游客。部分活动入场免费，为周边的餐饮、零售和酒店带来了人流与消费。

新加坡旅游局与多个组织合作，推出了“亚洲 50 大酒吧评选”“新加坡鸡尾酒节”“时光之翼”（Wings of Time）、新加坡动物园的“幻光雨林之夜”和滨海湾的“照亮新加坡”灯光表演等活动。

作为夜间经济重磅项目的新加坡 F1 大奖赛，不只是全球唯一的一级方程式夜间赛，更是亚洲唯一以城市街道为跑道的赛事。

F1 大奖赛每年会在滨海湾举行，赛车在历史与现代建筑间穿流而过。新加坡旅游局将一系列配套活动融入赛事，如娱乐文化表演、大赛主题活动和美食购物节等，为人们带来了精彩纷呈的“F1 娱乐盛宴”。

每年大赛举办的那个周末，有超过 25 万游客来到新加坡，消费总额超过 1 亿美元（每年的承办费约为 3 000 万美元），并带动了机场、酒店、餐饮等消费收入，成就了新加坡又一城市 IP。

为持续推动新加坡夜间经济的繁荣发展，政府会对相关政策法规进行动态调整，以平衡经济发展与城市管理间的关系。如：为刺激商业街消费，社区活动必须在晚上 10 点 30 分前结束，大部分商店也要于晚上 10 点 30 分前关门；民间“夜间经济”参与者需要注意，其举办夜间活动时需保证安全、不扰民。

五、数字型消费经济：赋能商业新价值

数字化转型是新加坡政府下一步的重要目标。在新冠肺炎疫情初期，新加坡政府便成立了越战越勇工作小组（Emerging Stronger Taskforce），为后疫情时代的新加坡寻找新的定位，结合前沿数字技术，描绘“无限可能新加坡”（Virtually Unlimited Singapore）的发展愿景。

工作小组支持业界牵头组建了多个“新加坡群策群力行动联盟”，重点关注建筑环境、教育科技、旅游体验、智能商务、机器人技术、供应链、绿色环境等关键领域，试行数字化创新解决方案。

表 2　打造“无限可能新加坡”的五条建议

1	利用数码科技连接全球市场和开拓商机	• 企业：打造货品与服务自由流通的虚拟市场 • 人才：采用虚拟培训与劳动力解决方案
2	把握可持续发展带来的机遇	• 将我国打造成碳交易与服务枢纽 • 借助农业科技加强食品韧性
3	加强本地企业和员工的竞争力与灵活性	• 培养一批创新且国际化的大型本地企业 • 让本地员工进行再培训和技能提升
4	更普遍采用行动联盟新模式	• 召集业界共同解决复杂问题 • 在短时间内落实具体措施
5	加强国际伙伴关系，尤其是东南亚国家	• 与区域内国家达成全方位合作、加深对区域的认识 • 加强横跨东南亚的数码连接性，打造单一数码市场

来源：新加坡越战越勇工作小组报告

鉴于防疫安全措施的收紧，新加坡政府结合数字经济还推出了以下举措：

—— 2021 年 5 月，重新推出了“电子商务助推器套餐”，符合

条件的本地零售商将获得相当于线上营业成本80%的一次性支持（上限为8 000新元）。

—— 推出“食品配送助推计划”，延长支持时间，符合条件的餐饮企业与第三方物流合作，将获得配送费用的支持。

新加坡旅游局还开发出一整套智慧服务方案：

—— 新加坡旅游分析网络（Singapore Tourism Analytics Network，STAN），从当地电信公司收集旅游消费数据，为业内人员提供脱敏数据分享，帮助他们制订更精准的游客营销计划。

—— 旅游信息和服务枢纽（Tourism Information & Services Hub，TIH），作为综合开放平台，让企业可在此分享并获取旅游信息内容和服务，并应用于自身的数字化平台。

六、新加坡“五型消费经济”的启示

新加坡一跃成为国际消费中心城市，凭借的正是商业、旅游、文化、会展多位一体的联动，形成了规模效应，培育了竞争优势。

当下，我国多个区域正积极建设国际消费中心城市，参照新加坡的“五型消费经济”，从中可借鉴以下内容：

—— 生态完整，功能复合。围绕不同消费客群，将新元素、新场景、新模式与各类商业业态深度融合，将商圈从单纯的购物场所升级为休闲、社交和体验中心。

——“商商文旅体（商业—商务—文化—旅游—体育）一体化”。让商务会展、体育赛事成为消费的入口级平台，构建较为完整的商业生态，提供多元化的消费供给，成就消费新势力。

—— 越夜越精彩，活动不间断。十二时辰，皆有响应。让城市的夜空“亮”起来，让政策“活”起来。

—— 兵马未动，粮草先行。围绕高品质消费及旅游新产品的供给，各类产业基金亟需发挥引领作用，向全球征集有趣的内容供应商，用市场喜闻乐见的方式传播城市美学，以生动简洁的城市品牌与游客建立情感共鸣。

—— 灵活应变，动态调整。各部门需形成合力，以应对内部、外部的发展巨变，依托数字化转型，培育新消费、新业态。

注释：

① BT，即 Business Travel（商务旅游）；MICE，即 Meetings（会议）、Incentives（奖励旅游）、Conferencing/Conventions（大型企业会议）、Exhibitions/Exposition（活动展览）和 Event（节事活动）的第一个字母大写组成，是会展的英文缩写。

“西南偏南”

——后疫情公共活动之考*

编译 / 前滩综研专报与简报研究室

导读：2022 年 3 月 11 日至 20 日，全球音乐界、科技界引为盛事的“西南偏南”（South by Southwest，SXSW）艺术节，在连续两年取消线下活动之后在美国得克萨斯州首府奥斯汀市再次举办。本文将从会议（Conference）、节庆（Festivals）、展览（Exhibitions）和奖项（Awards）四方面介绍“西南偏南”艺术节的最新动态。

本次活动延续了“西南偏南”一贯的精彩呈现：数十场主题峰会、嘉宾主旨演讲和平行论坛，Meta 掌门人马克·艾略特·扎克伯格（Mark Elliot Zuckerberg）、8 次格莱美奖（Grammy Awards）得主安妮塔·贝克（Anita Baker）、任天堂北美分公司前总裁雷吉·菲尔斯·艾梅（Reggie Fils-Aime）等大咖济济一堂，围绕艺术、科技、社会等各类前沿话题展开深入探讨；音乐节、电影节期间，分别有千名艺术家、百部影片献艺和展映；活动期间举办了多个兼具专业性和体验性的展会，并为本年度最受瞩目的艺术家、最具特色的影片和电子游戏、最具潜力的创业团队等颁发了奖项，可谓是时尚、科技领域的年度风向标。

虽然与新冠肺炎疫情前相比，本次活动无论在项目设置还是参与人数上都下降了 20%左右，但对饱受新冠肺炎疫情困扰的奥斯汀市而言，此次活动的举办无疑是经济发展的一针“强心剂”。预计“西南偏南”活动将创收超过 3 亿美元，甚至有望为许多商户贡献约 50%的全年营业额。

* 本文系前滩综研专报与简报研究室根据“西南偏南”官方网站有关资料编译，发表于 2022 年 3 月 23 日《全球智库动态》研究报告第 54 期。

一、会议（Conference）：引领时代

本年度“西南偏南”举行的会议达数百场，重点包括 9 场峰会、15 场平行论坛和众多行业分享会等，每日还设有主题演讲和特邀嘉宾演讲。

会议板块为全球数字创意社区提供了难得的契机，让从业者有机会接触前沿创意、寻找兴趣方向，并与其他满怀热情的专业人士建立关系网络，共同探讨前瞻性的创意理念和体验项目，推动创意事业发展。

本次活动会议板块的主题包括发现未知、建造未来、和衷共济和治理新局。其中，15 场平行论坛涵盖广告品牌体验、政府施政、气候变化、文化、设计和影视产业等多方面的内容（表 1）。

表 1　“西南偏南”15 场平行论坛主要议题

名称	主要议题
2050	具有战略意义的未来技术，包括量子物理、合成生物学、纳米技术、人工智能、下一代农业、延长人类寿命等
广告品牌体验	前沿营销、企业行动主义、神经科学、员工敬业度、创造者经济、内容创作和鼓励内部创新等
政府施政	智慧城市、收入不平等、选举诚信、执法、枪支管制、政府道德、市政服务、补贴、包容性计划等
气候变化	可再生能源和化石燃料替代品、可持续实践、沿海居民搬迁、植物性食品和具有前瞻性的绿色初创公司等
文化	食物、运动、工作方式、时尚、艺术、文学、博物馆、戏剧、人际关系等
设计	建筑、公平与包容、设计未来
影视产业	发行、融资、代表性、技术进步等
音乐的未来	流媒体、艺人权利、艺人收入、音乐营销、巡回演出、音频新技术等
游戏产业	广告、包容性、电子竞技、虚拟世界、体验创新等
健康药物技术	公平、患者权利、数据可共享性、基因编辑、远程医疗、心理健康、3D 打印身体部位、大脑植入物等
影视制作	编剧、虚拟制作、后期制作、电影摄影、新技术等
初创企业	新产品、新市场、新理念、新商业模式、新融资方式等
科技产业	人工智能、机器学习、区块链、加密货币、安全和隐私、扩展现实（Extended Reality，XR）、社交媒体平台、企业解决方案、硬件、软件、芯片制造、可穿戴设备、机器人、物联网、边缘计算、数据伦理、语音技术创新等
交通	超级高铁、自动驾驶汽车、电动汽车、电动自行车、个人飞行器、送货、无人机、商业太空旅行等
媒体	流媒体业务、创作者经济、并购、社交平台、垄断、言论自由、新闻报道的未来等

本次会议环节中，多场横跨多领域、聚焦行业最新趋势的峰会尤为引人注目，包括：

——“元宇宙：创造者、商业和连接”：该会为数百场会议中最具话题性、最吸引眼球的一场，Meta 掌门人扎克伯格与两届纽约时报畅销书作家戴蒙德·约翰（Daymond Garfield John）纵论“元宇宙”。扎克伯格以虚拟形象参会，两位大咖围绕互联网的未来形态及关键技术进行了一系列探讨，并针对如何借助“元宇宙东风”创造属于自己的机会，为全球企业、创业者和个人提供建议。

—— 资金与投资者峰会：该会议汇集了全球知名金融科技公司 PitchBook 旗下投资者社区的多位大咖。重点探讨投资路径，例如有效验证投资策略，获取理想的投资收益，以及面对新的市场环境做出合理的投资选择。

—— 金融 3.0 峰会：由恒星发展基金会主办的金融 3.0 峰会，通过呈现对投资、贸易和商业模式产生颠覆性影响的新技术，进而展望货币、资产、商业合同等金融要素未来的变化趋势。

—— 太空冲刺峰会：随着航天事业商业化成为热潮，越来越多的初创企业进入这一传统由政府承包商垄断的领域。未来 10 年，航天产业规模预计将翻两番。本次峰会旨在分析下一代太空探索的主要模式，并盘点致力于该领域发展的重点机构。

——“泛运动”峰会：由知名数字体育内容平台 Sportico 发起，围绕加密货币、数字藏品（Non-Fungible-Token，NET）、赞助、技术、文化传媒等要素对体育产业的影响进行广泛探讨。

——“扩展现实（Extended Reality，XR）”峰会：XR 模式是科学与艺术的完美融合，该峰会由 NFT 收藏平台和创意社群 FLUF World 发起，旨在展示如何通过“XR”模式实现真实世界与数字世界之间的无缝切换。

——“未来工作”峰会：新冠肺炎疫情使人类的工作形式发生了前所未有的变化，让雇主和员工更加深刻地思索工作的意义和从中获得的价值。该峰会由全球排名第一的求职网站 Indeed 组织，主题为未来工作如何应对社会变化需求，以及工作场所、方式的演变趋势。

二、节庆（Festivals）：激情四溢

音乐节："西南偏南"音乐节汇聚了来自世界各地的艺术家、行业人士及众多粉丝，同时也是全球最新音乐潮流、表演方式的首发地，艺术融合发展的试验场。在本年度音乐节中，登台亮相的艺术家人数超过 1 400 位。音乐节开幕式于 2022 年 3 月 15 日下午举行，演出囊括了众多音乐元素，如非洲音乐流派、桑巴风情的热带巴西乐、韩国电子音乐、嘻说唱等。音乐节期间，来自全球的粉丝汇聚于此，传递、分享彼此对音乐的激情与热爱。同时，在"国际日舞台""广播日舞台"等环节中，分别重点推介美国以外国家的主流音乐和知名电台艺人的节目。

电影节："西南偏南"电影节活动历时 9 天，吸引了各行各业人士的广泛参与。在充分展现艺术魅力的同时，也使电影节成为探索创新前沿、激发无限创造力的秀场。电影节在丹·关（Dan Kwan）、丹尼尔·施因内特（Daniel Scheinert）执导的《瞬息全宇宙》（*Everything Everywhere All at Once*）全球首映礼下拉开帷幕。而闭幕式则由 FOX 电视台的《亚特兰大》（*Atlanta*）第三季担纲。参加本次电影节的 99 部影片中，76 部为全球首映。同时，还有 24 支音乐视频、11 部电视剧、6 台实验话剧、29 部 XR（虚拟现实体验）项目在电影节期间与观众见面。

喜剧节："西南偏南"喜剧节是娱乐领域表演者的一次独特聚会，既包括独具特色的新星，也吸引了众多知名巨星前来献艺，参加人数超过 40 位，共同为观众奉献了一系列风格多元的表演。

三、展览（Exhibitions）：目不暇接

"西南偏南"活动中设置了若干世界级展会，其理念突出创意与技术之间的融合和碰撞。展会现场云集了来自全球的参展商，其中既包括行业新人，也有诸多久负盛名的行业领跑者。活动期间，与会者可与这些企业代表进行面对面的交流和分享。

—— 创意产业博览会：在“西南偏南”各项展会中规模位居首位，旨在促进发现、激发灵感、启迪创意。在见面馆（Meet Up Pavilion）中，参展商可与其他领域专业人士尽情交流，探索与电影、音乐等相关创意产业的发展方向。

—— 海报艺术展（Flatstock 77）：该展会由致力于海报艺术推广、服务海报艺术家的美国海报协会主办，除了一系列精美艺术海报的展览，一些艺术节新秀还在现场制作海报。

——“西南偏南”艺术项目：该项目由工作室、设计师、个人艺术家与集体创作团队组成。作品突出艺术和技术的交融，重点展示视觉效果和数字媒体在文化、技术和公共活动中的作用。本届活动在主会场和奥斯汀市内展出了6组大型艺术装置。

—— 健康博览会：该展会吸引了数以千计的健康领域专业人士，共同研讨行业未来发展趋势，并开设部分专题课程。此外，健康博览会的亮点还包括数场“健康舞台”活动，使与会者有机会免费体验世界知名健身教练的指导，示范内容包括瑜伽、力量训练等。

—— XR（扩展现实）体验项目：该项目是“西南偏南”展会中最独特、最吸引眼球的环节，也是全球XR领域最重要的专业性展会之一。本次体验项目包括XR体验专区、在州政府宴会厅举行的2022年度XR作品全球首展、探究XR制作奥秘的VRchat等。

四、奖项（Awards）：各领风骚

每年“西南偏南”活动期间都会颁发多个奖项，涵盖音乐、电影、游戏、创意体验、企业创新、社区服务等领域，体现了“创意兼顾多元，多元推动创意”的核心理念。

——“西南偏南Pitch”奖：该奖项聚焦新兴技术领域取得的突出进展，表彰其创造性和未来性。2022年度，该奖项吸引了9个行业的45家科技公司参加，由现场观众及专家评审团共同做出决定。经过连续3天的多轮评比，最终于3月13日宣布了各领域奖项的获得者（表2）。获奖企业虽行业不同，但都致力于推动虚拟与现实交

互，为改变人与人、人与机器的关系，增进全球福祉做出贡献。例如，MATSUKO 研发的全息眼镜，使远程会议更感身临其境；Hume AI 集成语音助手、远程医疗、社交网络等功能，推动 AI 进一步应用于健康服务领域；JusticeText 正在构建全球第一款用于在刑事司法系统中存储、编目、分析和共享视频证据的数字基础设施，可有效提高执法过程中的透明度，强化问责机制等。

表 2　“西南偏南 Pitch”奖各领域获奖名单

领　域	企业名称
人工智能、机器人音效	Hume AI
企业和智能数据	Syrup Tech
娱乐、游戏和内容	Action Face
扩展现实和沉浸式技术	MATSUKO
未来工作方式	Anthill
健康保健、可穿戴式设备	Sonavi Labs
世界级创新技术	Hilos
智慧城市、交通与物流	JusticeText
社会与文化	MOGL
多元化、包容性	Sonavi Labs
最佳表现力奖	Hilos
成长最快奖	Unpacking

—— 电影奖项：3 月 15 日，本次“西南偏南”电影节各项大奖出炉，包括故事片（长短片）、纪录片（长短片）、动画短片、音乐视频、实验话剧、海报设计等十多个奖项颁布。同时，每个奖项类别还评选出对应的观众奖，观众可观看电影节线上展映并进行投票，结果于电影节结束后公布。

—— 音乐奖项：“西南偏南”音乐节中颁发的“格鲁克”（Grulke）奖包括三个子奖项：业务创新奖（美国、非美国各一）及职业突破奖。业务创新奖旨在授予具有突出创造力，在职业目标方面展示出充分潜力的艺术家；职业突破奖授予在近期重塑自我、在新的领域取得重要成就的知名艺术家。

—— 游戏奖项：3 月 12 日，组委会公布了第 8 届“西南偏南”

游戏奖项的获奖者，表彰业内最具创意和影响力的游戏、团队和个人。奖项包括年度电子游戏、年度桌面游戏、年度独立游戏、年度VR游戏、卓越多人游戏、卓越游戏设计等。

本章拓展阅读

国外举办大型科技文化活动的特色

大西洋两岸“铁锈”地区的转型之路

城市产业用地的“加减乘除”

附 录

篇目及作者索引

作者：刘文富　**职务**：上海前滩新兴产业研究院副秘书长、首席研究员，教授

篇名：《构建长三角产业集群 参与全球产业竞争》P120
《上海如何实施数字化发展战略?》P146
《“十四五”期间城市地下空间开发与利用大有作为》P228
《城市建设的五个关键问题——谈谈未来城市发展的潜在驱动力》P232
《美国人口普查结果面面观》P242

作者：李帅　**职务**：上海前滩新兴产业研究院区域经济研究中心（新城市实验室）主任

篇名：《若笑多一点，软实力将有新境界》P65
《请善待“产业之盐”》P135
《构建新的“中华对角线”——关于打造“长三角—中原—西北产业走廊”的粗浅建议》P222
《推动港产城人湾融合发展》P239

作者：吴昀华　**职务**：上海前滩新兴产业研究院秘书长、首席研究员

篇名：《头部城市的国际交往功能》P68
《消费之争实为“服务”之争》P85
《从“深夜食堂”看夜经济》P87
《在双向赋能中助力企业顺利“出海”》P99
《供应链的再审视》P124
《离岸金融热启动》P129
《把握全球数字经济发展新态势》P149
《互联网平台怎么了?》P154
《英国“平白经济”战略及其启示》P247

作者：宋杰封　**职务**：上海前滩新兴产业研究院首席研究员、
上海前知数据技术有限公司总裁

篇名：《请多关注上海中医药产业的发展》P131
《对临港新片区国际数据港的抽象理解》P191
《建设国际数据港的四个层次》P193
《对上海各区对接“引领区意见”的若干建议》P202
《加快构建智敏动态的新城高质量发展统计监测体系》P235

作者：陈萌萌　**职务**：上海前滩新兴产业研究院共同学习能力平台副总监

篇名：《城市数字化转型的创新探索——以美国纽约消防局的 FireCast 为例》P237

作者：金颖婷　**职务**：上海前滩新兴产业研究院产业经济研究室副主任

篇名：《以要素自由流通，打造长三角科技创新共同体》P107

《北纬 30°——发展太空经济的圣地》P137

《新加坡的“五型消费经济”》P250

作者：周雨霏　**职务**：上海前滩新兴产业研究院区域经济研究室（新城市实验室）学术秘书

篇名：《构建新的“中华对角线”——关于打造“长三角—中原—西北产业走廊”的粗浅建议》P222

作者：周学强　**职务**：上海前滩新兴产业研究院党支部书记、首席研究员

篇名：《软硬实力相互赋能、融合并进是加快建设具有世界影响力的社会主义现代化国际大都市的必由之路》P28

《会展业发展的五个新趋势》P133

《国资国企要继续成为浦东“引领区”建设的“尖兵”》P182

《招投标的本质是“有管理的充分竞争”》P184

作者：钟伟　**职务**：上海前滩新兴产业研究院产业经济研究室主任、专报和简报研究室主任

篇名：《米哈游：以创新驱动游戏工业化》P156

作者：楼崇　**职务**：上海前滩新兴产业研究院决策 AI 中心副总监

篇名：《“世界人工智能大会”观后感》P113

《当元宇宙与城市交集，上海能做什么?》P115

研究成果选介

《关于重大事件对城市发展的综合影响研究》

项目实施时间： 2015 年 10 月　**委托方：** 湖北省武汉市委政策研究室

课题负责人： 刘文富

课题摘要： 重大事件，是城市转型升级综合效应的倍增器，是城市发展战略的重要组成。奥运会、电影节、博鳌亚洲论坛等不同类型的重大事件，都对其承办城市的发展产生了深远的影响。通过对城市重大事件产生的政治、经济、传播等影响的深刻认识和多个城市重大事件的梳理，研究认为处于总体快速发展期、功能品质提升期、产业转型升级期的城市尤其需要重大事件的驱动。武汉要以重大事件为先导，推动城市加速复兴。

《义乌市"国际营运商计划"行动方案专项研究》

项目实施时间： 2016 年 7 月　**委托方：** 浙江省义乌市国际贸易综合改革试点工作小组办公室

课题负责人： 吴昀华　**课题组成员：** 钟伟

课题摘要： 义乌作为全国重要商贸城市，承接着海内外主要小商品贸易往来。为促使本土企业成为具有国内外资源整合能力的集成商，特推出"国际营运商"计划。研究基于对义乌集散、生产、电商、款式、资本、管理六个优势的识别，为义乌的国际营运商赋予全球节点型城市内涵，创新性地提出以"加、减、乘、除、融"五种方式来切实落实计划，以将义乌建设成为全球"商贸特区"。

《南通对接上海全球科创中心科技创新资源专项研究》

项目实施时间： 2017 年 4 月　**委托方：** 江苏省南通市科学技术局

课题负责人： 吴昀华　**课题组成员：** 钟伟

课题摘要： 国际金融危机之后兴起的新一轮产业革命是数字化革命，更是价值链革命。面对新一轮产业与科技革命带来的全新挑战，上海承担起"建设具有全球影响力的科创中心"的重任。课题研究认为，南通作为上海大都市圈内的重要组成部分，对接上海科技创新资源，最根本的是投资贸易、营商环境、科技创新、生活消费全面便利化的对接。南通需重视科技成果转化的"最先一公里"和"最后一公里"，发展成为长三角科技创新转化率、存活率、成功率、成长率最高，综合商务成本最低的地区；与上海科创中心建设"共脉搏"，深入嵌入全球科技创新分工体系和价值网络。

《上海市打造"一带一路"桥头堡工作行动方案专项研究》

项目实施时间： 2017 年 9 月　**委托方：** 上海市发展和改革委员会

课题组负责人： 何万篷　**课题组成员：** 吴昀华、钟伟

课题摘要： 上海建设"一带一路"桥头堡是习近平总书记对上海的殷切希望。上海具备扎实的产业基础、良好的营商环境、便捷的全球链接等优势，可以率先建设"一带一路"桥头堡。课题将"一带一路"桥头堡的功能分解为信息资讯的汇总者、商务模式的设计者、游戏规则的制定者、资本金融的供给者、市场秩序的调控者，通过实施政策沟通、设施联通、贸易畅通、资金融通、民心相通等方面的战略举措，将上海打造成为能聚集、能服务、能辐射、能带动、能支撑、能保障的"一带一路"桥头堡。研究成果被上海市发展和改革委员会采纳应用。

《上海临港地区国家新型城镇化综合试点行动方案及配套融资规划研究》

项目实施时间： 2017年11月 **委托方：** 上海市临港地区开发建设管理委员会

国家开发银行上海市分行

课题负责人： 吴昀华 **课题组成员：** 钟伟

课题摘要： 作为上海连接浙江、链接全球的重要枢纽和节点，临港面向未来，需要站在全球的大格局中，重新审视，砥砺前行。课题研究对标国内外城镇化发展模式及政策配套，为临港制定了差异化的四级城镇化框架体系建设，针对主城区、分社区、重装备区、综合区及广大的农村地区提出了新的发展设想，并辅以项目规划力图将临港地区打造成为城乡一体化的试验场、新型城镇化发展的典范。

《吴泾镇科技时尚特色小镇三年（2018—2020）行动计划》

项目实施时间： 2018年1月 **委托方：** 上海市闵行区吴泾镇人民政府

课题负责人： 吴昀华 **课题组成员：** 钟伟

课题摘要： 吴泾镇是上海九个全国特色小镇之一，为加强大都市周边特色小镇发展模式的示范引领，结合落实闵行建设上海南部科创中心核心区、国家级产城融合示范区的战略任务，课题在深度解析区域"五有五缺"资源优劣势的基础上，提出建设"动感吴泾"，做强做新科技、时尚两大产业集群，科学划分了功能区，并围绕搭建平台、保障机制、助推金融、招才引智、提升服务、精细化治理等方面形成了可操作的项目清单。

《国内外校企合作成功案例和经验研究》

项目实施时间： 2018年1月 **委托方：** 同济大学

课题负责人： 吴昀华 **课题组成员：** 刘文富

课题摘要： 课题归纳总结了产学研合作的现行政策，通过分析美国国家技术转移中心、德国科研联合会、以色列高校技术转移、欧洲企业服务网络运营、中科院深圳创新研究院等国内外代表性的校企合作模式和案例，识别了校企合作的核心优势与关键资源要素，在产学研联合中，企业需求是主导因素，体制优化是重要保障，政策驱动是强大动力。激励产学研合作，需要完善体制机制和政策体系，构建产业创新体系和创新联盟，营造发展新生态。

《浦东南北科技创新走廊建设课题研究》

项目实施时间： 2018年4月 **委托方：** 上海市临港地区开发建设管理委员会

上海市张江高科技园区管理委员会

课题负责人： 宋杰封 **课题组成员：** 钟伟

课题摘要： 张江和临港作为上海科创中心建设的核心承载区和主体承载区，分别承担着全球新知识、新技术创造、新产业培育和以自贸区创新、产业科技创新为特色，建设世界级先进制造业产业集群的重任。课题提出，通过实施张江—临港"双区联动"，打通制约区域协同发展的机制和政策瓶颈，促进创新要素便利化流动和优化组合，带动周边镇域经济转型升级，打造浦东"南北科技创新走廊"和具有国际影响力的创新型产业集群，提升上海全球城市功能。

《静安区实施“全球服务商”计划的战略研究》

项目实施时间： 2018年11月 **委托方：** 上海市静安区发展和改革委员会

课题负责人： 何万篷 **课题组成员：** 吴昀华、钟伟、金颖婷

课题摘要： 静安区作为2035年卓越的全球城市——上海的中心城区，其服务业密度和活跃度在上海全市遥遥领先。为进一步夯实静安区服务业发展综合实力，为区内、市内产业增值赋能，课题提出全球服务商计划（Global Service Program，GSP），其实质是形成全球经济大循环中的“超级联系人”。静安需要通过构建全方位开放新格局、一体化合作新模式等成为具有全球影响力的资源配置中心的核心承载区，代表上海参与全球合作与竞争。

《全力打造大数据产业之都 推动园区高质量发展三年行动计划（2018—2020）》

项目实施时间： 2019年2月 **委托方：** 上海市北高新（集团）有限公司

课题负责人： 周学强

课题摘要： 数据是主导未来的基础性战略资源与创新引擎。大数据产业具有显著的溢出效应，将进一步带动其他技术进步，推动战略性新兴产业总体突破。为发挥市北高新园区大数据产业优势，推动园区高质量发展，课题提出全球数据服务商伙伴行动、传统产业大数据赋能行动、大数据应用场景示范行动等创新行动计划，以凸显“大数据”特色、“大都市”能级和“全球性”影响，力争到2020年，将市北高新园区建设成为具有区域（长三角）影响力的大数据产业集聚地、上海全球科技创新中心的“数据核”和长三角世界级城市群的“数据港”。

《东京—上海城市管理体制机制比较研究》

项目实施时间： 2019年5月 **委托方：** 上海市住房和城乡建设管理委员会科学技术委员会

课题负责人： 何万篷 **课题组成员：** 吴昀华、钟伟、周威、陈萌萌

课题摘要： 日本东京作为世界公认的国际大都市，在文化传承上与中国相近，在城市管理的理念和方式上有着成熟的经验和措施值得上海学习和借鉴。课题详尽地对比分析了东京和上海两个城市的管理体制机制和管理内容，总结出东京专业化、智能化、前瞻化、法制化、差异化等多个可供上海学习的亮点经验，为上海建设卓越的全球城市、提升国际大都市管理水平提供参考借鉴。

《质量强国战略下中小企业质量提升策略研究》

项目实施时间： 2019年6月 **委托方：** 国家市场监管总局发展研究中心

课题负责人： 何万篷 **课题组成员：** 洪涛、周学强

课题摘要： 中小企业是我国数量最庞大、创新最活跃的企业群体，是质量安全的责任主体，也是质量提升的主力军。课题通过对“以质取胜”的样本企业进行分析，提取出优秀中小企业质量提升的共性：注意力集中的务实性企业、安守本分的非主流企业、领导力持久的耐力型企业、专注到偏执的技术控企业、包容性成长的进步型企业和触类旁通的升维型企业。中小企业质量提升有两大关键驱动力——注重发挥企业家才能和促进员工与全员进步。为促进中小企业质量提升，课题提出了“营造外部发展环境、构建法治集成工具、创新公共产品研发和推动治理方式变革”等建议。

《德清县融入长三角更高质量一体化三年行动计划》

项目实施时间： 2019 年 6 月 **委托方：** 浙江省湖州市德清县发展和改革局

课题组负责人： 周学强

课题摘要： 浙江省德清县是长三角的地理中心，承担着落实国家区域协调发展战略新要求的重大使命。课题指出，长三角一体化的实质是要素自由流动，要实现高质量转化、高质量融入、高质量一体化，德清需强化融杭首位度、提高接沪显示度、拓展苏皖联系度，充分承接周边辐射效应、激活创新创业内生效应、挖掘重大活动溢出效应、发挥改革创新示范效应，推动县域发展模式向新的生产方式、生活方式、交易方式和治理方式迭代。对此，课题提出了机制创新、项目招引、产业协同等八大具体行动方案，为德清打造新时代高质量发展的生动样本提供了任务书、路线图和时间表。

《虹口区专业服务业发展研究》

项目实施时间： 2019 年 8 月 **委托方：** 上海市虹口区发展和改革委员会

课题负责人： 周学强

课题摘要： 推进虹口专业服务高质量发展是虹口改革开放再出发、实现新时代高质量发展的题中应有之义，是面向全球、面向未来，提升区域发展能级和核心竞争力的重要战略牵引。课题提出以战略深嵌入、系统大开放、改革总集成、要素全激活为主要原则，把握关键环节，聚焦区域布局优化、国际化人才集聚、高品质载体供应、接力型企业政策、品牌全球传播和营商环境便利化六个方面，研究推出实实在在的举措，打造具有虹口特色的专业服务业。

《海宁“十四五”城市发展战略定位研究》

项目实施时间： 2019 年 10 月 **委托方：** 浙江省海宁市发展和改革局

课题负责人： 周学强 **课题组成员：** 周威、楼崇

课题摘要： 面向全球、面向未来，海宁作为嘉兴高质量发展的排头兵，需要在全局大局中把握未来发展的方向趋势。课题从勇立潮头的海宁、登高望远的海宁、澎湃行动的海宁、行稳致远的海宁这四个维度进行研究分析，聚焦集成改革、区域协同、产业跃迁等五个方面的战略任务和重大举措，提出“品质智造”“品质服务”“品质生活”三大行动，助力海宁率先走在基本实现现代化前列、县域发展模式迭代升维前列、融入沪杭两大都市圈前列、城乡融合发展前列，将海宁建设成为现代化治理之城、内联外接之城、创新活力之城、开放品质之城、幸福宜居之城。

《浦东新区先进制造业问题瓶颈及关键举措研究》

项目实施时间： 2019 年 11 月 **委托方：** 上海市浦东新区科技和经济委员会

课题负责人： 宋杰封 **课题组成员：** 李帅、周威

课题摘要： 在全球化和长三角一体化加速的背景下，新一轮科技产业变革催生新经济，浦东迎来改革开放再出发新机遇。课题对浦东先进制造业的现状、问题与关键瓶颈进行分析，总结了全球先进制造业发展的最新趋势，紧紧围绕优势支柱产业、战略培育产业和未来产业，提出强化顶层设计、构建更高水平的先进制造业创新策源能力、提升民营和中小型制造企业综合竞争力等关键举措，助力浦东打破制造业增长极限，打造全球性竞争优势。

《构建以人工智能为特色的数据驱动型经济形态研究》

项目实施时间： 2019 年 12 月 **委托方：** 上海市徐汇区科学技术委员会

课题负责人： 吴昀华 **课题组成员：** 钟伟、金颖婷、马怡暄

课题摘要： 为应对全球价值链结构性之变，徐汇区作为上海中心城区重要组成部分以及上海建设具有全球影响力的科技创新中心重要承载区，应抢先在人工智能、生命健康和科技金融等特色领域布局示范。课题从最有条件、最有优势的领域入手，坚持问题导向、需求导向和效果导向，通过对标新加坡纬壹科技城等产业发展高地，提炼相关产业高质量发展的核心驱动因素，进一步凝聚共识。通过"国引民进、混序共生"，以人工智能为基础，以生命健康为应用，以科技金融为支撑，促进产城融合发展，为徐汇区打造具有全球影响力的"产业名片"。

《临港新片区 2035 战略思路研究》

项目实施时间： 2020 年 6 月 **委托方：** 中国（上海）自由贸易试验区临港新片区管理委员会

课题负责人： 宋杰封 **课题组成员：** 钟伟、金颖婷、马怡暄

课题摘要： 2019 年 8 月，国务院印发《中国（上海）自由贸易试验区临港新片区总体方案》。建设临港新片区展现了中国持续扩大开放、主动参与和引领经济全球化的责任与担当。课题结合影响未来发展的三个关键驱动力，借鉴"东京 2035"研究方法，对临港新片区面向 2035 发展的四种情景（开发园区、产业新城、独立辅城、全球风尚自由城）进行模拟，以期为临港新片区建设提供经验借鉴。课题指出临港新片区要以极点思维谋拐点效应，建设资源配置更集成、要素流动更自由、国际交往更频繁、城市功能更先进的特殊经济功能区和现代化新城。

《浙江创新中心建设方案研究》

项目实施时间： 2020 年 7 月 **委托方：** 浙江省宁波东部新城开发投资集团有限公司

课题负责人： 何万篷 **课题组成员：** 吴昀华、李帅、周威、周雨霏、郑龙

课题摘要： 有人，才有未来；有人才，才有更好的未来。浙江创新中心是宁波深度咬合国家战略方向、集成服务区域发展需求、打造宁波新引擎的重要抓手。课题为浙江创新中心建设提出了"一二三四五"的建设思考路径，即一个圈层（创新生态圈）、两个一切（为了一切人才，为了人才的一切）、三个逻辑（市场逻辑、政治逻辑、政策逻辑）、四个公共（公共空间、公共服务、公共价值、公共传播）、五个高（高起点规划、高浓度创新、高效率转化、高水平服务、高品质生活），并以此为指导，制定了包括空间布局、实施举措等在内的详尽建设方案，力图实现"传奇式创业、现象级事件、颠覆性创新"。

《全球城市都市产业比较分析研究》

项目实施时间： 2020 年 10 月 **委托方：** 上海市经济和信息化委员会

课题负责人： 宋杰封 **课题组成员：** 周威、马怡暄

课题摘要： 都市产业源于超大城市的基本功能和基础服务，它具有互动性、联动性、包容性和迭代性四大特征。都市产业在上海产业发展、构筑国内大循环的中心节点和国内国际双循环的战略链接中起着十分重要的作用。课题秉承"两预两共"——预见先于预案，共识牵引共同行动；"两势两序"——发展趋势、比较优势，时间序列、空间序列的工作方法，客观分析上海都市产业的现状与问题，通过重点对标纽约、伦敦、巴黎、东京等世界级城市发展都市产业的历程、经验和举措，评估实现度，提高面向未来、面向全球的准备度，为上海发展都市产业提供建议。

《烟台经济技术开发区中日产业园产业发展规划研究》

项目实施时间： 2020年11月 **委托方：** 山东省烟台经济技术开发区招商局

课题组负责人： 何万篷 **课题组成员：** 宋杰封、李帅、周威

课题摘要： 烟台经济技术开发区位于环渤海经济圈南翼端点，处于北京、上海和韩国首尔的几何中心，区位优势突出；汽车制造、电子信息、生物医药等优势领域与日本的优势产业发展需求高度契合，具有浓厚的产业合作基础。课题从开发区实际情况出发，提出发挥区位交通、综合成本、资源要素、产业基础和营商环境等优势，集聚一批日本先进制造业领域优质项目、企业和资源，促进中日产业链、供应链、价值链全方位合作，构筑烟台开发区新时代、高质量、全方位的开放格局，提升烟台开发区城市能级和核心竞争力。

《上海自贸试验区对标国际高标准服务贸易规则提升服务贸易能级研究》

项目实施时间： 2020年11月 **委托方：** 中国（上海）自由贸易试验区管理委员会政策研究局

课题负责人： 吴昀华 **课题组成员：** 刘文富、马怡暄

课题摘要： 面对百年未有之大变局，围绕国际经贸格局的新变化，结合城市、区域产经发展的新需求，上海自贸试验区亟需超前谋划。课题提出以“全球伙伴计划”（Global Partner Program，GPP）为“十四五”时期服务贸易发展的管总规划，坚持对内开放、对外开放、对未来开放、高水平开放、主动开放，通过增强制度供给能力、创新治理方式、快速集聚服务贸易企业，将浦东打造成为全面引领中国全面崛起的头部地区、具备超级功能的超级平台。

《宁波市金融业“十四五”规划研究》

项目实施时间： 2021年5月 **委托方：** 浙江省宁波市地方金融监督管理局

课题负责人： 何万篷 **课题组成员：** 吴昀华、钟伟、金颖婷

课题摘要： “十三五”期间，宁波相继获批国家保险创新综合试验区、普惠金融改革试验区、文化与金融合作示范区，这对宁波未来改革探索与制度创新提出了更深层次的要求。课题围绕金融强产业、强服务、强改革、强监管、强人才的目标，提出宁波要打造金融场景应用深化实践区、保险供给侧结构性改革引领区、普惠金融精准优质服务试验区和金融数字化改革引领先导区，培育新经济、新业态、新模式，增强宁波的城市影响力，建设金融服务“双循环”的示范城市。

《海南省会展业“十四五”发展规划研究》

项目实施时间： 2021年11月 **委托方：** 海南省商务厅

课题负责人： 周学强

课题摘要： 会展业是区域经济高质量发展的重要策源，是一个“入口级”平台。课题“跳出海南看海南”，以营造“办会展、到海南”共识为主线，着力突出国际化、专业化、智慧化，持续提升品牌化、市场化、绿色化，构建整体便利、相对便宜、本质公平、全面安全、更加开放的会展业发展营商环境，推动会展业与其牵引的消费、旅游、文化、医疗和教育等产业进一步融合发展，激发其背后的交往、交互、交易等商务功能，实现“商务—商业—旅游—文化”一体化发展。

《对标新加坡模式，推动临港新片区打造国际数据枢纽功能研究》

项目实施时间： 2021 年 12 月　**委托方：** 上海市临港新片区管委会制度创新和风险防范处

课题负责人： 宋杰封　**课题组成员：** 金颖婷、钟伟

课题摘要： 数字经济已成为全球经济发展和贸易增长的新动能。各国纷纷出台相关战略，拉开了大数据战略竞争的序幕。2021 年 7 月，《中共中央关于支持浦东新区高水平改革开放打造社会主义现代化建设引领区的意见》发布，明确提出建设国际数据港。课题全面分析新加坡国际数据港后提出，临港新片区作为辐射亚太、通达全球的国际信息枢纽核心承载区，要在基础设施、资源配置、产业引领、安全保障等方面发力，充分发挥特殊经济功能区的制度创新优势，从追求单一经济发展的“通（数据跨境流动 1.0 版）”、追求绝对安全的“留”（2.0 版），向促进数字经济发展、构建数据跨境流通新规则的“流”（3.0 版）转变。

《南京市建设国际消费中心城市战略研究》

项目实施时间： 2021 年 12 月　**委托方：** 江苏省南京市商务局

课题负责人： 吴昀华　**课题组成员：** 钟伟、金颖婷、杨奕骋、马怡暄

课题摘要： 城市因商业而兴，消费促进和贸易服务是保持城市活力的重要源泉。南京将建设国际消费中心城市作为服务国家战略、全面提升城市竞争力的重要契机。课题提出南京建设国际消费中心城市的四个关键驱动力：美好生活、开放链接、资源活化和新型治理，并指出要围绕消费新场景、新终端、新载体、新治理，增加商业密度、提升消费能级，将南京建设成为传统文化与现代商业文明交相辉映的特色型国际消费中心城市。

《上海市宝山区大场镇产业规划和行动计划》

项目实施时间： 2022 年 1 月　**委托方：** 上海市宝山区大场镇人民政府

课题组负责人： 周学强　**课题组成员：** 张尊月

课题摘要： 宝山区大场镇是上海国际大都市主城区的重要组成部分。课题认为，要重新识别大场的内涵和价值，大场之“大”，在于拥有大学、大园、大企、大家；大场之“场”，应该是创新场、活力场、试验场、竞赛场。大场需树立“市区思维、国际视野、全球眼光”，抓住“科技创新便利化、投资贸易便利化、生活消费便利化”这条主线，实施产业振兴“NEW 计划”，重点发展引领型总部经济、创新型数字经济、专业型科创经济、配套型服务经济、开放型未来经济等五个经济新形态，创设具有区域标识度的品牌体系，建设上海科创中心主阵地核心区、上海金色中环竞争力新极点和北上海消费促进体验新高地。

《全球智库动态》研究报告简介

越进取的人越需要。在国家和地区的决策活动中，智库起着越来越广泛、深远、敏感的作用。

《全球智库动态》是前滩综研面向全球、面向未来，基于研究员和研究机器人“人机互动”，密切跟踪全球 320 多家具有较强活跃度和代表性的智库，兼顾综合性和专业型，结合热点资讯和深度专题的研究成果。

《全球智库动态》的研发宗旨，是识别纷繁复杂的国际资讯海洋深处的“隐秩序”，洞察各经济体政经政策的重大调整、国际科技工程的重大突破、高能级要素资源流动的重大机会。

《全球智库动态》每个工作日推送一期，可为职能部门、企业集团、各类开发区、科研机构的决策管理者提供多源多维的信息支撑服务。

欢迎共同开展定制化的专项跟踪研究。

前滩综研“云端政研室”服务清单

既要“救急”，也要“谋远”，一手都不能软。高质量发展、参与全球合作竞争的脚步，一刻也不能停。前滩综研基于自建的全球专家网络、完全自主知识产权的前研区域洞察系统和“桥堡堡”等研究机器人，开设以线上互动为主的“云端政研室”专业服务。

服务内容包括但不限于：

—— 全球经贸规则最新动态查询；

—— 跨国公司动向跟踪；

—— 经济/社会数据监测和调用；

—— 城市投资、建设、管理、运营思路讨论；

—— 改革创新生动样本推荐；

—— 应急物资调配；

—— 重大项目前期背景预研；

—— 企业管理简明咨询；

—— 中小企业纾困；

—— 法律等风险研判；

—— 财经下午茶（线上）联办等。